Do Pinheiro Torto ao vasto mundo

Na década de 1980 (foto de capa), na UTI do Centro Hospitalar de Wissembourg, na França.

Em 2020 (foto menor, na 4ª capa), na cidade francesa de Strasbourg, o médico Paulo Ernani cumpria a regra de isolamento social, comportamento imposto no combate à pandemia do coronavírus.

Do Pinheiro Torto ao vasto mundo

Paulo Ernani
Rezende de Rezende

Libretos

Porto Alegre,
2020

© 2020, Paulo Ernani Rezende de Rezende
Direitos da edição reservados à Libretos.
Permitida reprodução somente se referida a fonte.

Edição e design gráfico
Clô Barcellos

Fotos
Acervo pessoal do autor

Revisão
Célio Klein
Nina Kolarek

Grafia segue Acordo Ortográfico da Língua Portuguesa de 1990, adotado no Brasil em 2009.

Dados Internacionais de Catalogação na Publicação:
Bibliotecária Daiane Schramm – CRB-10/1881

R467d	Rezende, Paulo Ernani Rezende de Do Pinheiro Torto ao vasto mundo. / Paulo Ernani Rezende de Rezende. – Porto Alegre: Libretos, 2020. 316p.:il. ISBN 978-65-86264-04-3 1. Literatura Brasileira. 2. História-memórias. 3. Ditadura militar. 4. Sistema Único de Saúde. 5. História da Medicina. I. Título. CDD 869

Libretos
Rua Peri Machado, 222/B 707
Bairro Menino Deus, Porto Alegre
90130-130

www.libretos.com.br
libretos@libretos.com.br

Dedico estas memórias

À minha esposa Annelise,
que gentilmente trabalhou na versão em francês

À Nina Kolarek,
que ajudou na versão em português

Às minhas filhas Belka e Jenny

À minha sobrinha Monika

Em memória de meus companheiros de militância,
em especial Thomas Meireles Neto, assassinados no
Brasil durante a ditadura militar na luta pela liberdade,
sempre presentes na minha lembrança.

Strasbourg, 2020

O melro

O melro, eu conheci-o:
Era negro, vibrante, luzidio,
Madrugador, jovial;
Logo de manhã cedo
Começava a soltar, dentre o arvoredo,
Verdadeiras risadas de cristal.
E assim que o padre-cura abria a porta
Que dá para o passal,
Repicando umas finas ironias,
O melro, dentre a horta,
Dizia-lhe: "Bons dias!"
E o velho padre-cura
Não gostava daquelas cortesias.

O cura era um velhote conservado,
Malicioso, alegre, prazenteiro;
Não tinha pombas brancas no telhado,
Nem rosas no canteiro:
Andava às lebres pelo monte, a pé,
livre de reumatismos,
Graças a Deus, e graças a Noé.
O melro desprezava os exorcismos
Que o padre lhe dizia:
cantava, assobiava alegremente;
Até que ultimamente
O velho disse um dia:
"Nada, já não tem jeito! este ladrão
Dá cabo dos trigais!
Qual seria a razão
Por que Deus fez os melros e os pardais?!"
(...)

Guerra Junqueiro

O mapa

Olho o mapa da cidade
Como quem examinasse
A anatomia de um corpo...

(E nem que fosse o meu corpo!)

Sinto uma dor infinita
Das ruas de Porto Alegre
Onde jamais passarei...

Há tanta esquina esquisita,
Tanta nuança de paredes,
Há tanta moça bonita
Nas ruas que não andei
(E há uma rua encantada
Que nem em sonhos sonhei...)

Quando eu for, um dia desses,
Poeira ou folha levada
No vento da madrugada,
Serei um pouco do nada
Invisível, delicioso

Que faz com que o teu ar
Pareça mais um olhar,
Suave mistério amoroso,
Cidade de meu andar
(Deste já tão longo andar!)

E talvez de meu repouso...

Mario Quintana

Apresentação

Em agosto de 1960, aos dezenove anos de idade, Paulo Rezende – como o chamávamos na Universidade da Amizade dos Povos Patrice Lumumba (UAPPL) – chegou a Moscou para cursar Medicina. A UAPPL havia sido criada pelo premier soviético Nikita Khrushchev em fevereiro daquele mesmo ano e iniciava uma tarefa grandiosa de formar estudantes de mais de 80 países em desenvolvimento da América Latina, Ásia, África e das mais diferentes repúblicas da URSS. Em sua autobiografia, Paulo relata de forma viva e atraente toda a sua experiência de vida como estudante, profissional da área de medicina e ativista político.

Em tempos de Guerra Fria e da corrida espacial, de grandes tensões, de efervescência política internacional e de contradições geopolíticas entre as potências ocidentais (sob a liderança dos EUA) e a União Soviética (e seus aliados do bloco de países socialistas), Paulo conviveu durante anos com jovens estudantes de diferentes nacionalidades e nunca se omitiu. Foi um dos primeiros presidentes da nossa Associação de Estudantes Brasileiros na UAPPL e esteve sempre presente em todas as atividades políticas e estudantis, seja dentro da universidade, nos atos e protestos relacionados com a crise dos mísseis entre os EUA e a URSS, seja nas manifestações contra as guerras da Argélia e do Vietnã, na participação no Fórum Internacional da Juventude realizado naquele período em Moscou.

Ao terminar seu curso de Medicina Geral em Moscou especializou-se na França como médico anestesista reanimador. Retornou a um Brasil diferente no ano de 1967, no qual reinava o arbítrio de uma ditadura militar. Em determinado momento sentiu a pressão aumentar em torno de si: chegou a ser preso no Dops de Porto Alegre e depois no DOI-Codi em São Paulo. Antes que a situação piorasse, optou pelo exílio na França, onde durante toda a sua vida desenvolveu uma carreira brilhante, tendo, inclusive, obtido a cidadania francesa, filiou-se ao PS (Partido Socialista) e foi membro da Comissão Nacional de Saúde do PS. Participou ativamente da construção da informatização dos hospitais franceses com o projeto PMSI (Programa de Medicalização dos Sistemas de Informação) e coordenou o processo de criação do CdAM (Catálogo dos Atos Médicos). Foi conselheiro de vários ministros que passaram pela pasta da Saúde da França.

Nos atentados terroristas de novembro de 2015 em Paris, perpetrados pelo Estado Islâmico, que causaram centenas de mortos e feridos em Paris, *The Lancet* publicou um artigo em suas edições em inglês e francês sobre a participação de médicos do Samu de Paris, que se mobilizaram de forma competente e com alto profissionalismo para socorrer e tratar os feridos naqueles atentados.

Paulo esteve presente nos embates e polêmicas que ocorreram durante a busca de soluções para os sérios problemas dentro do país, frente às contradições surgidas com as investidas neoliberais dos adeptos da noção do "hospital-empresa" na tentativa de asfixiar a saúde pública como forma de auferir maiores lucros às custas do erário, dentre outros problemas.

Paulo participou ativamente de várias missões internacionais representando o Ministério da Saúde. Uma de suas atividades de destaque foi a implantação no Brasil do Samu192

– numa parceria entre o Brasil e a França –, bem como do programa EuroSocial, com financiamento da União Europeia e a participação de todos os países da América Latina. Na África foi um dos líderes do programa Esther para atender as pessoas vivendo com o VIH/SIDA, financiado pelo Ministério da Saúde francês.

As viagens turísticas ou em missões realizadas por conta do ministério francês feitas por ele ao redor do mundo e relatadas nesta sua autobiografia proporcionam um panorama histórico-político que permite ao leitor elevar-se culturalmente. Percebe-se neste relato uma virtude consubstanciada no fato de que Paulo conseguiu em toda a sua trajetória de vida atingir uma unidade entre pensamento e ação que representa um instrumento e um compromisso na luta em prol de uma saúde pública dirigida para o bem-estar dos cidadãos.

Boa leitura.

Emerson Leal [1]

---

1. Formou-se em Física Teórica na Universidade da Amizade dos Povos Patrice Lumumba de Moscou; docente e pesquisador nas universidades de Brasília (UnB) e Federal de S. Carlos (UFSCar); doutor em Física Atômica e Molecular pela USP de S. Carlos; chefe do Departamento de Física da UFSCar (Universidade Federal de São Carlos), membro do Conselho Interdepartamental das Faculdades de Ciências Exatas, do Conselho de Ensino e Pesquisa e do Conselho Universitário da UFSCar; vereador pelo PMDB e vice-prefeito por dois mandatos na cidade de São Carlos/SP, nas décadas de 1990, e de 2004 a 2012, respectivamente.

Sumário

15	I	Introdução
18	II	De Passo Fundo a Moscou
23	III	Do Grupo Escolar Protásio Alves ao Instituto Educacional de Passo Fundo
32	IV	Minha família, meus pais e avós
44	V	A turma de Passo Fundo da minha juventude
51	VI	Durante a ditadura cívico-militar, minha militância
54	VII	Universidade da Amizade dos Povos Patrice Lumumba, a Guerra Fria, as primeiras férias e Belka, minha primeira filha
78	VIII	Quando eu tive que sair do Brasil e ir para a França, em 1970
93	VIX	O Centro Hospitalar de Wissembourg, a informatização do hospital e minha integração ao Ministério da Saúde da França
97	X	O Programa de Medicalização do Sistema de Informação (PMSI)
98	XI	Certificação dos estabelecimentos de saúde
100	XII	As férias de verão e de inverno e as viagens pelo vasto mundo
108	XIII	Com meus pais pela Europa
119	XIV	Naturalização francesa e adesão ao Partido Socialista
123	XV	Viagem ao México e à América Central

136	XVI	A implantação do Samu192 no Brasil
145	XVII	EuroSocial, América Latina, OIT
151	XVIII	Esther – VIH/SIDA, África
173	XIX	A maçonaria, um novo casamento e a chegada de nossa filha Jenny
203	XX	Obras, escritores preferidos e um sequestro-relâmpago
214	XXI	Epílogo

217　Caderno de imagens

ANEXOS

252	I	Árvore familiar
254	II	A família Rezende
257	III	O Programa de Medicalização do Sistema de Informação (PMSI)
275	IV	Atentados em Paris (artigo da *The Lancet*)
287	V	Perseguição política provocou a maior diáspora da história do Brasil
290	VI	Reflexos na saúde após o golpe de 2016 podem levar o Brasil à barbárie social
295	VII	Um torturador francês na ditadura brasileira

309	Referências
311	Lista de siglas
314	Projeção de Peters – mapa-múndi

I

Introdução

O sítio de meu avô se chamava Pinheiro Torto, pois nos tempos bem antigos havia um enorme pinheiro torto que deu o nome à região. Meu tataravô Cândido Joaquim de Rezende tinha uma grande sesmaria doada pelos governantes da época, começo do século XIX, a fim de povoar o Rio Grande e defender as fronteiras contra os castelhanos, que nos invadiam todo tempo. Quando meu bisavô João Gabriel morreu a fazenda foi dividida entre seus filhos Vicente, Manuel e Antônio, que compraram as partes de seus irmãos Francisco, Sebastião e irmã Arlinda.

Durante muitos anos fiquei em dúvida se deveria ou não escrever um dia as minhas memórias e em que língua. Em português ou em francês? Sempre gostei muito de biografias e autobiografias, mas nunca tive interesse em escrever a minha. Na verdade, foi minha filha Belka (Isabel-Maria Rezende de Rezende) que sempre insistiu muito. A outra pessoa que me incentivou para que eu a escrevesse foi a minha querida esposa Annelise de Rezende-Klein.

Grande apoio veio também de minha sobrinha Monika de Rezende Grond, filha de minha irmã Esir de Rezende Grond, e das amigas de luta Maristela Pimentel e Alves, morando em Berlim, e Nina Kolarek, em Colmar, perto de Strasbourg.

Como as minhas memórias interessariam mais aos brasileiros, resolvi escrever em português e em seguida traduzirei para o francês com a ajuda de Annelise, professora do idioma. É impossível prever o momento de meu fim, pois na minha idade os dias à disposição são dias de graça. Em 11 de novembro de 2020 eu comemoro 80 anos. A saúde vai de razoável a boa e sempre lembro de meu pai, que faleceu aos 92 anos, dormindo.

Quando comecei a escrever as memórias de infância, adolescência e idade adulta fiquei impressionado com a associação de segmentos hiperprecisos gravados em minha mente. Isso é chamado de memória retrógrada: esquecemos o que aconteceu ontem – onde pus o meu celular? –, mas lembramos os eventos de anos atrás. Qualquer autobiografia é necessariamente uma representação do passado, uma elaboração entre o que existia na realidade associada a outras fontes de memória, todas sintetizadas para fazer uma lembrança. A partir do momento em que uma história pessoal é socializada ela se torna um mito, e uma história mítica não é uma mentira. Conta um mundo visto através de uma lupa que amplia o segmento daquela realidade.

Agora, então, entrego a vocês estas memórias, certamente com imperfeições, erros e esquecimentos. Memórias escritas com o coração e a alma, com determinação de luta e de combate. Com certeza, minha vida e minha luta continuam. Sempre gostei da História com H maiúsculo e das estórias, que sempre dão um tom picante à História.

Tive um amor instintivo pelas viagens à Rússia, à Ásia Central, ao Oriente Próximo, ao Cáucaso, ao Egito, à Grécia, ao México, às américas Central e do Sul, aos Estados Unidos e ao Canadá, à Europa, à Tunísia, ao Marrocos, à Africa Subsaariana, sem falar do Brasil, que verdadeiramente conheci durante a implantação do Samu192, entre os anos de 1995 e 2005. Visitei todos os continentes, exceto Antártica e Oceania.

Em 2020 o Brasil vive um momento muito triste e complicado, com um presidente de extrema-direita sem nenhuma cultura, que se explicita de forma concreta no autoritarismo deste governo. Nunca antes na história do nosso país tivemos um presidente tão tosco. Também pudera, os que votaram nele pouco se importaram com o fato de que ele não tivesse apresentado enquanto candidato nenhum projeto ou programa de governo. A única informação que os eleitores tinham dele é que havia sido um parlamentar medíocre do baixo clero no Congresso Nacional.

Quando eu estava no Ministério da Saúde francês tinha muito orgulho de ser também brasileiro. Os meus colegas diziam: "O Paulo é um francês tremendamente brasileiro". Hoje, confesso, tenho vergonha por tudo que acontece em nosso país. No começo do mandato do atual presidente, todo mundo me perguntava: "Paulo, o que acontece no Brasil?". Agora ninguém mais questiona, pois com tudo o que publica a mídia francesa, todos estão a par.

Lendo estas minhas memórias todos poderão ver que eu sempre tive muita sorte na vida. Em várias ocasiões, em situações difíceis, complicadas ou felizes, consegui me sair bem. Será que nasci com uma boa estrela? Como se diz em francês: *Naitre sous une bonne étoile...*

II

De Passo Fundo a Moscou

No começo foi a vontade de viajar, certamente herança de meus antepassados portugueses: "Navegar é preciso". Já aos 10 anos de idade, abrindo o atlas de minha mãe, eu passava o dedo entre Moscou e Vladivostok e dizia para as minhas irmãs que um dia eu ainda faria essa viagem. Não sei se terei tempo.

A oportunidade se apresentou quando, em maio de 1960, o *Correio do Povo*, tradicional jornal de Porto Alegre, publicou uma breve notícia. Tratava do anúncio de que a União Soviética estava oferecendo bolsas de estudo a jovens dos países do Terceiro Mundo na recém-fundada Universidade da Amizade dos Povos.

Essa notícia logo me interessou. Eu estava, então, em Porto Alegre fazendo o cursinho para o vestibular na Faculdade de Medicina da Universidade Federal do Rio Grande do Sul. Assim, escrevi uma carta de candidatura à Universidade da Amizade dos Povos em Moscou. Qual não foi a minha surpresa quando, uns 15 dias depois, recebi uma resposta na qual estava aceito na faculdade.

Eu tinha então 19 anos; mas como chegar a Moscou? O Brasil não tinha relações diplomáticas com a URSS. Estávamos em um período interessante da democracia, com o governo de Juscelino Kubitschek e a fundação da nova capital Brasília. As eleições para presidente da República estavam programadas para dia 3 de outubro daquele ano. Os candidatos eram o general Teixeira Lott, por uma união de centro-esquerda entre o PTB (Partido Trabalhista Brasileiro) e o PSD (Partido Social Democrático), e Jânio Quadros, pela direita, pela UDN (União Democrática Nacional), além de outros pequenos partidos de direita. Para a vice-presidência foi candidato o senador João Goulart. Naquela época a eleição era feita separadamente: um voto para presidente, outro para vice. O eleitor podia votar, por exemplo, no Jânio para presidente e no Jango para vice, e foi o que aconteceu.

Lembro de ter lido em um jornal que a Air France tinha inaugurado uma ligação aérea entre Paris e Moscou. Fui então até a agência da empresa em Porto Alegre, na Avenida Borges de Medeiros, e mostrei-lhes a resposta da universidade, propondo que enviassem um telex à entidade moscovita explicando que uma passagem Rio-Paris-Moscou deveria ser enviada para aquele escritório da Air France. O que foi feito. A passagem chegou dias depois. Foi tudo fácil e rápido: peguei um avião da Varig para o Rio de Janeiro e depois para Paris e Moscou.

A minha ida a Moscou repercutiu muito em Passo Fundo-RS, minha cidade natal. Houve protestos, principalmente do cônego da catedral, que não compreendia como era possível que os meus pais, de tradicional família da cidade, deixassem o seu único filho ir cursar uma universidade na Rússia, um país comunista. Meus pais apoiaram minha escolha e meus amigos de Passo Fundo me ofereceram um churrasco de despedida. A sala estava cheia e o discurso foi feito por meu colega Miguel Kozma.

Cheguei então ao Rio de Janeiro, e a primeira coisa que fiz foi ir à Praia do Flamengo, 132, sede da UNE (União Nacional de Estudantes), para visitar meu primo e amigo Paulo Totti, eleito vice-presidente da entidade em 1959.

Assim foi que cheguei a Paris e hospedei-me no Grande Hotel Saint Michel, na *Rue* Cujas – hotel que tinha sido recomendado por Jorge Amado em seus livros, incluindo sua gerente, Madame Sauvage. O grande escritor brasileiro contava que escrever em Salvador da Bahia não era possível, pois ele era incomodado a todo tempo por seus admiradores. Então ia para Paris, podendo se dedicar ao trabalho. A mesma coisa fazia o colombiano Gabriel García Márquez, seu amigo, também cliente do Grande Hotel Saint Michel, que de grande não tinha nada. Era um modesto hotel do Quartier Latin, frequentado por intelectuais de pouco dinheiro.

Meu pai tinha me dado 100 dólares para as despesas da viagem, o que na época era muito dinheiro e me permitiu visitar Paris, ficar hospedado e comer no restaurante da esquina entre a *Rue* Cujas e o Boulevard Saint Michel, o Boul'Mich dos estudantes da Sorbonne.

Depois de visitar a Cidade Luz, o Louvre e Versailles, do dinheiro de meu pai ainda me sobraram 40 dólares. O que fiz desses 40 dólares contarei depois. Após 15 dias em Paris pensei que já era suficiente e me apresentei no consulado da URSS para a obtenção do meu visto. Cheguei então a Moscou, e representantes da Universidade da Amizade dos Povos me esperavam no aeroporto. Foi tudo extremamente fácil.

Por que comecei estas memórias pela URSS? Toda a minha vida foi fruto dessa escolha, e até hoje, aos quase 80 anos, recordo do que esta viagem representou para mim. Eu sempre fui (e sou) extremamente agradecido a esse país, que me permitiu fazer Medicina gratuitamente, com bolsa de 90 rublos por mês – em torno de 100 dólares segundo o câmbio da época. A Universidade da Amizade dos Povos era (e é) uma instituição de ensino e pesquisa considerada como uma das três mais prestigiosas da Rússia, juntamente com a Universidade Estatal de Moscou e a Universidade de São Petersburgo.

A UAP foi fundada em 5 de fevereiro de 1960, pelo então dirigente soviético Nikita Khrushchev, durante uma viagem oficial à Indonésia a fim de proporcionar uma educação de qualidade principalmente a jovens do Terceiro Mundo, de países da Ásia, África e América Latina. Naquela época 75% de seus 7 mil alunos eram estrangeiros.

Originalmente chamava-se simplesmente Universidade da Amizade dos Povos. Em 22 de fevereiro de 1961 seu nome passou para Universidade da Amizade dos Povos Patrice Lumumba, em memória do líder anticolonialista e depois primeiro-ministro do Congo (ex-Belga), deposto por um golpe militar articulado pela CIA e posteriormente assassinado por rebeldes separatistas de Katanga, rica região de inúmeros minerais que interessavam às potências ocidentais.

Na época as autoridades universitárias tinham decidido fazer uma assembleia geral na qual os estudantes deveriam votar sobre a inclusão do nome de Patrice Lumumba no da universidade. Para nossa surpresa a proposta foi rejeitada por uma maioria dos estudantes. Como o voto era somente consultativo, o Soviete Supremo da URSS publicou uma semana depois um decreto mudando o nome da universidade, que foi alterado novamente em 5 de fevereiro 1992, passando a ser chamada Universidade Russa da Amizade dos Povos (URAP), vinculada à Federação da Rússia. Hoje os cursos não são mais gratuitos.

Entre os 700 mil estrangeiros que estudaram na UAPPL de 1960 até hoje, mais de mil foram brasileiros. Eu fui da primeira turma, chegada em Moscou em agosto de 1960. Tudo era custeado pelo Estado soviético – estudos, passagens aéreas, livros, hospedagem. A universidade formava quadros técnicos – médicos, advogados internacionais, engenheiros, agrônomos, físicos, linguistas – sem viés político.

O problema era o retorno ao Brasil. Voltei para o país em agosto de 1967 com minha esposa, Anneta Alexandrovskaia Rezende de Rezende, e nossa filha Isabel-Maria Rezende de Rezende (Belka para a família). Muitos de nós tivemos dificuldades para reconhecer nossos diplomas, pois havia durante a ditadura uma circular "secreta" do Ministério da Educação determinando o não reconhecimento dos cursos realizados em Moscou. Afinal, de 1964 até 1985 estivemos em plena ditadura militar. O golpe de 1º de abril de 1964 depôs o presidente João Goulart, o Jango. Voltar de Moscou com diploma soviético não era tão simples.

III

Do Grupo Escolar Protásio Alves ao Instituto Educacional de Passo Fundo

Eu nasci no dia 11 de novembro de 1940 no Hospital de Caridade de Passo Fundo, cidade ao norte do Rio Grande do Sul, então com 25 mil habitantes, filho de Pedro Ribeiro de Rezende e Maria (Severo) Rezende de Rezende.

Em março de 1947, com seis anos de idade, iniciei os estudos primários no Grupo Escolar Protásio Alves. Por que nesta escola e não diretamente no Instituto Educacional (IE) de Passo Fundo? Meus pais esperaram muito para me matricular e, quando o fizeram, não havia mais vagas no IE. Então fui alfabetizado no grupo escolar estadual. Na época, os colégios estaduais tinham reputação de qualidade. Entrei para o IE no ano letivo seguinte e lá permaneci até o terceiro científico. Minha mãe era professora no instituto de Português e História Geral.

O IE era (e é) um colégio pertencente à Igreja Metodista. Ele começou a funcionar em 15 de março de 1920 como escola mista, ocupando um chalé de madeira feito para o uso provisório das aulas. O dinheiro para a construção de dois prédios, o principal e o internato, veio de estudantes metodistas da Universidade do Texas. Por essa razão a construção principal do colégio se chama Edifício Texas. Seu fundador foi o reverendo Jerônimo Daniel, com a participação dos missionários do sul dos Estados Unidos. Ele fazia parte das instituições metodistas do Rio Grande do Sul: o Instituto Porto Alegre (IPA), para meninos, e o Colégio Americano, para meninas, foram fundados em 1923; o Colégio Centenário de Santa Maria, para meninas, iniciou suas atividades em 1922 (ano dos 100 anos da independência), e o Colégio União de Uruguaiana, misto, foi fundado pelo francês Aleixo Vicente Vurlod em 1870. Os missionários metodistas assumiram a direção do Colégio União em 1908. Minha mãe, Maria (Severo) Rezende de Rezende, fez seus estudos no Colégio Centenário de Santa Maria de 1926 a 1928 para ser professora.

O Instituto Educacional de Passo Fundo até 1942 era conhecido como Instituto Ginasial. Em dezembro de 1919 a Câmara Municipal da cidade ofereceu à Igreja Metodista a antiga Praça Boa Vista, situada no bairro do Boqueirão, a fim de se instalar ali um colégio modelo para a educação da juventude.

Em 1920 o número de alunos excedeu às expectativas e foi necessário dividir o colégio em duas seções. A igreja adquiriu uma propriedade na Rua Paissandu nos fundos da Praça Boa Vista para transferir a ala dos meninos e o internato das meninas permaneceu no pavilhão da Igreja Metodista. Na administração do reverendo Daniel Betts (de 1921 a 1924), com ofertas dos alunos metodistas da Universidade de Texas, foram construídos os dois primeiros prédios: o Edifício Texas, com onze salas de aula, duas para administração e secretaria, uma biblioteca, um museu, um auditório; e o prédio Daniel Betts, para o internato masculino, situado na Rua Paissandu na esquina com a Rua Coronel Miranda, com capacidade para 50 alunos internos e ainda a residência do diretor do internato. No ano de 2020 o IE completou cem anos, em um momento de grandes comemorações.

No meu tempo, o diretor do internato era o nosso professor de História do Brasil, Oscar Kneipp. Nas aulas, o *seu*

Kneipp dizia todo tempo *território brasileiro* e nós alunos nos divertíamos em contar quantas vezes ele repetia.

O lema da colégio escolhido pelos seus fundadores é *Disciplina Praesidium Civitatis*, que quer dizer: a disciplina é a garantia da civilização. E para o esporte, *mens sana in corpore sano*, que significa uma mente sã em um corpo são.

A influência do IE na vida de seus alunos foi sempre evidente. No encontro de ex-estudantes realizado em abril de 1994 cerca de oitocentos estiveram presentes, dentre eles ilustres personalidades como prefeitos de seis municípios, incluindo o de Passo Fundo, políticos de renome municipal, estadual e federal, juízes e profissionais liberais das mais diversas áreas. Também compareceram os que dedicaram dons e talentos como diretores do IE, leigos e pastores. Dentre os reitores gostaria de destacar o professor William Richard Schisler e sua esposa dona Frances, que serviram ao IE de 1930 a 1957, ano de sua aposentadoria, com alguns intervalos para atender solicitações da Junta de Missões da Igreja Metodista dos Estados Unidos, que os enviara como missionários para servir no Brasil.

Entre os docentes, gostaria de destacar dona Luísa Blanc Ferreira, originária da Suíça romanda, professora de Francês e também de Religião. Nas aulas de "religião", que coloco entre aspas, a cada ano estudávamos a vida de uma pessoa que poderia servir de exemplo para nós, adolescentes. Assim é que aprendemos sobre a trajetória de sir Wilfred Greenfell, médico e missionário inglês na Terra Nova e Labrador, no Canadá. Para nós, jovens, foi extraordinário conhecer sua vida durante um ano, os frios extremos da península do Labrador e os esquimós. Depois, no ano seguinte, passamos do Labrador para a África Austral da segunda metade do século XIX. Da mesma forma estudamos a vida de David Livingstone, médico, missionário protestante e explorador escocês que contribuiu ao mesmo tempo para o desenvolvimento do império britânico, a luta contra a escravidão, o tráfico de escravos e a evangelização do sul do continente africano.

Também tivemos oportunidade de estudar a vida e a obra de Albert Schweitzer, médico francês (alsaciano), pastor e teólogo protestante, filósofo e músico. O hospital de Lambarene, que ele fundou e desenvolveu na África Equatorial, a partir de 1913, tornou-o conhecido no mundo inteiro. Recebeu o Prêmio Nobel da Paz em 1952, foi grande oficial na Legião de Honra da França, em 1950. Aprendendo sobre Albert Schweitzer pela primeira vez ouvi falar da Alsácia, região da França onde me estabeleceria em 1970, à qual me referirei mais adiante. Nunca poderia imaginar que me instalando em Strasbourg, iria morar atrás da Igreja São Nicolau, onde esse personagem da minha juventude havia sido pastor e organista.

Não posso continuar esta parte de minhas memórias sem me referir à minha querida mãe, professora de Português no IE. Lembro com saudades de quando estudávamos com a nossa professora *Os Lusíadas*, de Luís de Camões:

As armas e os barões assinalados,
Que da ocidental praia lusitana,
Por mares nunca de antes navegados,
Passaram ainda além da Taprobana,
Em perigos e guerras esforçados,
Mais do que prometia a força humana,
E entre gente remota edificaram,
Novo Reino, que tanto sublimaram;

E também as memórias gloriosas
Daqueles reis, que foram dilatando
A Fé, o Império, e terras viciosas
de África e Ásia andaram devastando;
E aqueles, que por obras valerosas
Se vão da lei da morte libertando;
Cantando espalharei por toda a parte,
Se a tanto me ajudar o engenho e arte.

Os Lusíadas me acompanharam durante toda a vida. Lembro, com emoção, que quando fui preso pelo Dops em Porto Alegre durante a ditadura militar do Brasil, em 1975, com minha primeira esposa soviética, eu recitava o começo de *Os Lusíadas* de cor e a Anneta procurava traduzir para o russo. Sobre isso falaremos em outro capítulo.

Recordo também quando estava no Ministério da Saúde da França e meus colegas portugueses descobriram, não sei como, que havia um brasileiro que era capaz de fazer apresentações na nossa língua. Assim foi que frequentemente era convidado por meus companheiros lusitanos para participar de seminários e congressos tanto pelo pessoal das urgências quanto dos bombeiros e estive em Lisboa, Porto e Sintra. No jantar eu lhes declamava *Os Lusíadas* e para divertir a todos, contava piadas de portugueses sobre brasileiros, como a de um brasileiro que, estando numa praia, ia perguntar ao salva-vida "onde é o banheiro?" e o português respondia "o banheiro sou eu". Sim, para eles o banheiro era o responsável pelo banho.

Voltando a Passo Fundo, não havia somente o colégio, existia também a tropa dos escoteiros Botucaris, sob a direção de um norte-americano, *mister* Arthur E. Paltridge. Fazíamos acampamentos, viagens para encontrar outros escoteiros, como por exemplo durante as comemorações do IV centenário da cidade de São Paulo, em 1954, no Acampamento Internacional de Patrulhas em Interlagos, mas também para o Rio de Janeiro, com um acampamento na Ilha do Governador, por ocasião do IV centenário de sua fundação, em 1956 [2].

---

2.   Os franceses da França Antártica chegaram à Baía da Guanabara em 1555 e um ano depois, em 1556, fundaram um povoado perto do Morro do Castelo. Depois os portugueses desembarcaram para expulsar os franceses, perto do Pão de Açúcar, e foi Estácio de Sá quem fundou pela segunda vez o Rio, em 1567. Então se sabe que o Rio de Janeiro foi fundado duas vezes. Uma vez pelos franceses e outra pelos portugueses. A guerra entre os dois durou até 1572, quando os franceses foram finalmente expulsos. As duas datas são comemoradas.

Viajamos também para Buenos Aires para encontrar nossos colegas escoteiros argentinos. Enviamos um pedido ao governador do Estado, o bem lembrado Leonel Brizola, lhe solicitando passagens a serem oferecidas pela Viação Férrea do Rio Grande do Sul, que pertencia ao Estado. Gentilmente, o governador enviou um passe livre para toda a tropa dos Botucaris.

No IE, além de estudos de boa qualidade tínhamos várias atividades extraescolares. O Grêmio Estudantil, cujos dirigentes eram eleitos diretamente pelos estudantes em voto secreto, era autoadministrado e a direção do colégio não se metia, em absoluto, nas suas atividades. Reinava uma grande democracia e nós tínhamos um jornal impresso, *O Excelsior*, publicado sob a responsabilidade dos alunos. Os artigos eram livres. No âmbito municipal havia a UPE (União Passo-fundense de Estudantes), de grande atividade político-estudantil. As eleições eram feitas por sufrágios diretos com a participação de todos os alunos dos colégios da cidade e em voto secreto. Para os anos 1957/1958 foi eleita a chapa do IE: Ivo Almeida, presidente, e eu, secretário-geral.

No IE, o Grêmio patrocinava debates e júris simulados. Os jurados eram professores, e os debatentes, estudantes, em geral das classes superiores, 2° e 3° científico, ou do 2° clássico. Quero mencionar dois desses debates: um sobre a nacionalização do Canal de Suez e outro a respeito do voto dos analfabetos.

O presidente do Egito, Gamal Abdel Nasser, havia nacionalizado o Canal de Suez, cujo controle ainda pertencia à Inglaterra e à França. A Crise de Suez teve início em 29 de outubro de 1956, quando Israel, com o apoio da França e Reino Unido, que utilizavam o canal para ter acesso ao comércio oriental, declararam guerra ao Egito invadindo Port Said, na entrada do canal. Esta crise repercutiu mesmo em Passo Fundo e no IE, imaginem. Nós organizamos um debate sobre o Egito, se o país tinha razão ou não de nacionalizar o Canal de Suez. Participaram do debate Paulo Totti a favor e o aluno Nilo (estranha coincidência... mas seu nome de família esqueci) contra a nacionalização. Finalmente os professores jurados deram ganho de causa a Totti.

Outro debate foi sobre o voto dos analfabetos. No Brasil daquela época não havia esse direito. Os debatedores eram eu, a favor, e infelizmente esqueci do nome de meu opositor. Os jurados me deram o ganho de causa. Só lembro que começava minha defesa citando Rui Barbosa: "O Brasil é de todos os brasileiros, todos devem ter direito ao voto". Eu tinha então 16 anos, e Totti, 18.

Uma outra lembrança é do dia 13 de maio de 1952, quando minha irmã Lud Josani participou de um concurso de poesia no IE e declamou "As barcaças do cais estão cansadas, amarradas, ancoradas", de Adelmar Tavares Cavalcanti, poeta pernambucano. Ela ganhou o primeiro prêmio, uma medalha de ouro.

Todo ano os colégios metodistas do Rio Grande do Sul organizavam Olimpíadas. Cada vez na cidade do colégio que a planejava. Era sempre um acontecimento muito importante e havia jogos de futebol, vôlei, basquete e atletismo: corridas de 100 metros, de 200, de 110 com barreiras; saltos em distância, triplo, em altura e com vara; lançamentos de disco, de martelo, de dardo e de disco grego. Tudo isso muito disputado.

Em 2020, foram comemorados os 100 anos do Instituto Educacional. Minha família esteve representada pelas minhas irmãs Lud Josani e Jane Marisa, ambas ex-alunas. Nossa querida mãe Maria Rezende de Rezende, professora de Português do IE, foi particularmente homenageada. Já tendo estado no Brasil em 2019, para as festas de final de ano, eu não pude retornar logo no início do ano seguinte. Os ex-alunos do IE, na ocasião, lançaram uma campanha para a restauração do Edifício Texas, prédio quase centenário que faz parte do patrimônio histórico da cidade.

Um registro, em especial, retrata o sentimento de todos:

"O IE fez parte de toda a minha infância e adolescência. Foi no IE que aprendi os valores da liberdade, da solidariedade, da lealdade. E foi no IE que conheci

meus grandes e melhores amigos, que cultivo até hoje. O IE marcou a minha vida com uma formação humanista que oferecia aos seus alunos liberdade com responsabilidade. Marcaram também as disputas esportivas, as provas culturais, a amizade entre alunos e professores e o hino que recito até hoje com lágrimas nos olhos e emoção."

Luciano Palma de Azevedo,
atual prefeito de Passo Fundo (Partido Socialista Brasileiro, PSB)

Eis o hino do Instituto Educacional, criado pelos professores Aurélio Amaral e Gerson Rodrigues:

Salve, Instituto
Sempre impoluto
Teu nome queremos manter
E varonil, grande o Brasil
Por ti, glorioso fazer!

Instituto Educacional
Teus filhos somos!
És nosso lar, nós te amamos
És o nosso querido lar,
Nós para a Pátria levaremos
A mente sã em corpo forte;
Engrandecer-te até a morte,
Nós prometemos.

És nosso lar, nós te amamos
IE sem par
Que os filhos à vida conduz.
És nosso lema,
O nosso emblema,
Escola de amor e de luz!

*Instituto Educacional
Teus filhos somos!
És nosso lar, nós te amamos
És o nosso querido lar,
Nós para a Pátria levaremos
A mente sã em corpo forte;
Engrandecer-te até a morte,
Nós prometemos.*

IV

Minha família, meus pais e avós [3]

Durante as férias, o Natal e o Ano-Novo em geral ficávamos com meus pais. Mas de janeiro a fevereiro passava o tempo com meu avô materno, Manuel Ferreira de Rezende, o vô Maneco, no seu sítio Pinheiro Torto. No verão, tio Alfredo Camargo de Rezende, que era militar e morava com sua família em Santa Maria-RS, vinha nos visitar e trazia tia Lurdes e o meu primo Léo para o Pinheiro Torto. Minha irmã Jane Marisa ainda outro dia me fazia lembrar como Léo e eu a incomodávamos muito contando todas as suas *artes* para nossa mãe, que a castigava.

No sítio do vô Maneco, as férias eram muito bacanas. Eu andava a cavalo, colaborava nas lides do campo, nos banhávamos no açude, íamos cortar lenha no mato com o tio Cândido Guarani. Tudo sob o controle de minha madrinha, tia Josefina, para que tudo saísse bem, sem acidentes, etc e tal. Na propriedade havia uma leitaria, a plantação de arroz, a pedreira, o areal e um pomar com frutas e legumes. E as ruínas, que nós chamávamos de tapera, da casa grande de pedra dos

---

3.   Ver brasão da família (*pág. 250*) e árvore familiar (*pág. 252*).

meus bisavós Josephina Ferreira de Rezende e João Gabriel de Rezende, onde eu e o meu primo Léo Douglas de Rezende brincávamos.

Até hoje tenho guardada uma foto da bisavó Josephina. Ela teve cinco filhos homens Vicente, Antônio, Sebastião, Francisco, Manuel e a filha Arlinda. Na foto *(pág. 220)* uma criança pequena é meu tio Miguel e um menino negro, certamente um filho de um escravo de meu bisavô ou tataravô, que segundo a tradição fazia parte da família e tirava fotos com todo mundo.

Há uma dedicatória de minha bisavó para um de seus filhos, escrita com uma bela caligrafia antiga antes da mudança da língua portuguesa em 1943:

> *Pertence ao meu estimado filho António para uma lembrança de sua Mãi que muito vos estima e toda a felicidade vos deseja a vós e a vosça família.*
> *Vosça Mãi. Josephina Ferreira de Rezende.*
> *Dia 30 de Março de 1910.*

O vô Antoninho devia ser o seu filho preferido. Eu conheci minha bisavó aos 95 anos, quando ela morava na casa dele em Passo Fundo, no bairro do Boqueirão. Já estava completamente caduca e com sua bengala agredia as crianças. A gente tinha medo dela.

Na casa dos meus avós paternos, o vô Antoninho e Maria Filipina Ribeiro de Rezende (a vó Felipa), havia uma sala especial. Na parede, retratos de nossos antepassados. Estavam apenas os senhores, tanto os Ribeiro quanto os Rezende, de grandes barbas solenes. As mulheres não eram representadas.

A vó Felipa recebia seus netos nos domingos de tarde no salão sentada numa poltrona para o tradicional beija-mão, herança dos nossos antepassados portugueses. Beijando sua mão nós lhe dizíamos "a bênção, vovó", e ela nos respondia: "Deus lhe abençoe, meu filho". Eu não gostava dessa solenidade, pois tinha que atravessar o salão sob o olhar de todo mundo. O beija-mão era muito frequente naquela época. Nós mesmos, antes de dormir, íamos pedir a bênção de nossa mãe, com as mesmas palavras: "A bênção, mamãe". "Deus te abençoe, meu filho."

A mãe da vó Felipa era de origem alemã e se chamava Luíza Neckel Schell, casada com Nicolau Ribeiro. Eu não a conheci, só ouvi falar. A irmã da vó Felipa, Carolina Ribeiro de Rezende, era casada com o tio Vicente (meu tio-avô), seu primo. Os casamentos entre parentes eram muito comuns, as bodas eram arranjadas pelas famílias.

No sítio de meu avô uma capela foi construída e dedicada a São Miguel Arcanjo. A imagem sagrada foi encontrada às margens de um rio durante a Guerra do Paraguai e trazida até a propriedade. A capela existe até hoje. Em 29 de setembro de cada ano uma festa é celebrada em memória do santo.

Junto às propriedades dos Ribeiro e dos Rezende havia um cemitério (o cemiterinho) privativo das nossas famílias. Até hoje ele está lá com os túmulos de meus antepassados, mas não é mais privado, pois em certo momento foi municipalizado e todo mundo pôde ser ali sepultado.

O vô Maneco era muito conversador. Tomando juntos um chimarrão no galpão, ele me contava coisas da história do Rio Grande do Sul. Sobre a Revolução de 1893, que foi um conflito de caráter político ocorrido no Rio Grande do Sul entre 1893 e 1895. Havia insatisfação dos maragatos com o domínio político de Júlio de Castilhos (presidente do Estado do Rio Grande do Sul), do Partido Republicano Rio-grandense. Tratava-se de uma disputa entre dois grupos gaúchos. Os chimangos (pica-paus) eram defensores do governo de Júlio de Castilhos, da centralização política, do presidencialismo, do positivismo da administração federal. Já os maragatos queriam tirar Júlio de Castilhos do poder, implantar um sistema descentralizado, baseado no parlamentarismo. Os maragatos eram também contrários à política implantada pelo governo federal após a proclamação da República e exigiam uma revisão da Constituição. Essa revolução foi muito violenta, com inúmeros maragatos degolados.

A Revolução de 1923 foi um movimento armado onde novamente houve polaridade no posicionamento: de um lado, partidários do presidente do Estado, Borges de Medeiros, os chimangos, que usavam no pescoço um lenço branco, e de outro os revolucionários, chamados maragatos, identificados por um lenço vermelho.

A degola dos inimigos era prática corriqueira pelos dois lados das revoluções no Rio Grande do Sul. Estima-se que mais de mil, dos cerca de dez mil mortos no conflito, tenham sido degolados. Tanto os chimangos – republicanos sob o comando de Júlio de Castilhos e depois Borges de Medeiros – quanto os maragatos – federalistas liderados por Assis Brasil, Gaspar Silveira Martins, Gumercindo Saraiva – degolavam seus prisioneiros. O ato de decapitar o inimigo era muito comum nos conflitos ocorridos na região do Prata e no sul do Brasil durante os séculos XVIII, XIX e XX, assim como também na Província Cisplatina (o Uruguai atual, que entre 1817 e 1828 pertenceu ao Brasil real e imperial).

O meu avô Maneco sempre falava dessas degolas insistindo que tinham sido os castelhanos que trouxeram essa prática para o Rio Grande. Na Batalha do Pulador, pequeno povoado perto de Passo Fundo e vizinho do sítio do Pinheiro Torto, houve centenas de degolados. Ele me contava que muitos feridos e fujões chegaram até suas terras e citava até os nomes. O saldo final da Batalha do Pulador foi estimada entre 800 e mil mortos, destacando-se que não houve prisioneiros.

Tudo isso tinha sido transmitido do meu bisavô João Gabriel a seu filho, o vô Maneco, que por sua vez passava para mim.

Os maragatos foram derrotados na Batalha do Pulador. No dia 27 de junho de 1894 cerca de 4.600 homens entraram em violento combate, que perdurou por seis horas, com grande número de baixas nos dois lados. Para mim, adolescente, tudo isso era muito impressionante.

> *"O grande medo dos gaúchos... nas revoluções e invasões castelhanas não era a morte. Era a derrota... O resultado seria um fortíssimo sentimento nacionalista."*
>
> Hilda Simões Lopes
> *Tuiatã* (Libretos, Porto Alegre, 2017)

Sobre as brigas e as invasões, o vô Maneco nunca se referia aos argentinos, mas sempre aos castelhanos. Quando os milicos *gritaram* (ele nunca falava proclamaram) a República o vô Maneco dizia estar com 12 anos. Tinha uma nostalgia do imperador e politicamente era maragato, como toda a família Rezende, contra os chimangos. Ele dizia sempre *no tempo do Borges* de maneira pejorativa.

No tempo do Borges não tinha voto secreto. Era aberto e fraudado. O Borges era sempre *reeleito* a bico de pena. O eleitor se apresentava na mesa eleitoral e declarava abertamente "voto no Borges", por exemplo, e seu voto era inscrito num livro, a mão. Ele foi governador do Estado durante 35 anos. Somente caiu depois da Revolução de 23, que durou um ano.

O armazém de meu tio-bisavô Thimótio Teixeira Severo foi saqueado durante a Revolução de 1923. Ele perdeu tudo e nunca foi indenizado.

Em dezembro de 1923 pacificou-se o Rio Grande com o Pacto de Pedras Altas, no famoso castelo daquela localidade, residência de Assis Brasil, líder maragato. Pelo acordo, Borges poderia permanecer até o final do mandato, em 1928, mas a Constituição do RS foi reformada. Foram impedidas as reeleições, a nomeação de intendentes (prefeitos municipais) e do vice-presidente do Estado pelo governo estadual. Os Rezende do Rio Grande nunca se meteram muito em política, mas sendo maragatos, eram da oposição nos 35 anos *no tempo do Borges*. O voto secreto somente foi implantado pela Revolução de 1930, com o presidente Getúlio Vargas no poder.

Em 3 de outubro de 1930 os gaúchos mais uma vez se levantaram. Foi a Revolução de 1930, um movimento armado liderado pelos estados do Rio Grande do Sul, Minas Gerais e Paraíba, sob a chefia do governador gaúcho, Getúlio Vargas, que depôs o presidente da República Washington Luís (paulista) em 24 de outubro de 1930, impediu a posse do presidente eleito (a bico de pena) Júlio Prestes (também paulista) e pôs fim à República Velha. A Revolução tinha vencido. Uma das medidas do presidente Getúlio Vargas foi dar direito de voto às mulheres, segundo o decreto de 24 de fevereiro de 1932. Meus tios Miguel, Alfredo e Juca (José) participaram da revolução. Eram alunos internos no Instituto Educacional de Passo Fundo e fugiram do colégio para ir à luta. Voltaram todos vivos. Eles nos relatavam seguidamente histórias de suas aventuras *revolucionárias*, mostravam fotos e contavam anedotas. Como quando estavam passando um telegrama para o estado-maior, informando que os burros tinham desaparecido. Eles escreviam "burros perdidos" e nesse momento alguém chegou dizendo que os animais tinham sido encontrados. Aí telegrafaram "burros perdidos vg. porém achados". Outro telegrama dizia "revolu continu, compre fu" para economizar palavras e pagar mais barato. Essa expressão era superconhecida na família e todo mundo compreendia e dava risada.

Finalmente os gaúchos chegaram ao Rio de Janeiro e amarraram suas montarias no chafariz da Praça da República.

O vô Maneco também me contava muitos fatos de nossos antepassados. O seu pai era João Gabriel de Rezende (meu bisavô) e seu avô era Cândido Joaquim de Rezende (meu tataravô). Ele me falava também de um Augusto de Rezende, que segundo Píndaro Annes, um amigo da família, deve ter sido o primeiro Rezende chegado a Passo Fundo, lá pelo fim do século XVIII. Píndaro encontrou o nome desse pioneiro Rezende numa lista dos arquivos imperiais dos fazendeiros que tinham pago o imposto para o rei e depois aos imperadores.

O meu avô sempre contava que no finzinho do século XVII (1699) três irmãos Rezende vieram de Portugal para o Brasil vindos da localidade chamada Rezende, situada ao norte daquele país. Isso era notório na família: um deles foi para as Minas Gerais, então em grande corrida pelo ouro; outro veio para a província (ou capitania) de São Pedro do Rio Grande e o terceiro resolveu ficar no Rio de Janeiro.

Atualmente, encontramos seus descendentes em Minas Gerais e no Rio Grande do Sul. Os Rezende de Minas tiveram importante destaque na vida política do Estado, com governadores, bispos, parlamentares e ministros. Os Rezende do Rio Grande do Sul foram principalmente fazendeiros ou tropeiros. Eles fundaram numerosas famílias. Os meus avós Manuel e Antônio tiveram, respectivamente, 16 e 13 filhos. Todos eles viveram até sua idade adulta. Morreram com cerca de 80 anos, tendo, por sua vez, numerosa descendência.

Era tradição da família Rezende de Passo Fundo se reunir dia 1º de janeiro para um churasco na fazenda do tio Juca, comemorando assim o Ano-Novo. Reuniam-se centenas de pessoas. O tio Juca fazia carnear uma novilha e todos se encontravam. À noite havia um baile até de madrugada. Quando a festa estava muito boa, o tio Juca decidia abater outra novilha e as comemorações seguiam durante o segundo dia de janeiro. O pessoal era muito festeiro. Às vezes, tínhamos a ideia de *pegar* uma novilha sem pedir licença para o dono da fazenda do João Ribeiro (o Jango, meu tio-avô por parte dos Ribeiro, irmão da vó Felipa). Os tios a levavam para um sítio de alguém da família (Rezende ou Ribeiro) e os parentes preparavam o churasco. Depois de tudo pronto iam convidar o tio Jango e demais familiares. Fazia parte do jogo que ele ficasse muito admirado, pois ele não *sabia de nada*.

Meu avô por parte de pai, Antônio Cesário de Rezende, o vô Antoninho, tropeava cavalos e jumentos que ele ia buscar na Argentina, passando depois por Santa Catarina e Paraná. A passagem pelo mato era muito perigosa, pois essas províncias e depois estados estavam povoados por bugres que seguidamente atacavam as tropas. Depois, já no Estado de São Paulo, o vô chegava à feira de Sorocaba, onde ele vendia seus animais para os cafeicultores. Era sempre acompanhado pelos seus filhos maiores, meu pai Pedro, o tio Nicolau, tio Argemiro, tio Lili, e tio Juca.

Minha avó por parte de mãe era da família Severo. Os Severo eram de Cachoeira do Sul e, segundo contava minha mãe, vieram para Passo Fundo porque Thimótio Teixeira Severo, seu avô, tinha sido nomeado coletor de impostos. Segundo a família, ele foi o primeiro coletor que não fugiu com o dinheiro. Os Severo eram importantes donos de escravos. Eu não conheci o último dos escravos vivos de meu tataravô Severo, o Claro Severo. Sim, Severo, pois na escravidão brasileira os escravos tomavam o sobrenome dos seus senhores e faziam parte da família.

Minha mãe me contava muitas coisas de Claro Severo. Ela o considerava membro da família e visitava os seus descendentes regularmente com sua prima-irmã Iracema. Depois da abolição, Claro foi encarregado de acender os lampiões que iluminavam ao entardecer as ruas de Passo Fundo e apagá-los ao amanhecer.

Nas *grandes famílias* há sempre certas estórias que é melhor esquecer talvez porque jamais tenham acontecido. Uma filha do meu tataravô Severo, pasmem, fugiu com um escravo de seu pai. Eu nunca soube o seu nome. Só imagino a *vergonha* para a família que uma filha branca tenha fugido com um negro escravo. Até hoje sinto muito em não ter conseguido que minha mãe me contasse detalhes de tudo isso. Quem era essa jovem fugitiva? Seu nome desapareceu e sua existência também. Soube que ela morava com seu marido (ou companheiro) e seus descendentes na cidade de Cruz Alta-RS. Minha mãe e sua prima-irmã Iracema Severo Totti iam de vez em quando visitá-los e a seus filhos e netos. Uma vez ouvi uma conversa de minha mãe com sua prima e ela dizia, falando baixo: "Finalmente, eles são mulatos, mas gente decente...".

Outra estória foi a briga e assassinato envolvendo meu tio-avô Thimótio José Severo. Uma vez o tio Timotinho se desentendeu com seu irmão Álvaro Severo (o tio Alvinho)

– eu nunca soube o porquê. Voltando para casa sua esposa, a tia Sinhá, o recebeu dizendo: "Homem de valor não leva desaforo para casa", e, dito isso, lhe deu uma espingarda, que ele usou para matar o irmão. Foi minha mãe que me contou isso. As relações da tia Sinhá com meus pais nunca foram das melhores, havia esse episódio, que também era melhor esquecer. O delegado de polícia de Passo Fundo decidiu abafar tudo, pois não era possível que dona Cândida (mãe dos dois irmãos) tivesse um filho morto e outro na cadeia. Eram assim tratadas as *grandes famílias*.

Minha mãe tinha um tio chamado Alfredo Severo. Ele era militar e fez seus estudos na Academia Militar do Realengo, no Rio de Janeiro. Para chegar até o Rio, primeiro ia a cavalo acompanhado pelo Claro Severo até o Rio Jacuí, onde pegava um navio até Porto Alegre. Claro voltava para Passo Fundo com os dois cavalos e Alfredo tomava outra embarcação e, passando pelo porto de Rio Grande, chegava até a capital do país. O tio Alfredo alcançou o generalato e participou da Guerra de Canudos. O líder desse conflito foi o beato nordestino Antônio Conselheiro. Em 1893, ele fundou no município baiano de Canudos uma comunidade. Pessoas carentes foram morar no Arraial de Canudos, pois lá tinham trabalho e acesso à terra sem serem explorados pelos latifundiários. Conselheiro foi acusado de monarquista e inimigo da República recém-fundada. O governo federal, com o auxílio de tropas locais, organizou uma grande ofensiva militar ao local.

O conflito armado durou de 1896 a 1897, quando Antônio Conselheiro foi assassinado e a guerra terminou. Há uma rua com o nome do general Alfredo Severo no centro do Rio de Janeiro. Minha mãe contava que o seu tio enviava para sua mãe, dona Cândida, a cada promoção uma fotografia de seu novo uniforme. Eu não sei o que aconteceu com essas fotos e é uma pena que esses documentos tenham desaparecido. Por mais que se indagasse aos parentes Severo, ninguém soube me dizer onde estavam. Talvez algum jovem, num certo momento, tenha resolvido jogar fora essas *velhas fotos*.

A minha avó Cândida Severo de Rezende, primeira esposa do vô Maneco, morreu muito jovem deixando dois filhos: o tio Miguel Severo de Rezende, de dois anos, e minha mãe, Maria Severo de Rezende, com sete meses. Minha mãe foi criada por suas tias Queliela e Julieta, sua madrinha, que nunca se casaram para poderem se dedicar à sua sobrinha órfã de mãe.

O vô Maneco se casou de novo e sua segunda esposa, Conceição Camargo de Rezende (a Siá Concia, como era conhecida), teve 14 filhos.

Os meus pais eram primos-irmãos. Por questões de família, minha mãe foi prometida ao seu primo mais velho, João Batista Ribeiro de Rezende, o Juanito, como era chamado em espanhol. Durante a Revolução de 1923, ele passava as férias em Passo Fundo, era estudante de Agronomia em Porto Alegre. Nesse período os chimangos foram ao sítio do vô Antoninho para assassiná-lo, pois ele era maragato. Porém, meu avô estava na Argentina e os chimangos mataram então seu filho mais velho, Juanito. Assim meu pai Pedro, o segundo filho, foi o *substituto* de seu irmão e se casou com a minha mãe.

Foi um casamento feliz. Nunca vi discussão e briga entre eles. Durou mais de 50 anos, tendo sido comemoradas suas Bodas de Ouro. Tiveram quatro filhos: Esir, em 1930; Lud Josani, em 1935; Paulo Ernani (eu), em 1940; e Jane Marisa, em 1945. Os meus pais eram bem organizados: tinham filhos a cada cinco anos.

Eu tive uma infância muito feliz. Sendo o único filho homem, eu tinha muitos *privilégios*. Como era costume na época, eu sempre chamei meus pais de senhor e senhora. Meu pai nunca se entendeu muito bem com seu sogro. Ele nunca dizia tio Maneco ou tio Neco, mas sempre seu Manuel Rezende. Quando o vô vinha nos visitar chegava sempre a cavalo. Abrindo a porta, nos saudava dizendo *buenas* a todos.

Outro dia a minha sobrinha Monika me contou uma lembrança sempre valorizada por ela sobre meus pais Maria e Pedro. Depois deles, acho que não houve casal mais unido e cúmplice em nossa família. Mas essa é outra história...

Minha irmã Esir me contava que em muitas noites, na cozinha, minha mãe pedia para que meu pai lesse em voz alta enquanto ela fazia tarefas domésticas. Professora dedicada que era, nem sempre tinha todo o tempo que gostaria para ler. Isso, porém, era apenas uma desculpa para que meu pai desenvolvesse o gosto pela leitura, o que de fato acabou acontecendo. Apesar de meu pai, Pedro, ser conhecido como "homem do campo" e a mãe, Maria, como "mulher letrada", ele teve como principal distração na velhice a leitura de livros históricos.

Vale também lembrar aqui que os dois faziam várias tarefas domésticas juntos, como em fevereiro, no fim do verão e antes da volta às aulas, a produção de marmelada, suco e geleia de uva, biscoitos e uma bala de receita norte-americana. Para isso, o agricultor Neco Terra nos fornecia de seu sítio uvas, marmelo e pêssego. Fui testemunha, durante minha infância, o quão marcante foi para mim ouvir um dizer ao outro, quando saía de casa: "Seja feliz". E hoje em Strasbourg sempre falo também "seja feliz", em português, à minha esposa quando ela sai de casa. Tenho em meus pais um duplo exemplo de respeito mútuo e alegria de viver, a fonte da felicidade conjugal.

Minha mãe faleceu aos 75 anos com um AVC (acidente vascular cerebral), meu pai, aos 92 anos, dormindo tranquilamente. Ele fez toda sua carreira na administração da Viação Férrea do Rio Grande do Sul (VFRGS) em Passo Fundo. Era um funcionário muito organizado. Saía de manhã às 7h30min de terno e gravata para o escritório, vinha almoçar ao meio-dia e recomeçava a trabalhar às 14h e ia até as 17h30min. Voltando para casa, ele se ocupava da horta todos os dias e aos sábados, pois na Viação Férrea os funcionários tinham o que se chamava "sábado inglês", em que não trabalhavam. A sua horta nos fornecia frutas e legumes.

A Viação Férrea, do ponto vista social, era muito adiantada. O pai foi ferroviário a partir de seus 27 anos de idade. A VFRGS tinha uma cooperativa para os empregados com farmácia, assistência médica e hospitalar gratuita, e isso a partir dos anos 1913. As compras na cooperativa eram diretamente descontadas do salário do empregado, mas impunham um teto, um limite, para que os funcionários e suas familiares não gastassem todo o seu salário na cooperativa. O sindicato dos ferroviários foi fundado em 1953. Os funcionários da Viação Férrea tinham o que se chamava "Licença Prêmio" – se um funcionário trabalhasse dez anos sem faltar um só dia de trabalho, por qualquer razão que fosse, ele teria direito à chamada "licença", que o autorizaria a não trabalhar durante seis meses conservando os salários.

Também os ferroviários e suas famílias tinham, durante as férias, passagens gratuitas para qualquer destino no Rio Grande do Sul servido pela companhia. O meu pai se aposentou da Viação Férrea em 1962 aos 65 anos, depois de 35 anos de trabalho, quando foi presenteado com um belo relógio de bolso Omega de fabricação suíça. Eu o tenho até hoje.

Os nossos pais construíram duas casas e ocuparam uma, já edificada, na Avenida Brasil, 763, com 16 peças, na Calçada Alta em frente à prefeitura. As duas casas que eles ergueram ficavam situadas na Rua Paissandu, 1600 e 1915. Eles nunca moraram em casa alugada. Segundo seus princípios, como dizia meu pai: "Quem mora em casa alugada é bagaceira".

Já em 1996, aos 89 anos, numa bela manhã meu pai disse às minhas irmãs: "Vou a Nova York visitar a minha neta, Belka". Elas me telefonaram para saber o que achava e fui então recebê-lo. Foi uma bela viagem; visitamos as Torres Gêmeas, a Estátua da Liberdade, o Museu de Arte Moderna e a cidade. Antes de voltar, ele resolveu comprar uma bengala e um chapéu de palha tipo *canotier*, ao estilo do cantor Maurice Chevalier. O pessoal em Passo Fundo dizia que o Pedro foi a Nova York aos 89 anos não somente para visitar sua neta, mas para impressionar seus irmãos e irmãs. De volta, desembarcou em Porto Alegre com sua bengala e seu chapéu *canotier*.

V

A turma de Passo Fundo da minha juventude

Em 1958 me formei no Curso Científico do Instituto Educacional de Passo Fundo. Foi um ano feliz para os brasileiros com a inédita Copa do Mundo de Futebol, o movimento Bossa Nova e o crescimento econômico de 10,8% gerando riquezas. O presidente da República, Juscelino Kubitschek, tinha começado a construção da nova capital federal, Brasília, no Planalto Central do Brasil.

Nós cantávamos assim com o Juca Chaves:

Bossa nova mesmo é ser presidente
Desta terra descoberta por Cabral
Para tanto basta ser tão simplesmente
Simpático, risonho, original.

Depois desfrutar da maravilha
De ser o presidente do Brasil,
Voar da Velhacap pra Brasília,
Ver Alvorada e voar de volta ao Rio.

Voar, voar, voar, voar
Voar, voar pra bem distante,
Até Versalhes onde duas mineirinhas valsinhas
Dançam como debutante, interessante!

Mandar parente a jato pro dentista,
Almoçar com tenista campeão,
Também poder ser um bom artista exclusivista
Tomando com Dilermando umas aulinhas de violão.

Isto é viver como se aprova,
É ser um presidente bossa nova.
Bossa nova, muito nova,
Nova mesmo, ultranova.

Juscelino morreu no dia 22 de agosto de 1976 em um *acidente de trânsito* que até hoje não se sabe bem se foi uma fatalidade ou um assassinato pela ditadura.

Em Passo Fundo havia um grupo de jovens que, desde o suicídio de Getúlio Vargas no dia 24 de agosto de 1954, começara a se interessar por política. Antes de se matar o presidente da República deixou um documento, a *Carta Testamento*, que nos impressionou muito.

Essa carta foi um documento endereçado ao povo brasileiro escrito pelo presidente Getúlio Vargas horas antes de seu suicídio. No seu mandato abençoado pelo povo em 1951 Getúlio tinha fundado a Eletrobras, o Banco Nacional de Desenvolvimento Econômico e Social, a Petrobras, restringindo a remessa de lucros das empresas estrangeiras para o exterior.

Como cantava o Teixeirinha:

Vinte e quatro de agosto
A terra estremeceu
Os rádios anunciaram
O fato que aconteceu,
As nuvens cobriram o céu

O povo em geral sofreu
O Brasil se vestiu de luto
Getúlio Vargas morreu!
(...)
Seu nome ficou na história
Pra nossa recordação
Seu sorriso era a vitória
Da nossa imensa nação
Com saúde ele venceu
Guerra e revolução
Depois foi morrer a bala
Pela sua própria mão.

A turma de Passo Fundo conhecia muito bem o Teixeirinha com seu estande de tiro ao alvo perto dos trilhos da Viação Férrea na Avenida Brasil.

Tínhamos todos em torno de 13 a 16 anos de idade e mais adiante fomos influenciados pelo nosso professor de Química Jesuíno d'Ávila no Instituto Educacional. Ele era de esquerda e nós também.

Na idade adulta nossa turma saiu de Passo Fundo para conhecer e se instalar neste vasto mundo. Muitos ocuparam postos interessantes no Brasil, e eu, no exterior. Mais adiante contarei como fui acabar vivendo na França, onde me encontro até hoje. Derli Machado da Silva foi diretor da Embrapa (Empresa Brasileira de Pesquisa Agropecuária). Miguel Kozma, diretor administrativo e vice-presidente da Companhia Energética de São Paulo – CESP, assumiu em seguida a Secretaria Estadual de Assuntos Fundiários no governo Franco Montoro e foi secretário adjunto dos Transportes Metropolitanos de São Paulo na gestão Mário Covas, e finalmente presidente do Metrô de São Paulo no governo Geraldo Alckmin. Paulo Totti foi primeiro vice-presidente da UNE, jornalista, diretor de grandes jornais brasileiros como o *Jornal do Brasil* e correspondente do *Valor Econômico* no México, Buenos Aires e Washington. Tarso de Castro foi jornalista e fundador do *Pasquim,* jornal depois fechado pela ditadura militar. Terezinha Portela, a única mulher do grupo, membro do Tribunal de Contas da União e, depois, conselheira da bancada do PT na Câmara de Deputados. E eu, Paulo Ernani Rezende de Rezende, me tornei médico hospitalar, tendo chegado à França em 1970 como exilado político e, depois fui conselheiro dos ministros franceses da Saúde, de esquerda e de direita, encarregado da cooperação com a América Latina, África francófona e da implantação do Samu192 no Brasil.

Certa vez, em 1960, o governador Leonel Brizola recebeu no Palácio Piratini um grupo de estudantes gaúchos, entre eles Marco Aurélio Garcia, que depois foi conselheiro especial do presidente Lula, encarregado das relações internacionais. O pretexto era convidá-lo para a inauguração de uma torre de petróleo, que tinha sido construída por iniciativa de um grupo de estudantes do qual eu fazia parte, em homenagem à Petrobras na Praça da Alfândega, no centro de Porto Alegre. Ele aceitou o nosso convite e esteve presente ao evento. Convidamos também o general Osvino Ferreira Alves, comandante do III Exército, que numa conversa nos disse, certamente para brincar conosco: "Então o *Julinho* (Colégio Júlio de Castilhos) é o PC?". Nós lhe respondemos: "Não, general, esta inauguração da torre é apolítica". Ele completou: "Vocês não compreenderam, PC para nós militares é Posto de Comando". Após o golpe de 1964 uma das primeiras coisas que os golpistas fizeram foi destruir a torre de petróleo.

Quando o governador Brizola faleceu, em 2004, eu enviei à minha família uma homenagem a ele que eu registro aqui, pois faz parte de minhas memórias:

> *Foi com grande tristeza que soube da morte do governador Leonel Brizola. A emoção foi grande ao lembrar do Brizola da minha juventude, do prefeito municipal de Porto Alegre em 1955, das palestras de sexta-feira na rádio Farroupilha (que a gente ouvia com dificuldade,*

pois a transmissão era péssima), de sua brilhante eleição para governador do Estado em 1958 (55% dos votos). De seu belo governo, do melhor governador da história do Rio Grande do Sul, da sua visão, da Estrada da Produção (que os gaúchos seriam bem inspirados de lhe chamar Estrada Governador Leonel Brizola, pensada e construída no seu governo), da Refinaria Alberto Pasqualini, dos Aços Finos Piratini, das escolinhas presentes em todo o canto do Rio Grande (serão escolinhas simples, nada de luxúria, como dizia o Brizola), das brizoletas [4] *e da nacionalização da CEERGS (Companhia Energia Elétrica do RGS, pertencente então à Bond&Share, canadense), com a criação da Companhia Estadual de Energia Elétrica (CEEE), do aterro da Beira-Rio, quando prefeito de Porto Alegre.*

Lembrar também do Brizola da Legalidade em 1961, do chefe da reação à quartelada que tentou impedir a posse do vice-presidente João Goulart, quando da demissão do presidente Jânio Quadros; do Brizola do golpe de 64, da Resistência que Jango não quis. Do Brizola exilado por 15 anos no Uruguai, da sua volta em 79. Do governador do Rio de Janeiro, eleito duas vezes.

É a este Brizola que quero aqui prestar homenagem, ao político polemista, epicentro de furacões, senhor das tempestades, combatente incansável, coerente, destemido, prisioneiro de convicções e princípios, centralizador, personalista, teimoso, verborrágico, falastrão, e ainda patriota, nacionalista e anti-imperialista, defensor in-

---

4. "Dinheiro" impresso pelo Estado do RS e garantido pelo Banco do Estado e apelidado pelo povo de brizoletas. Elas eram utilizadas e aceitas por todos. A oposição criticava, dizendo que o Brizola não podia lançar dinheiro, direito privativo da União Federal. O governador respondia que as brizoletas não eram dinheiro, mas letras do Tesouro do Estado do Rio Grande do Sul. Meus pais, usando as brizoletas, compraram um apartamento em Passo Fundo pagando com este dinheiro. Elas eram também utilizadas para pagar o funcionalismo estadual, como os professores, por exemplo.

cansável dos interesses do povo brasileiro. Homenageio ainda o grande orador, o tribuno carismático, com seu sotaque gaúcho, o político disposto a qualquer aliança, o articulador de acordos detestáveis. Ou ainda ao estrategista talentoso, capaz de suportar parcerias pouco agradáveis, para chegar mais rapidamente ao destino desejado pelas massas populares. Assim era Brizola. Mas eu lembro também, por ter ouvido contar, do menino que estudou no Instituto Educacional de Passo Fundo, que foi aluno de minha mãe, da sua família recolhida pelo vô Antoninho, quando do assassinato do pai de Brizola em 1923, do Paraguaçu, seu irmão, que sempre ia me visitar quando eu passava por Passo Fundo, e da Quita, amiga da Esir, minha irmã. Da sua volta do exílio, quando numa reunião em Porto Alegre eu lhe disse: governador, sou Rezende de Passo Fundo. Filho de quem, perguntou ele. Do Pedro, respondi. E ele: Ah! Sim, como vai ele e a dona Maria?

Do Brizola governador do Rio de Janeiro, que durante a enfermidade de minha mãe, em Passo Fundo, telefonava pessoalmente, ou seu chefe de gabinete, para ter notícias da professora de Português.

Uma vida de luta. Morrendo Brizola morreu o último caudilho do Rio Grande e do Brasil. Ele era da estirpe de um Assis Brasil, Silveira Martins, Pinheiro Machado, Júlio de Castilhos, Borges de Medeiros, Getúlio Vargas, Flores da Cunha, Rui Ramos, Luís Carlos Prestes, Osvaldo Aranha, Jango Goulart e tantos outros gaúchos que honraram o Rio Grande e serviram ao Brasil.

O guerreiro descansa em paz. Morreu na cancha. Lutando até o fim. Como Getúlio (suicidou-se) e Jango ("talvez" assassinado, no seu exílio na Argentina, pela ditadura), ele repousa em São Borja.

Lembro da Legalidade em 1961, quando Brizola derrotou o golpe, do decreto que incluiu o político gaúcho Leonel Brizola no Livro dos Heróis da Pátria, sancionado pela presidenta Dilma Rousseff no dia 29 de dezembro de 2015. Lei aprovada pelo Senado Federal.

De tudo o que fez, há algo em Brizola que é único: governou três vezes dois estados diferentes, o Rio Grande do Sul (uma vez) e o Rio de Janeiro (duas). Teve um terço dos votos de todos os cariocas como candidato a deputado federal do Rio de Janeiro, quando recém-chegado do exílio em 1979.

Por ter começado sua vida como engraxate na Galeria Chaves em Porto Alegre e tornar-se um dos políticos mais importantes do país. Lula provou que é possível e ir até mais além do que permitiram a Brizola. Amar as crianças e a educação, na mesma linha de Paulo Freire, Anísio Teixeira e tantos outros. Tirar 40 milhões de brasileiros de uma extrema pobreza.

Mas só Brizola teve a coragem e a ousadia de enfrentar os ministros militares, a covardia dos políticos e a cumplicidade da mídia, para evitar – pelo menos durante três anos – um golpe e uma ditadura.

VI

Durante a ditadura cívico-militar, minha militância

Em 1959 e 1960 fiz uma breve passagem pela Juventude Comunista. Havia no grupo o Derli, o Derengo, o Miguel e o Totti. Entre os mais velhos, o Pacheco e o Jesuíno. Quando voltei para o Brasil, em 1967, me afastei do *partidão*. Um dia, numa reunião em Buenos Aires, a chefe de gabinete do Temporão, ministro da Saúde, num intervalo, me perguntou: "Você foi do partidão, Paulo?". Eu lhe respondi: "Sim, como todo mundo". Fiquei admirado, pois nós não nos conhecíamos. Talvez fosse uma nova maneira de conduzir uma reunião.

De volta ao Brasil, em agosto de 1967, depois de um descanso em Passo Fundo, quando reli o grande livro de Erico Verissimo *O tempo e o vento*, fomos, eu e minha esposa, a uma praia em Tramandaí onde a minha irmã Lud e seu marido Gastão tinham sua casa de veraneio. Ali resolvemos ir para São Paulo no começo de 1968, onde fomos recebidos gentilmente pelos amigos Miguel e Maria do Carmo até alugarmos um apartamento.

Minha esposa Anneta conseguiu uma vaga na universidade de Marília e na PUC de São Paulo, onde ela lecionava Linguística Russa. Eu iniciei um trabalho junto ao grupo do anestesista dr. Kentaro Takaoka. Atendíamos a vários hospitais da cidade, como o Sanatório Santa Catarina, na Avenida Paulista; o Hospital Leão XIII, no Ipiranga; o Hospital Heliópolis, também no Ipiranga; Hospital Geral da Lapa e o infantil do Morumbi. Na Beneficência Portuguesa nós nos ocupávamos da anestesia da equipe do professor Adib Jatene, cirurgião cardiologista. Era um período difícil para todos os que não aceitavam a ditadura e lutavam pela democracia após o golpe de 1º de abril de 1964.

Essa era a parte oficial de minha atividade, mas havia ainda uma outra. Como estávamos em plena ditadura militar, eu tinha uma militância, dessa vez clandestina. Participava de um grupo de pessoas que se ocupava em dar auxílio, esconder militantes ameaçados de serem presos, torturados ou mesmo assassinados. Eu nunca fui diretamente militante da ALN, da Val Palmares ou do MR8.

Presto homenagem ao meu ex-colega de Moscou Thomas Meireles Neto, ex-presidente da UBES (União Brasileira de Estudantes Secundários), assassinado sob tortura, que é considerado desaparecido. Seu corpo teria sido jogado ao mar ou queimado, conforme consta no livro *Brasil nunca mais*, publicado sob o patrocínio do cardeal de São Paulo, D. Paulo Evaristo Arns, do rabino Henry Sobel e do pastor presbiteriano Jaime Wright.

Em 1969, no meu apartamento, escondemos durante meses o *André* (um codinome, pois nunca conheci seu verdadeiro nome). Só sabia que era da Bahia e sofria muito com o frio de São Paulo. Sua foto era publicada em cartazes como "terrorista procurado". Ele tinha participado de assaltos a bancos para financiar a luta contra a ditadura. Quanto a mim, nunca me envolvi diretamente com esses assaltos, ajudava somente com a logística, como emprestar meu carro, um fusca vermelho-escuro. Uma vez chegou ao meu apartamento o *Sidney*, um gaúcho ferido com uma bala no braço. Com um amigo médico de Santo André-SP, providenciamos a extração da bala e depois um tratamento de fisioterapia.

Tudo isso era muito perigoso, mas a gente assumia. Também escondíamos armas, que de vez em quando colocávamos num apartamento de um espanhol que morava no andar acima do meu.

Uma vez, em julho de 1969, chegou à minha casa em São Paulo com seus filhos ainda crianças a Tânia, filha do Pacheco, um amigo de Passo Fundo. O marido dela, Paulo, estava metido numa tentativa de sequestro fracassada do cônsul dos Estados Unidos em Porto Alegre. Como no Brasil era (e é) difícil de guardar segredo, logo toda a *esquerda festiva* da cidade estava a par de que umas pessoas preparavam o sequestro. Todo mundo foi preso e Tânia estava em São Paulo com seus filhos me solicitando auxílio. Encontrava-se refugiada no apartamento de seu pai, e combinamos que não deveria permanecer lá e que no outro dia, quando eu saísse do hospital, às 12h30min, iria buscá-la. Assim foi feito, trouxe-a para minha casa. Uma hora depois, a polícia bateu na casa do Pacheco.

Miguel, um de meus colegas com um esquema que só ele sabia, providenciou a mudança da Tânia para o Guarujá, praia no litoral paulista, pois era inverno e havia muitos apartamentos vazios. De lá, Miguel organizou a saída dela do Brasil passando pelo Uruguai, Argentina e chegando ao Chile. Eu nunca soube quem o ajudou. Na época, havia certas coisas que era melhor desconhecer. O resto da história eu soube pelo Paulo, marido da Tânia.

Estando em missão no Ministério da Saúde do Brasil, qual não foi minha surpresa de encontrar o Paulo, que também trabalhava lá. Ele me contou o fim dessa história. Quando houve o golpe contra o presidente Allende, em 11 de setembro de 1973, a Tânia se asilou na embaixada da Holanda e foi para esse país como refugiada política. Na Europa havia milhares de brasileiros na mesma situação. Só na França havia uns 10 mil. Paulo me contou que a sua esposa morreu de câncer e até o fim de sua vida me procurou. Ela sabia que eu estava na França, mas nunca soube de meu endereço. É inacreditável, pois amigos comuns sabiam onde eu morava.

VII

Universidade da Amizade dos Povos Patrice Lumumba, a Guerra Fria, as primeiras férias, e Belka, minha primeira filha

Mudar para outro país e ter de se adaptar a um novo ambiente de estudo nunca é fácil, mas o sistema de ensino superior russo foi um desafio particularmente difícil. Como muitos estudantes que foram para a Rússia, eu nunca havia estudado a língua antes – meu conhecimento incluía apenas algumas palavras e a barreira do idioma pode rapidamente se tornar um grande desafio. Chegava a um universo absolutamente desconhecido e me aventurei a isso um pouco por acaso. Eu não tinha nenhuma conexão com o idioma ou com o país e tudo o que sabia sobre ele se resumia a uma ou duas músicas e aos muitos estereótipos sobre essa terra distante. Acredito que foi precisamente essa atração pelo misterioso e pelo desconhecido que me levou a realizar estudos em russo, na URSS e na Universidade da Amizade dos Povos Patrice Lumumba. O modo como as pessoas viviam, as paisagens urbanas e naturais, a mentalidade, os costumes, as condições de vida. Tudo isso mudou minha existência para sempre. A única vez que tinha ouvido a língua tinha sido quando assisti a dois filmes russos (não dublados), *Otelo, o mouro de Veneza* e *Quando voam as cegonhas* (este Palma de Ouro em Cannes em 1958), que foram exibidos em Porto Alegre em 1960.

Depois de chegar a Moscou comecei a estudar na UAPPL. Nos primeiros seis meses estudávamos a língua de maneira intensiva seis horas por dia, de 9h às 15h, quando íamos almoçar no bandejão do restaurante universitário. Era difícil o russo? Sim, mas eu sempre pensava que emigrantes árabes ou turcos chegavam ao Brasil e um ano depois já estavam fluentes em português. Por que eu não seria fluente em russo? Nos outros seis meses estudávamos em russo as matérias: Biologia, Física, Química. Em 1961 começamos a faculdade no primeiro Instituto de Medicina, em Moscou. Um ano depois, integramos a Faculdade de Medicina da UAPPL, agora oficialmente instalada.

Os meus estudos de Medicina, então, começaram em russo em 1961 e duraram até 1967. Nós fomos divididos em cinco grupos de quinze alunos cada. Eu era do grupo de número quatro, com colegas da Indonésia (quatro estudantes), do Brasil (eu), da URSS, da Jordânia, da Síria, da Guiné-Bissau (dois), do Cambodja, do Ceilão, do Equador, do Haiti e da Nigéria (dois). Como vocês podem perceber, era um ambiente internacional. Nos primeiros três anos tivemos matérias teóricas, fizemos estágios e prestamos exames de estado [5].

---

5. Conteúdo estudado: **Teóricas:** língua russa; física; biologia e parasitologia; anatomia humana descritiva e patológica; histologia; citologia e embriologia; química mineral; química analítica; química físico coloidal; química orgânica; bioquímica; fisiologia normal; microbiologia; farmacologia; fisiologia patológica; morfopatologia e autópsia; medicina interna incluindo cursos de fisiologia, de radiologia, de fisiopatologia, de ginastica médica – 3°, 4° e 5° anos; cirurgia incluindo cirurgia geral, patologia cirúrgica; anestesiologia; cursos de urologia; de traumatologia de ortopedia; de estomatologia - 3°, 4° e 5° anos; cirurgia operativa e anatomia topográfica; higiene; organização da saúde pública; dermatologia e enfermidades venéreas; nevrologia; pediatria; obstetrícia e ginecologia; psiquiatria; enfermidades infecciosas e enfermidades tropicais; epidemiologia; otorrinolaringologia; oftalmologia; medicina legal. **Estágios em hospitais moscovitas:** durante o 4°, 5° e 6° anos, plantões em hospitais. **Exames de estado:** medicina interna; cirurgia geral; obstetrícia-ginecologia; pediatria; doenças tropicais.

No fim do ano letivo, na preparação para os exames, eu me reunia com minhas colegas Raymonde, do Haiti, e Léa Malis, do Cambodja, ambas francófonas, para ver se tínhamos compreendido bem as matérias. Nós explicávamos tudo em russo e depois em francês. Era uma maneira muito interessante, melhorava o meu francês e fazia ao mesmo tempo duas amigas.

No inverno tínhamos alguns dias de folga no Ano-Novo e depois continuávamos o trabalho. Nas minhas primeiras férias de verão, em julho e agosto de 1962, fiz duas viagens. Em julho fui para a Alemanha, onde me encontrei com meu cunhado Mani (Manfred Grond), que estava visitando sua família alemã. Peguei um trem de Moscou para Berlim. Na época estávamos em plena Guerra Fria e eu fui o único passageiro a desembarcar na cidade. Passar a fronteira entre Berlim este e Berlim oeste não era simples, os nossos passaportes eram controlados várias vezes. Para mim, essa situação não apresentava problema, pois sendo do Brasil, país aliado durante a guerra, e segundo acordos entre os vencedores e a Alemanha Ocidental, eu tinha privilégios e não precisava de visto nem era revistado. Quanto ao Mani, com passaporte alemão, mesmo que não precisasse de visto, era bem revistado, o que lhe incomodava. Uns dias depois do final de minha viagem foi construído o muro de Berlim, que separava este e oeste. Voltei para Moscou no fim de julho de 1962.

Em outra viagem, em agosto do mesmo ano, com um colega da universidade, Sérgio Guedes, fomos até a cidade de Odessa, às margens do Mar Negro, onde embarcamos no navio *Félix Dzierzynski* de partida para o Egito. Na época existia uma parceria entre a URSS e o Egito, de Gamal Abdel Nasser. A URSS estava construindo a barragem de Assuam e havia uma navegação considerável entre os dois países. No Egito tinha uns 15 mil soviéticos. O *Félix Dzierzynski* era um navio importante, misto de cargueiro com transporte de passageiros.

Foi uma viagem magnífica, fizemos escalas nas cidades de Varna, na Bulgária; Constança, na Romênia; Istambul, na Turquia; Atenas, na Grécia; e finalmente chegamos a Alexandria. Como o navio era também cargueiro, ele ficava um dia em cada porto para carregar e descarregar, o que nos permitia visitar todas esses lugares.

Em Atenas visitei o Partenon e a Acrópole. Até hoje tenho na minha casa em Strasbourg um busto de Hipócrates, pai da Medicina, que comprei na Grécia. Em Istambul visitamos a Catedral Santa Sofia.

Em Alexandria nos esperava o irmão do colega palestino da universidade, que morava no Egito. Ele nos pôs à disposição um apartamento cujo proprietário estava de férias. Visitamos o Cairo, as pirâmides e o Museu Egípcio, tudo uma maravilha. Na época não havia o turismo em massa e assim conhecemos a esfinge e as pirâmides calmamente. Na subida da pirâmide de Khéops éramos quatro pessoas: dois brasileiros e dois belgas.

Que diferença senti ao voltar ao Egito em 2005, dessa vez com a Annelise e nossa filha Jenny, quando estávamos acompanhados de milhares de turistas (como disse a Annelise, era pior do que o metrô de Paris na hora do pique). A subida à pirâmide de Khéops já estava proibida. Naquela viagem, em 2005, percorremos de navio o Nilo do Cairo a Assuam. Belíssimo trajeto, pois tudo que conta está às margens do Nilo.

O navio navegava de noite e de dia parava para visitarmos tudo que era interessante. Foi então que verdadeiramente conhecemos esse país e sua magnífica civilização. Nós apreciamos principalmente os templos de Abul-Simbel, um complexo arqueológico constituído por dois grandes edifícios escavados na Núbia, no sul do Egito, perto da fronteira com o Sudão. Para ver o nascer do sol em Abul-Simbel saímos às 3h da madrugada de ônibus (com guardas armados dentro do veículo para nos proteger), chegando ao local às 5h30min, bem na hora. O sol nasceu, tendo o deserto como paisagem. Tudo belíssimo. Subindo, o sol chegava até o fundo da caverna de Abul-Simbel e iluminava o subterrâneo com belas estátuas de Ramsés II e sua esposa Nefertari. Os templos tinham sido construídos por ordem do faraó em homenagem a si próprio e à sua esposa preferida. No entanto, aquele não era o seu local original. Devido à construção da barragem de Assuam, os templos foram trasladados do seu local de origem com a ajuda da Unesco, a fim de serem salvos e não submersos pela águas.

De volta ao Cairo, eu, Annelise e Jenny visitamos o Museu Egípcio e as maravilhas de Tutancâmon e sua magnífica múmia recoberta de ouro. Gostamos muito do templo de Philae e sua ilha. Dedicado a Ísis, é um dos mais bem preservados do Egito antigo e sua construção foi iniciada por um dos últimos faraós. Na beira da água, ao lado do templo, está um nilômetro. Foi utilizado para conhecer o volume da vazão do rio. Expliquei à nossa filha Jenny como funcionava e como o Nilo era importante. Como disse Heródoto, o pai da história: "O Egito é uma dádiva do Nilo".

Pela terceira vez fui ao Egito, em 2017, com Annelise. Dessa vez para ir à Praia de Hurghada, no Mar Vermelho. No hotel, a comida era de grande qualidade. Ainda resta algo do *antigo celeiro de trigo de Roma* que era o país, porque nos serviram uma dúzia de tipos de pães diferentes e alguns eram esfregados com alho e outras especiarias. Visitamos o Mosteiro de Santo Antônio, um importante monastério copta ortodoxo fundado pelos discípulos de Santo Antônio, o Grande, no século IV (em 356, logo após a morte do santo). É considerado o mais antigo mosteiro cristão do mundo, sendo ocupado continuamente por mais de dezesseis séculos. Santo Antônio, o Grande, foi considerado um pai do monasticismo cristão. Ele nasceu por volta do ano de 251 e morreu aos 105 anos, em 356. As explicações da visita eram feitas em língua russa (que mostra as importantes relações entre a ortodoxia russa e copta), que eu traduzia em francês para a Annelise, até que encontrou uma visita que transpunha para o alemão (que fala correntemente) e ela *me liberou* da tradução em francês a partir do russo.

Voltando ao Egito de 1962, um dia resolvemos nos apresentar à embaixada do Brasil. Fomos muito bem recebidos, pois não era comum a visita de dois jovens brasileiros, e acima de tudo vindos de Moscou. O embaixador nos pôs à disposição um carro, cujo motorista era núbio. Cada vez ele vinha nos buscar nos chamando sempre de *gentlemen*. Um dia, o embaixador nos convidou para um almoço e – qual não foi nossa surpresa – encontramos também o comandante do Batalhão Suez. Os soldados brasileiros faziam parte das tropas das Nações Unidas que separavam, no Canal de Suez, os ex-beligerantes egípcios e israelenses da guerra de 1956.

Também fomos convidados para passar um fim de semana numa tenda que a embaixada possuía no deserto. Sim, porque se no Cairo no verão era muito calor, com temperaturas de até mais de 40°C, no deserto a temperatura era mais amena, principalmente à noite, e as embaixadas, em vez de casa de campo, tinham uma tenda no deserto para fugir dos calorões da cidade. Esse acampamento se chamava Sahara City.

Estando no Cairo, em 1962, aconteceu um sério problema, pois, imaginem vocês, perdi a minha passagem de volta, talvez durante uma visita ao Museu Egípcio. O que fazer? Aos 20 anos nada fica sem solução. Simplesmente fui à filial da agência de viagem que me tinha vendido a passagem e lhes pedi que enviassem um telex à agência de Moscou pedindo que mandassem uma cópia para aquela filial no Cairo. Assim foi feito e a passagem chegou um dia antes da partida do nosso navio. Pegamos um ônibus e chegamos a Alexandria a tempo para embarcar no *Félix Dzierzynski* e tudo deu certo.

No retorno à universidade eu tinha milhares de coisas a contar e meus colegas brincavam comigo dizendo: "A vida do Paulo se divide em duas partes – antes e depois do Egito".

Em 1961 li num jornal russo que estava em Moscou o vice-presidente do Brasil em viagem oficial. Depois ele deveria ir à China. O jornal dizia que ele estava hospedado no Hotel Soviétiskaia. Com a cara e a coragem (é assim quando se tem

20 anos), eu e meus colegas resolvemos ir ao hotel para ver o Jango. Na portaria dissemos que éramos estudantes brasileiros e queríamos visitar o nosso vice-presidente. Eles telefonaram para a suíte do Jango, que disse: "Eles podem subir". Ninguém nos pediu documentos nem revistaram nossas bolsas e sacolas. Hoje isso não aconteceria com essa paranoia atual de *segurança*. Pegamos o elevador e fomos recebidos pelo Jango com toda simplicidade. Tínhamos tido sorte que ele se encontrasse no hotel. Bela e gentil a conversa. O Jango com a sua perna dura, fruto de uma queda de cavalo, estava tomando uísque. Ele prometeu nos enviar uma passagem para que no próximo ano fôssemos passar as férias no Brasil, por conta do governo federal, mas isso não foi possível com tudo que aconteceu depois.

Jango comentou sobre a situação do Brasil com o presidente Jânio Quadros, bem estranha, pois foi eleito pela direita, que estava fazendo um governo que poderia ser chamado de esquerda, com uma política exterior independente, com o reconhecimento de Cuba revolucionária e a visita do Che Guevara. O Jânio tinha condecorado o Che com a Grã-Cruz do Cruzeiro do Sul, para o grande horror da direita que o tinha eleito. Ele renunciou em 25 de agosto de 1961 e até hoje não se sabe bem o porquê. Deixou na mensagem que escreveu ao Congresso Nacional:

> *Fui vencido pela reação e assim deixo o governo. Nestes sete meses cumpri o meu dever. Tenho-o cumprido dia e noite, trabalhando infatigavelmente, sem prevenções, nem rancores. Mas baldaram-se os meus esforços para conduzir esta nação pelo caminho de sua verdadeira libertação política e econômica, a única que possibilitaria o progresso efetivo e a justiça social, a que tem direito o seu generoso povo.*

Jango se encontrava em visita oficial à China e os ministros militares tentaram um golpe de Estado para impedir a posse do vice-presidente democraticamente eleito. Se não fosse Leonel Brizola, governador gaúcho e herói da Legalidade, o golpe teria vencido em 1961 e não em 1964.

Finalmente um acordo foi feito com o Parlamento. O presidente João Goulart voltou ao Brasil passando pelo Uruguai, com a aprovação do III Exército, sediado no RS. Foi instalado um regime parlamentarista. O Jango foi empossado presidente e um primeiro-ministro nomeado. Um plebiscito foi realizado em 6 de janeiro de 1963 para decidir o sistema de governo. O sistema presidencialista foi escolhido. Num eleitorado de quase 19 milhões de votantes, o presidencialismo obteve 9.457.448 (82,1%), e o parlamentarismo apenas 2.073.082 votos (17,9%). Agora, o presidente João Goulart era o chefe do Estado e do governo, com todo o poder.

Depois tivemos um outro plebiscito em 21 de abril de 1993, para determinar a forma e o sistema de governo do país – republicano ou monarquista. Esse plebiscito tinha sido previsto pela Constituição republicana de 1988. Em maio de 1992, foi lançado o Movimento Parlamentarista Monárquico (MPM) por D. Pedro de Alcântara de Orleans e Bragança, pretendente ao trono imperial brasileiro. O resultado foi o seguinte: república – 44.266.608; monarquia – 6.843.196. Votos em branco – 7.030.815.

Em 1963, durante novas férias em julho e agosto, voltei ao Brasil para visitar a família. Na ocasião fui entrevistado pela rádio municipal de Passo Fundo e o jornal *O Nacional* sobre as minhas impressões da Rússia e da Universidade da Amizade dos Povos Patrice Lumumba. Os ouvintes me faziam perguntas pelo telefone.

Em 1º de abril de 1964 houve o golpe de Estado, quando Jango, eleito democraticamente, foi deposto e tivemos a instauração de uma ditadura militar até 1985. Começaram então os 15 anos de chumbo.

Em Moscou, qual não foi a minha surpresa de receber uma solicitação dos meus amigos Osmar Sampaio de Almeida Santos e Paulo Ramos Derengoski, que me consultavam sobre a possibilidade de obter uma bolsa de estudos em Moscou para os dois. Eles estavam exilados em Montevidéu (o *Monte vid eu* dos portugueses). Para o Osmar, vindo de Pelotas, onde cursava a faculdade de Medicina, e para o Derengo (apelido do Paulo), proveniente da China, onde atuava como jornalista quando aconteceu o golpe de 1964. Eu me virei e consegui para os dois uma bolsa de estudos em Moscou.

Osmar deveria ir para o primeiro Instituto de Medicina de Moscou e Derengo para a Faculdade de Economia da UAPPL. Com o Osmar tudo deu certo e ele terminou sua Medicina em Moscou. Depois, como não podia voltar para o Brasil, pois era perseguido político, tendo tido seu passaporte cassado, ele foi para a Inglaterra como psiquiatra, logo após para a Suíça, onde trabalhou no laboratório farmacêutico Schering, passando pelos Açores e Bermudas.

Com o Derengo não durou muito a solução. Ele resolveu ir para Paris deixando Moscou. A família Ramos do presidente provisório Nereu Ramos em 1964 e Celso Ramos governador de Santa Catarina, da qual o Derengo fazia parte pelo lado de sua mãe, resolveu *recuperar seu filho comunista* e lhe dar uma terrinha em Laguna, Santa Catarina, para que ele se acalmasse. Foi assim que Derengo se transformou em fazendeiro, com uma bela criação de cavalos.

No que diz respeito a Osmar, quando aconteceu o golpe, ele e outros estudantes invadiram a rádio de Pelotas e começaram a transmitir por conta própria. Dia 4 ou 5 de abril, como a situação se agravava, resolveram ir para Uruguai por Jaguarão-RS como exilados.

Osmar era sempre engraçado. Certa vez, em julho de 1964, em pleno inverno, passando por um boteco em Montevidéu, eles encontraram um grupo de exilados da Guerra Civil Espanhola, já velhinhos, que lembravam histórias do conflito e dos bons tempos da república. Osmar disse ao Derengo, apavorado: "Dentro de anos nós é que estaremos no lugar deles". Na época todo mundo pensava que o regime militar não iria durar muito, no entanto se estendeu até 1985.

Na universidade, em Moscou, nós organizamos uma associação de estudantes brasileiros chamada ABRAPA (Associação Brasília da Amizade dos Povos), em homenagem à nova capital, cujo primeiro presidente foi Clóvis Vilanova, que cursava Matemática. Depois, como o número de brasileiros aumentava fora da UAPPL, resolvemos fundar uma nova associação que integraria todos os brasileiros estudantes na URSS. Nós a chamamos de União dos Estudantes Brasileiros na URSS. Eu fui seu primeiro presidente.

Até hoje nós da União dos Ex-estudantes Brasileiros na Rússia e URSS (UERUSS) nos encontramos a cada dois anos no Brasil. O último encontro foi em abril de 2019, na embaixada da Rússia em Brasília, que nos ofereceu um lauto banquete. Eu não sei bem por que o embaixador sentou à mesa onde estávamos – Monserrat, sua esposa Ruth e eu. Nós conversamos em russo e o embaixador ficou muito admirado que não tínhamos esquecido o idioma. Ele nos contou, em detalhes, quando foi recebido pelo Bolsonaro no Palácio do Planalto; sem comentários...

Novo encontro dos ex-alunos de Moscou ficou marcado para 2021 em Salvador na Bahia. No Rio de Janeiro, em 2017, o pessoal descobriu que eu era o último sobrevivente da primeira turma que foi para Moscou em 1960 e então fui aclamado *presidente de honra* da UERUSS.

Na Universidade da Amizade dos Povos Patrice Lumumba a atividade política entre os latino-americanos era importante. Com os estudantes desses países fundamos um grupo de *hermanos latinos*. Nossas atividades eram interessantes: fazíamos debates cada um apresentando a situação de seu país. Havia dois grupos de latinos – um liderado pela Argentina, Chile, que era muito pró-soviético, e outro pelo Brasil, Cuba, Venezuela e Nicarágua, mais terceiro-mundista. Como sempre Brasil versus Argentina. O México não tomava posição.

Havia na universidade dois *professores* espanhóis, Juan e José, sobreviventes da Guerra Civil Espanhola. Eles tinham atividades muito estranhas: *se ocupar* dos latino-americanos, prestar atenção nas nossas atividades. Pois na verdade, nós, os latinos, éramos muito *politizados*, o que muitas vezes não era apreciado pelos soviéticos. Nós chamávamos Juan e José de *vacas sagradas*, só de gozação.

Em 1962, estava em Moscou Luís Carlos Prestes. Ele tinha vindo para o XXII do PCUS. Organizamos uma conferência com o "Cavaleiro da Esperança" na universidade e ele falou em português. No fim da apresentação, um colega mexicano me fez o seguinte comentário: *"Pero, hermano, no sabia que había milliones de japoneses en Brasil"*. O Prestes tinha se referido várias vezes a milhões de camponeses e o *hermano* tinha compreendido *milliones de japoneses*.

Na época, estávamos em plena Guerra do Vietnã e luta dos argelinos pela sua independência. Nós acompanhávamos tudo com grande interesse. Procurávamos nos informar. Em Cuba se organizava a Tricontinental, assim chamada a Conferência de Solidariedade com os Povos da Ásia, África e América Latina, que aconteceu entre 3 e 15 de janeiro de 1966 em Havana. *A Organización de Solidaridad de los Pueblos de Africa, Asia y América Latina* foi fundada na ocasião. Se tratava de uma mobilização terceiro-mundista com numerosos objetivos: ligar todos os movimentos de lutas pela independência, estimulados pela conferência de Bandung, na Indonésia, lutar contra o *apartheid* na África do Sul, lutar contra a utilização de tecnologias nucleares, lutar contra a mundialização, o imperialismo, o colonialismo e o neoliberalismo. Na conferência de Havana foram representados 82 países do Terceiro Mundo.

Nós lutávamos pela solidariedade com Cuba contra o bloqueio estadunidense e apoio ao Vietnã. Fizemos a denúncia da pilhagem do Terceiro Mundo. Na ocasião foi fundada a Organização Latino-Americana de Solidariedade (OLAS). A ausência de Ben Barka, organizador dessa conferência, raptado pouco antes em Paris e então desaparecido, certamente assassinado, foi evocada por todos.

A segunda conferência deveria acontecer em 1968 no Cairo, Egito. O assassinato político de líderes do Terceiro Mundo nos anos que se seguiram à conferência de Havana enfraqueceu muito o movimento terceiro-mundista. A segunda edição não aconteceu.

Nós, latino-americanos em Moscou, nos reunimos na Casa da Amizade (casa de recepção do governo soviético) e no seu auditório com a presença de outros estudantes e unanimemente exprimimos a nossa solidariedade com a Tricontinental. O registro de nossa decisão foi enviado a Cuba a fim de ser publicado com os documentos daquela conferência.

Organizamos em 1963 uma solenidade pelo 7 de setembro com a presença do embaixador do Brasil Vasco Leitão da Cunha, que fez um belo discurso, e do vice-presidente da UNE encarregado das relações internacionais. Até hoje tenho imagens dessa festa *(Ver no caderno de fotos)*.

Enquanto isso, a Guerra do Vietnã continuava. Era o exemplo simbólico, considerado como o mais longo e sangrento conflito desde o final da II Guerra Mundial. O enfrentamento militar envolveu os Vietnãs do Norte e do Sul no *Le Front de Libération National du Sud Viêt Nam* (FLN), além de boa parte do Sudeste Asiático, Cambodja e Laos. A participação mais efetiva foi dos Estados Unidos, que enviaram tropas à região a partir de 1964.

Após duas décadas de confronto (1955-1975), o saldo de mortos e feridos mostrou o verdadeiro massacre que foi a Guerra do Vietnã, que deixou consideráveis danos econômicos às nações da antiga Indochina francesa. As consequências desse conflito foram proporcionais à violência de seus combates. O saldo foi acima de um milhão de mortos tanto civis quanto militares e mais de dois milhões de mutilados e feridos. Os embates arrasaram povoados, casas e campos cultivados, causando prejuízos econômicos graves ao Vietnã. Em números, durante a Guerra, o Vietnã recebeu mais de dois milhões e meio de soldados estadunidenses e, no cessar fogo, mais de 700 mil sul-vietnamitas e norte-americanos enfrentaram cerca de um milhão de combatentes do norte. A estimativa é de que mais de 68 mil soldados dos EUA tenham sido mortos e pelo menos 1,1 milhão de vietnamitas.

O Vietnã foi unificado em 1976, quando pediu, ainda que sem sucesso, uma compensação às vítimas do agente laranja, substância tóxica química jogada pelos EUA para destruir plantações, aldeias e florestas, numa tentativa de desalojar seus inimigos.

O tratado de paz de Paris foi assinado em 1973 por Nguyen Fhi Binh, em nome da FNL; por Lê Duc, pela República Democrática do Vietnã; e Henry Kissinger, pelos Estados Unidos. Esse acordo mostrou a falência estadunidense ao buscar uma solução militar. A imagem mais simbólica da derrota militar dos EUA foi a fuga do embaixador norte-americano de helicóptero em 1975 a partir do terraço de sua embaixada com a bandeira de seu país embaixo do braço, publicada na mídia do mundo inteiro.

A Guerra do Vietnã foi o símbolo de nossa juventude e os estudantes latino-americanos realizaram em Moscou passeatas e reuniões públicas de solidariedade à luta do povo vietnamita. Representando-os, fiz um discurso, durante uma reunião pública na qual nós declarávamos nossa solidariedade e o nosso apoio ao Vietnã, em que denunciava os crimes de guerra dos EUA.

Na UAPPL havia um número importante de estudantes argelinos. Nós, brasileiros, tínhamos muitas ligações com eles e foram meus amigos da Argélia que me ajudaram a melhorar minha fluência em francês, pois entre eles só falavam essa língua. Fundamos uma *amicale* entre brasileiros e argelinos.

Para discutir sobre a guerra da Argélia nós nos reuníamos seguidamente. A luta pela independência argelina, também conhecida como Revolução Argelina ou Guerra da Argélia, em francês *Guerre d'Algérie*, foi um movimento de libertação nacional contra a dominação francesa que aconteceu entre 1954 e 1962. Caracterizou-se por ataques de guerrilha e atos de violência contra civis perpetrados tanto pelo exército e colonos franceses (os *pied-noirs*) quanto pela Frente de Nacional de Libertação (FLN).

Pelo menos 300 mil argelinos foram mortos nessa guerra. Depois de combates que duraram tantos anos, mais a chegada do general De Gaulle ao poder na França em 1958 e uma grande impopularidade do confronto, a situação não podia continuar sem fim. A opinião pública não a aceitava mais. Os jovens franceses e os reservistas eram convocados por um período que poderia chegar a três anos. Então se abriram negociações na estação termal de Évian entre a França e Governo Provisório da República Argelina (GPRA). Os Acordos de Évian foram o resultado dessas conversações. Eles foram assinados dia 18 de março de 1962 e se traduziram por um cessar-fogo aplicado a todo o território argelino a partir do dia seguinte.

Nós estávamos naquele sábado numa festa na universidade. De repente um argelino subiu ao palco, pediu silêncio e anunciou em russo e francês, com grande emoção, o cessar-fogo na Argélia e a independência de seu país. Foi uma enorme salva de palmas e gritos de contentamento.

Os acordos foram aprovados durante o referendo de 8 de abril de 1962 por 91% dos votantes da França metropolitana, já que os eleitores franceses dos departamentos da Argélia (mais de 1,5 milhão) foram excluídos dessa votação. As resoluções, longe de trazerem à população a paz, inauguraram um período de violência e de massacres dos *harkis*, argelinos que apoiavam a Argélia Francesa, e dos franceses *pieds-noirs*. Finalmente, mais de um milhão desses franceses emigraram para a França metropolitana, país que muitos deles não conheciam, pois haviam nascido na Argélia Francesa desde várias gerações. Um certo número de pessoas foi para a Argentina.

Em agosto de 1964 estava sendo organizado em Moscou o Fórum Mundial da Juventude. Para esse evento os participantes foram hospedados no hotel Ukraïna. As reuniões eram realizadas na Casa das Colunas, que antes da Revolução de 1917 era o clube da nobreza de Moscou. Eu participei de sua organização como representante dos estudantes brasileiros de Moscou. Para o encontro, os russos resolveram colocar juntos na mesma sala os lusófonos Brasil, Portugal, Angola, Moçambique, Guiné Bissau e Cabo Verde. Havia um representante brasileiro, um carioca muito engraçado. Quando ele chegava de manhã, sempre um pouco atrasado, abria a porta e gritava: "Viva o Brasil, Portugal e suas *colónias*", com sotaque português. Os das colônias caíam na risada e os portugueses fechavam a cara, pois não apreciavam a piada. O carioca sempre dizia: "Quando voltar para o Rio, não sairei nem para ir a Niterói".

Na UAPPL, nós éramos muito ligados ao pessoal das *colónias*. No restaurante sempre sentávamos na mesma mesa. Nos alojamentos universitários, os(as) africanos(as) lusófonos(as) moravam com brasileiros(as). Os outros africanos não gostavam muito que esses preferissem frequentar os brasileiros e não os africanos de ex-colônias da França ou da Grã-Bretanha. Os africanos lusófonos eram de todas as cores, mulatos, negros e brancos, enquanto que entre os francófonos havia uns poucos mulatos, e entre os anglófonos, todos eram negros e nenhum mestiço. Inglês não se mistura, francês um pouquinho, mas português se mistura muito, como no Brasil.

É de se notar que quando da independência de Angola, em 11 de novembro de 1975, o general Geisel fez com que o Brasil fosse o primeiro país a reconhecer a independência daquela nação. Geisel justificou esse pronto reconhecimento declarando que mesmo com opções políticas diferentes "nós somos da mesma cultura e falamos a mesma língua".

A África do Sul do *apartheid* invadiu Angola imediatamente após sua independência e foram os supermercados da rede Pão de Açúcar que abasteceram a população angolana, com o apoio financeiro do governo brasileiro. Havia uma ponte aérea entre Rio, São Paulo e Luanda. O meu sobrinho Mario de Rezende Grond, comandante da Varig, fez parte desta operação. Ele conta que quando aterrizava em Luanda não desligava os motores do avião, pois em caso de perigo tinha a possibilidade de decolar rapidamente. Anos depois da independência, as empresas brasileiras estão muito presentes em Angola construindo hidroelétricas, pontes e estradas, como a Odebrecht. A Petrobras também está no país associada com a Sonangol.

Os nossos colegas angolanos eram militantes do MPLA (Movimento Popular da Libertação da Angola); os moçambicanos, do FRELIMO (Frente de Libertação do Moçambique); e os da Guiné e Cabo Verde, do PAIGC (Partido da Independência de Guiné e Cabo Verde). Politicamente eles eram próximos de Cuba e da URSS e – como se viu depois quando a África do Sul racista invadiu Angola imediatamente após a independência e chegou às portas de Luanda – foram os cubanos que ajudaram a expulsá-los.

Os estudantes das colônias haviam ido para a Rússia pois, sendo alunos da Universidade de Coimbra, tinham todos *fugido*, passando por Paris e chegado então a Moscou.

Antes do golpe de 1964 as nossas relações com a embaixada do Brasil em Moscou eram *corretas*. Nós sempre éramos convidados para o Carnaval da embaixada e para as festas do Ano-Novo. Quando Vasco Leitão da Cunha foi nomeado embaixador do Brasil, em 1962, pelo governo do presidente João Goulart, Jango, nós lhe oferecemos um almoço de boas-vindas na universidade.

O Vasco era uma pessoa que se pode chamar de *estranha*. No seu escritório na embaixada havia duas fotos com dedicatória. Uma do general De Gaulle, pois tinha sido representante do Brasil junto ao Governo Provisório da República Francesa em Argel em 1942. E outra de Fidel Castro, pois Vasco foi embaixador em Cuba quando Batista era ditador-presidente, e em seguida, de Fidel, após o 1º de janeiro de 1959, quando da vitória da Revolução. Contava-se que ele tinha dado asilo à irmã de Fidel e teria escondido na embaixada vários resistentes contra a ditadura de Batista, principalmente estudantes do Diretório Revolucionário. Quando Fidel fez a sua primeira visita a Moscou, em 1963, todo o corpo diplomático estava no aeroporto. Fidel cumprimentava cada embaixador com um aperto de mão. Quando chegou a vez de Vasco, ele ganhou um grande abraço, un *abrazo bien latino*.

Nos anos de 1962 e 1963 estava na embaixada do Brasil em Moscou o ministro conselheiro Dario Castro Alves e sua esposa adida cultural, a escritora Dinah Silveira de Queiroz. Eu tinha conseguido um trabalho como secretário de dona Dinah. Como ela não escrevia à máquina, eu, sob o seu ditado, era quem datilografava tudo, seus livros e crônicas, que ela publicava na imprensa brasileira. Quando Dario foi nomeado cônsul do Brasil em Roma ela me enviou um cartão dizendo: "O Dario foi nomeado cônsul em Roma com dois mil anos de atraso".

Quando aconteceu a crise dos foguetes de Cuba, em 1962, e houve o bloqueio por parte dos EUA contra os navios da URSS que levavam os projéteis para a ilha de Fidel houve um momento em que as duas esquadras deveriam se encontrar em pleno Atlântico em torno das 16h, hora de Moscou. Sobre essa situação nós estávamos muito preocupados. O metrô, nos seus subterrâneos, estaria superlotado. Será que teríamos uma guerra atômica entre as duas superpotências?

Então, como representante dos estudantes brasileiros de Moscou, resolvi ir à embaixada brasileira com uma delegação para ver qual era a opinião oficial do Brasil e saber se o embaixador sabia de coisas que a mídia não publicava. Assim foi feito e Vasco chamou Dario, seu nº 2, lhe dizendo: "Você explica para os jovens qual é a situação". Aí ele nos disse que não ia dar em nada. As duas esquadras nunca se encontrariam. Os russos diminuiriam a velocidade de seus navios e enquanto isso os Dois Grandes iriam negociar uma saída honrosa para todos. Tanto Khrushchev como Kennedy não iriam pôr o mundo numa guerra atômica total por alguns míseros foguetes na ilha de Cuba. Foi exatamente o que aconteceu. Os EUA se comprometiam em não invadir Cuba, os foguetes atômicos soviéticos seriam retirados e os norte-americanos tirariam seus foguetes da Turquia que ameaçavam a URSS.

Fidel ficou furioso, pois a URSS negociou com os EUA às escondidas e Cuba em nenhum momento foi consultada. Nós compreendemos: é assim que os grandes tratam seus protegidos. Algum tempo depois Fidel fez uma visita oficial à URSS na qual foi recebido durante 15 dias com toda honra e eles fizeram as pazes, pois uma boa colaboração era do interesse dos dois países.

Depois do golpe de 1964, Vasco Leitão da Cunha foi nomeado ministro do Exterior do governo militar. Quem era Vasco, afinal? Um diplomata que servia a qualquer governo eleito democraticamente ou, como aconteceu, após um golpe de Estado? Ou então um agente da CIA, como depois ele foi acusado? O jornalista e escritor Mario Magalhães, no seu livro *Mariguella, guerrilheiro* diz que

> *a cubana Juanita Castro, irmã de Fidel e Raul, rompeu com o governo revolucionário e virou 'Donna' colaboradora da CIA. Ela revelaria em suas memórias que fora Virgínia Leitão da Cunha, já envolvida com a 'companhia', quem a encaminhara para a CIA. Virgínia era a mulher de Vasco Leitão da Cunha, embaixador do Brasil em Havana no alvorecer da Revolução.*

Mas seria interessante de se perguntar por que Vasco tinha no seu escritório da embaixada brasileira em Moscou o retrato com dedicatória do Fidel. Seria por que a agente da CIA era Virgínia, sua esposa, e ele *fechava* os olhos? Seguidamente eu ia à embaixada para conversar com ele, mas sempre de uma maneira muito cuidadosa. No seu livro de memórias, Vasco se refere aos estudantes brasileiros de Moscou – é preciso reconhecer isso de maneira positiva – e eu sou citado.

Na universidade em Moscou tínhamos antes de 1964 um jornaleco chamado *O Papagaio*. Sua publicação foi negociada por mim com a direção do Komsomol soviético. Queríamos publicá-lo em português sem censura. Finalmente ele foi aceito. Não havia necessidade de mostrar para o Komsomol antes da impressão. Ele era mimeografado na embaixada do Brasil. O meu exemplo era do *Excelsior* do Grêmio dos alunos do Instituto Educacional de Passo Fundo, que era publicado dessa maneira sob nossa responsabilidade e sem verificação por parte da administração do colégio. Osmar Sampaio tinha uma coluna na primeira página onde, entre ironias e estórias dos alunos brasileiros, fazia todo mundo rir.

Estando na universidade nós nos divertíamos também contando histórias na famosa Rádio Armênia, mítica entre os estudantes. Ela era encarregada de responder a todas as perguntas de seus ouvintes, como por exemplo: "Sob o comunismo haverá sempre dinheiro?". Então a Rádio Armênia respondia. Na redação discutimos muito essa importante questão. Os oportunistas de direita eram de opinião que sob o comunismo haveria sempre dinheiro. Os oportunistas de esquerda que sob o comunismo não haveria mais dinheiro. A resposta exata é a seguinte: "Sob o comunismo haverá os que terão dinheiro e os que não terão dinheiro". Essa pergunta surgia no contexto de um discurso de Khrushchev, quando ele, solenemente, prometeu ao povo soviético que a próxima geração viveria sob o comunismo.

Outras tiradas da rádio:

• No amanhecer, o Sol saudava Stalin dizendo: "Bom dia, grande camarada Stalin, pai dos povos, amado por todos". Ao crepúsculo, Stalin saudava o Sol dizendo: "Boa Noite, Sol". E o Sol lhe respondia: "Vá à merda tirano, ditador, eu agora estou no Ocidente".

• Qual é a diferença entre o capitalismo e o comunismo? A Rádio Armênia respondia: "O capitalismo é a exploração do homem pelo homem, no comunismo é o contrário".

• Outra pergunta: é verdade que dia 1º de maio vão distribuir gratuitamente automóveis Volga na Praça Vermelha? Rádio Armênia respondia: "Sim, é verdade, somente não será na Praça Vermelha, mas na Praça Puchkin, e não se distribuirá automóveis gratuitamente, mas se venderá bicicletas".

E na URSS, onde passávamos nossas férias? A universidade nos organizava viagens para conhecer a *realidade soviética*. Em algumas férias de verão íamos para o sul: Sochi, Crimeia, Aluchta, às margens do Mar Negro, ou para Yalta. Em 1964, em Yalta, pegamos um navio para passar o segundo mês de férias, o mês de agosto, num Kolkhoz (propriedade rural coletiva, típica da antiga URSS) da Moldávia, a antiga Bessarábia. Além do russo, a língua local era o romeno, um idioma latino como o português. Nós, brasileiros, conseguíamos nos entender mais ou menos com os moldavos. Foi uma experiência interessante ver como funcionava uma fazenda coletiva. Eles produziam frutas e nós trabalhávamos de segunda a quinta-feira. O fim de semana começava na sexta, quando tínhamos tempo livre. Visitávamos, então, o país. Uma vez, estando numa aldeia na humilde casa de uma habitante, havia uma foto na parede de uma pessoa ilustre com belo uniforme militar. Eu perguntei quem era e a dona da casa me respondeu: "É o nosso rei Carol". Pensei: que interessante, em pleno regime soviético ela ainda respeita o *seu rei Carol da Romênia*. É preciso saber que entre as duas guerras mundiais a Moldávia pertenceu à Romênia, depois fez parte da URSS, como durante o Império Russo.

Noutra ocasião, a universidade nos proporcionou uma visita à Geórgia, no Cáucaso, país interessante, pátria de Stalin, que tinha sido anexada ao Império Russo no fim do século XVIII. Estando num bar, começamos a conversar em russo com pessoas que estavam lá. Como no Transcáucaso havia muitas nacionalidades cristãs, como os georgianos e os armênios, perguntei: "E vocês, quem são?". Um deles respondeu: "Somos assírios". E como ele pensou que eu não tinha compreendido, continuou: "Sim, Assíria, Babilônia, Nínive, somos nós". Então comentei: "Vocês existem ainda". E ele respondeu orgulhoso: "Sim, somos na Geórgia 12 mil". Visitamos as montanhas do Cáucaso e a famosa estrada militar georgiana, que atravessa as montanhas a cinco mil metros de altitude.

No período de 1769 a 1772, os russos batalharam ao lado dos georgianos contra os invasores turcos. Em 1783 o reino da Geórgia, que já havia sido devastado pelas invasões da Turquia e Pérsia, assina o Tratado de Georgievsk, pelo qual teria a proteção russa. Afinal, tanto a Rússia quanto a Geórgia eram cristãs ortodoxas, e os invasores turcos e persas, muçulmanos. Em janeiro de 1801 o czar Pavel I assina um decreto incorporando a Geórgia ao Império Russo.

Tivemos também a ocasião de visitar a Ásia Central soviética, indo ao Tajiquistão, o único país da Ásia Central que fala a língua persa. Eles são muçulmanos xiitas. No século XIX, durante o *Grande Jogo* (rivalidade estratégica entre o Império Britânico e o Império Russo pela supremacia na Ásia Central), o Império Russo começou a se expandir para o sul e chegou à Ásia Central, em oposição ao avanço do Império Britânico, que, vindo da Índia, ia para o norte. A Rússia ganhou, então, o controle do Tajiquistão a partir de 1860, e em 1929 esse integrou as Repúblicas Soviéticas. O país que visitamos era o mais pobre da URSS. Um passeio muito interessante foi ver, a cinco mil metros, as montanhas do Pamir, os contrafortes do Himalaia. Foi lá que descobri a razão das neves eternas. Neva muito no inverno e quando chega o verão ela começa a derreter, mas sem perder completamente o volume do ano anterior. Na estação fria seguinte neva novamente e assim por diante. De sob as geleiras saía uma forte torrente de água glacial que rapidamente se transformava num rio caudaloso chegando ao deserto situado abaixo das montanhas e desaparecendo na areia.

Infelizmente não tive a oportunidade de fazer a viagem que tanto sonhei quando criança pelo Transiberiano de Moscou a Vladivostok (em russo: Vladi, a que domina, e Vostok, o Oriente), por dez dias de trem. Na época Vladivostok era uma importante base naval para a esquadra do Pacífico, fechada aos estrangeiros. Hoje seria diferente.

Visitei por várias vezes Leningrado tanto no inverno, quando atravessávamos a pé o Rio Neva gelado, quanto no verão, com as *noites brancas,* em junho e julho, quando o sol não se põe. E visitei, é claro, a antiga e atual São Petersburgo. Evidentemente, conhecemos o Palácio de Inverno e o Ermitage, um dos maiores museus de arte do mundo e sua vasta coleção. Possui itens de praticamente todas as épocas, estilos e culturas da história russa, europeia e oriental.

Foi em Leningrado que conheci minha primeira mulher, Anneta. Retornei em 1995, desta vez com Annelise, minha segunda esposa. Fomos a Tsarskoïé Selo (aldeia do czar), antiga residência da família imperial russa situada a 25km de São Petersburgo.

Fui a Peterhof quando morava na Rússia e na visita de 1995 pude apreciar o mais lindo palácio russo. A construção original de 1725 foi severamente danificada durante a II Guerra Mundial (que os russos chamam de II Guerra Patriótica, sendo a primeira a guerra contra Napoleão, em 1812). Os nazistas ocuparam Peterhof em 1941. Quando as tropas alemãs derrotadas se retiraram, os nazis tudo destruíram e tocaram fogo no Palácio Peterhof. Quase tudo que se vê hoje é fruto de uma minuciosa e bem-sucedida restauração. A gente olha para aquela construção maravilhosa e é difícil de acreditar em sua destruição pelos nazistas e a reconstrução pelos soviéticos. O Palácio Peterhof foi uma das prioridades da União Soviética no pós-guerra. Ela saía vencedora de uma terrível guerra, mas pela importância arquitetônica e histórica do palácio de Pedro, o Grande, era primordial para o país reerguer aquele símbolo poderoso.

No palácio de Catarina II, a Grande, em Tsarskoïé Selo visitamos uma sala com paredes esculpidas em âmbar autêntico, oferecida pelo rei da Prússia Frederich Guilherme I ao czar russo Pedro, o Grande, em 1716: a Câmara de Âmbar. Por quase três séculos, essa sala esteve instalada no Palácio de Catarina, tendo sido restaurada várias vezes. Tinha uma superfície de 55 metros quadrados e continha mais de seis toneladas de âmbar. Roubada pelos alemães, a Câmara de Âmbar é considerada perdida desde o final da II Guerra Mundial. Uma reconstrução idêntica foi inaugurada em 2003 pelo presidente Putin e pelo chanceler alemão Kohl após quase trinta anos de trabalho. Desde então muitas equipes internacionais tentam encontrar a original por meio de uma extensa pesquisa. Segundo dois pesquisadores, Adrian Levy e Catherine Scott-Clark, a Câmara de Âmbar queimou em 1945 em Königsberg, atual Kaliningrado, na ex-Prússia Oriental.

Estando em São Petersburgo é preciso lembrar o terrível Cerco de Leningrado pelas tropas da Alemanha nazista. Por 900 dias os habitantes da cidade viveram cercados e bombardeados pelos soldados de Hitler, tão certo de conquistar a cidade que estava prevista uma festa no Hotel Astória, o mais *chic* de Leningrado, e os convites já estavam impressos. Depois dessa conquista ele previa destruir completamente a cidade de Pedro, o Grande. Vejam que horror.

Durante o cerco de Leningrado mais de um milhão de pessoas morreram, das quais 800 mil vítimas da fome. Muitas delas estão enterradas no Cemitério Memorial de Piskayovskoye para lembrar o sacrifício dos habitantes mártires da cidade. No memorial, foram enterrados mais de meio milhão de pessoas, em torno de 450 mil civis e 70 mil militares. Eu estive lá duas vezes. Uma quando morava na URSS e outra, em 1995, com minha esposa Annelise.

É preciso lembrar com emoção a *Sinfonia n° 7 em dó maior*, também conhecida como *Sinfonia de Leningrado*, composta por Dimitri Chostakovich. Ela foi dedicada à cidade e transmitida por rádio para todo o país em luta no dia 27 de dezembro de 1941. Estreou mundialmente em 9 de julho de 1942 nos Estados Unidos numa interpretação da Orquestra Sinfônica da NBC, dirigida pelo maestro italiano Arturo Toscanini, então exilado em Nova York como antifascista. Essa composição foi extremamente popular na URSS e no Ocidente como um símbolo da resistência ao totalitarismo e militarismo nazi.

Em 1965 me casei pela primeira vez com uma jovem soviética, Anneta Nathanovna Alexandrovskaia, que cursava a Faculdade de Letras da Universidade de Leningrado. Conseguimos a sua transferência para a Universidade da Amizade dos Povos, onde ela se formou em 1967. Eu estava no último ano de Medicina.

Em 8 de agosto de 1966 nasceu em Leningrado nossa filha Isabel-Maria Rezende de Rezende, apelidada Belka (esquilo, em português). Belka, de certa maneira, foi criada por mim em Wissembourg, cidade no norte da Alsácia onde eu era anestesista-reanimador (UTI) no hospital público. Quando ela nasceu a minha sogra Tamara Iosifovna me enviou um telegrama (eu estava de plantão num hospital de Moscou): "Cumprimentos, uma filha".

Quando Belka terminou seus estudos secundários em Wissembourg (com menção Bem) ela resolveu cursar uma universidade nos EUA, onde vivia a sua mãe, professora de russo na New York University. Belka foi aceita na Universidade de Chicago e no Smith College, no Estado de Massachusetts, na costa leste. Finalmente ela escolheu a segunda. Fez belos estudos e se formou em Antropologia Social. A universidade era privada. Ela recebia uma bolsa, mas mesmo assim tínhamos que pagar 14 mil dólares por ano. Foi difícil, mas eu e sua mãe conseguimos assumir.

Depois fez seu doutorado (PhD) na Universidade de Michigan, campus de Ann Arbor. Se compreendi bem, o seu tema foi sobre o Congo Belga entre 1945 e 1960, período anterior à independência, em 1960.

Estando na universidade ela fez um intercâmbio com a Universidade de Florença durante um ano letivo e voltou falando italiano. Depois de formada cursou dois anos na cidade de Natal, na África do Sul, assim chamada porque Vasco da Gama lá chegou no dia de Natal de 1487.

Voltando à França, ela fez um mestrado em 1995 (*Comparação dos cinemas estadunidense e soviético nos anos 1920/30*) na Escola de Altos Estudos em Ciências Sociais de Paris. Seu diretor de mestrado foi o historiador Marc Ferro, especialista em Rússia, URSS e história do cinema.

Hoje, Belka trabalha com o governo dos Estados Unidos na Califórnia. Ela fala, redige e escreve, além do francês e do inglês, o português; fala o espanhol e o italiano e se vira em russo, que eu chamo sempre de "russo da sua avó Tamara Iocifovna".

VIII

Quando eu tive que sair do Brasil e ir para a França, em 1970 [6]

Em 1970, a situação do Brasil se complicava cada dia mais. Tivemos o AI-5 – o mais duro de todos os atos institucionais –, decretado pelo general-ditador Artur da Costa e Silva em 13 de dezembro de 1968. O AI-5 resultou no fechamento do Congresso Nacional, na perda de mandatos de parlamentares contrários aos militares, intervenções ordenadas pela ditadura em municípios e estados. Houve também a suspensão de quaisquer garantias constitucionais, que levou à institucionalização da tortura, comumente praticada, e mesmo a assassinatos de presos políticos.

Já no começo de 1969 decidimos, em família, enviar minha esposa, Anneta Alexandrovskaia de Rezende, de nacionalidade soviética (mas também com passaporte brasileiro por casamento), para Paris e a nossa querida filha Belka para Passo Fundo aos cuidados de meus pais.

Em Paris, nos anos 1970, Anneta conseguiu um trabalho como professora de russo no Langues (Instituto Nacional de

---

6. Ver nos Anexos: Perseguição política provocou a maior diáspora da história do Brasil (*pág. 287*).

Línguas Orientais), estabelecimento de ensino superior encarregado de ensinar línguas e civilizações outras além daquelas originárias da Europa Ocidental. Ele foi fundado em 1669 e reunia estudantes e professores-pesquisadores, linguistas e diplomatas.

Anneta era também tradutora do Ministério do Comércio Exterior francês. Certa vez, ela foi em missão a Leningrado acompanhando uma delegação da Creusot Loire (companhia francesa de siderurgia) para a negociação de um contrato entre a França e a URSS.

Na volta de Leningrado houve um problema que poderia ter sido grave. Os *serviços* do KGB (Comitê de Segurança do Estado), que tinha igualmente funções de polícia política, tentaram impedir que Anneta saísse do país sob o pretexto que ela não tinha declarado na entrada suas joias. A delegação da Creusot Loire foi muito solidária, dizendo que se sua tradutora não saísse eles também não sairiam. Ficou-se à beira de um incidente diplomático. O KGB havia proposto para Anneta trabalhar para eles... Ela, evidentemente, recusou a oferta. Finalmente, foi liberada e retornou para Paris, mas suas joias foram confiscadas. De volta à França, os *serviços* franceses (DST – Direção de Segurança do Território) fizeram a mesma proposta que os soviéticos, também recusada. Estávamos numa situação bem complicada. Foi então que Anneta resolveu emigrar para os Estados Unidos, onde conseguiu um trabalho de professora na New York University e terminou se casando com um estadunidense.

Antes disso tínhamos decidido nos divorciar. Afinal, as nossas vidas tinham tomado caminhos diferentes, mas continuamos amigos e a nossa língua comum foi e é até hoje o português. De seu segundo casamento, Anneta teve dois filhos, Elena e Sam. Elena se apaixonou pelo Brasil e fala correntemente o português, seguidamente vai ao país e é recebida pelos meus parentes brasileiros. É muito amiga de Monika, minha sobrinha, e já viajou por todo o Brasil. Foi com sua mãe a Passo Fundo para conhecer a cidade e ver a casa de meus pais. Uma vez ela estava no interior do Piauí. Ficando doente me telefonou (em português) pedindo ajuda. Disse a ela: "Você pega um ônibus e vá até o Recife. Lá, consulta um médico amigo meu que tomará conta de ti e te atenderá". Assim foi feito, não era nada grave. E ela nada pagou.

Em 1972, aconteceu um problema que na época muito me preocupou. Anneta tinha ido para a URSS com nossa filha para visitar sua família. Lá, deixou Belka com a avó, que morava em Kharkov, dizendo para sua mãe que ia retornar para a França e que ela deveria ficar um certo tempo com a neta. No entanto, Anneta não voltou para a França, mas tomou um trem de Moscou para Tachkent, no Uzbequistão, e, de lá, de avião, foi para Cabul, no Afeganistão. Na época, estávamos em pleno movimento hippie e era moda visitar a Índia e chegar até Katmandu, no Nepal, e à antiga cidade portuguesa de Goa. No entanto, todo mundo estava certo de que ela iria para Paris, onde eu a esperava. Durante algumas semanas ela ficou *desaparecida*. Ninguém sabia onde estava. Nós temíamos que tivesse sido detida em uma fronteira da URSS. Eu contatei o consulado em Paris e me informaram que a "cidadã soviética Anneta Nathanovna Alexandrovskaia não tinha passado por nenhuma fronteira da União Soviética, tanto da Finlândia como da Polônia". Todos nós estávamos muito preocupados. O que poderia ter acontecido com ela?

De repente recebi um postal informando que ela estava no Afeganistão e que sua ideia era ir à Índia. Porém, a ida até lá não foi possível, pois havia uma guerra entre Índia e Paquistão e as fronteiras estavam fechadas. No fim do inverno, resolveu voltar para a França. Havia então uma linha de ônibus que partia de Cabul e passava pelo Irã, Iraque e Turquia. Era uma época rara quando havia paz entre todos esses países e as linhas de ônibus funcionavam perfeitamente entre Cabul e Istambul. Chegando a Istambul, Anneta me telefonou me dizendo que estava sem dinheiro para retornar à França. Eu lhe enviei o dinheiro e finalmente ela voltou.

A aventura terminou aí. Não completamente, pois eu decidi ir a Leningrado para recuperar nossa filha Belka. Não foi simples para conseguir o visto de saída da URSS. Finalmente, com a ajuda do pai da Anneta, consegui a autorização de saída para minha filha.

Voltando uns anos, em 1970 era chegado o momento de eu sair do Brasil e emigrar para a França, onde me esperava a minha esposa. Eu falei com meu chefe, o dr. Kentaro Takaoka, e disse que tinha necessidade de sair do país e ir para a França. Takaoka foi muito gentil. Ele compreendia a situação e me contou que o professor Gauthier-Lafaye, chefe do departamento de anestesiologia dos Hospitais Universitários de Strasbourg (HUS), sempre insistia com ele para que fosse enviado um aluno do seu serviço para completar a especialidade na França. Propôs, então: "Nós vamos escrever uma carta ao prof. Gauthier-Lafaye te apresentando para uma bolsa no Departamento de Anestesiologia dos Hospitais Universitários de Strasbourg (HUS)". A resposta foi positiva. Assim, fui aceito para uma residência médica nos HUS a partir de setembro de 1970.

Mas como tirar o passaporte? Minha situação era muito delicada certamente e poderia ser preso de um momento para outro. Assaltos a bancos tinham sido feitos utilizando o meu carro, um fusca vermelho-escuro. Havia armas no meu apartamento, sem falar no *André,* que estava por lá, protegido por mim. Felizmente tive sorte, como sempre na minha vida.

Eu tinha conhecido em Moscou Anina Ferreira de Carvalho, judia de origem belgo-portuguesa que, em 1963, chegara como advogada de um judeu residente no Brasil que estava em busca de sua filha. A menina fora libertada pelo Exército Vermelho do campo de concentração nazista (Auschwitz) em 27 de janeiro de 1945 e tinha sido adotada, ainda bebê, por um casal bielo-russo. À época já seria uma jovem adulta. É uma história extraordinária. Seu pai emigrou para o Brasil depois da guerra, mas procurou sua filha a vida inteira. Finalmente, por meio da Cruz Vermelha Internacional de Genebra, descobriu que ela estava na União Soviética. Com a ajuda da embaixada do Brasil, que gentilmente apoiou a advogada, a moça retornou à sua família judeu-brasileira. A jovem (não me lembro seu nome) tinha feito estudos superiores de História e era, então, diretora do Museu da Deportação, em Minsk, capital da Bielo-Rússia. Ela partiu para São Paulo, onde vivia seu pai, porém a viagem não deu resultado e decidiu voltar para Minsk, continuar o trabalho no museu e viver junto de seus pais adotivos.

Foi a advogada Anina Ferreira de Carvalho que me ajudou a tirar um passaporte para sair do Brasil, no dia 8 de agosto de 1970. Ela explicou que não podia constar a profissão de médico ou mesmo estudante, pois com essas informações seria feita uma pesquisa pelo SNI (Serviço Nacional de Informações) e toda a minha história poderia ser descoberta, o documento seria negado e eu preso. Era extremamente perigoso. Anina, até hoje eu não sei como, deve ter pago a quem de direito conseguiu pôr no passaporte a profissão industrial. Assim que o *industrial* Paulo Ernani Rezende de Rezende partiu para Paris legalmente do Aeroporto de Viracopos com sua filha Belka, então com 4 anos de idade.

No aeroporto, tudo saiu bem, mas já no avião, de repente o alto-falante chamou o meu nome pedindo para que me apresentasse. Pensei: "Deve ser a polícia, estou frito". Resolvi fazê-lo, pois caso contrário eles poderiam pedir os documentos de todos os passageiros. Me apresentei e a aeromoça me disse o seguinte: "Sr. Rezende, hoje é o dia do aniversário de sua filha e nós queríamos fazer uma festinha a bordo. O senhor está de acordo?". Aliviado, respondi: "Evidentemente, com grande prazer". Eram então bons tempos, quando não havia os tais *voos de baixos preços*, os famosos *low cost*. Os passageiros eram bem tratados, com respeito e deferência, e as refeições eram de qualidade. Não era como atualmente, quando oferecem simples sanduíche, que é preciso ainda pagar, e para despachar a bagagem muitas vezes também paga-se à parte.

Em Strasbourg fui recebido pelo professor Gauthier-Lafaye e comecei a minha residência em anestesia-reanimação

(UTI). Passei por vários serviços durante três anos: cardiocirurgia, neurocirurgia e cirurgia digestiva.

Minha esposa tinha conseguido um trabalho na Faculdade de Letras da Universidade de Nancy, a uma hora e meia de Strasbourg de trem, como professora de Linguística Russa. Belka entrou para o jardim de infância, onde ela aprendeu francês rapidamente.

Com meu diploma de anestesista *no bolso*, como se diz na França, o meu primeiro trabalho foi no hospital da cidade de Vittel, estação termal da região de Lorena, cidade muito bacana onde havia um Clube Mediterrâneo. Fiquei em Vittel durante dois anos, de 1973 a 1974. Foi então que recebi a visita de minha irmã Esir de Rezende Grond, moradora de Palmeira das Missões-RS, onde o seu marido Manfred Grond (Mani) tinha uma granja de trigo e soja e ela era professora de Música na Escola Normal Borges do Canto e no Colégio Estadual dos Três Mártires.

Um dia, em 1974, fui convocado pelo professor Gauthier-Lafaye e ele me disse: "Sr. de Rezende, tenho uma proposta que o senhor não pode senão aceitar. Nós estamos inaugurando um novo hospital na cidade de Wissembourg, no norte da Alsácia, e o senhor irá lá como chefe de serviço para instalar o departamento de anestesia-reanimação". Assim foi feito. Na época estávamos na França das *30 gloriosas*, quando não havia crise, sem desemprego em massa e um crescimento de mais de 3% ao ano. Tudo que necessitasse para instalar o serviço de anestesia e UTI era só encomendar à direção do Centro Hospitalar. Os anos passaram e me integrei muito bem tanto no hospital quanto na cidade.

Para grande espanto dos meus colegas, do diretor do hospital e até do prefeito municipal, pus na parede da minha sala um pôster da célebre foto do Che Guevara que hoje é conhecida no mundo inteiro. Mas tudo bem, o diretor me disse que na minha sala eu podia pôr o pôster que quisesse.

No fim do ano de 1975, com minha filha e esposa, eu decidi (agora sei), de maneira completamente irresponsável, ir passar o Natal e o Ano-Novo com minha família no Brasil. Afinal, eu era bem *industrial*, como constava no passaporte. Chegamos a São Paulo e depois fomos para Porto Alegre e de lá para Torres-RS, cidade litorânea, onde minha irmã Jane morava. No começo foi tudo bem, fomos à praia, ao baile de Réveillon com todas minhas irmãs e seus respectivos maridos. Mas depois soube que a polícia me seguia. Os imbecis estavam certos de que eu ia fazer algum *contato*. Não por causa do meu passado moscovita, mas francês, pois na época era mais perigoso vir ao Brasil da França – o centro do exílio e da oposição à ditadura – do que da URSS. Como não descobriram nenhum contato, resolveram me prender.

Acompanhado por minha mãe e meu cunhado Mani (Manfred) fui a Porto Alegre a fim de retirar meu visto de saída, pois na época não se podia partir facilmente do país. Os dois ficaram no carro me esperando, pois seria uma questão de minutos. Aí eu desapareci, sem saber de Anneta, pois nós devíamos nos encontrar na Praça do Portão em frente da Santa Casa, e era impossível que ela fosse presa na rua. Havia o risco que Anneta também desaparecesse.

No Dops (Departamento de Ordem Política e Social), com um capuz preto, fui agredido com um cassetete nos ouvidos. Os policiais exigiam que eu lhes desse o nome e endereço de alguém da família, pois eles queriam saber onde estava minha esposa, Anneta. Como era de praxe, aguentei esse *tratamento* durante dois dias. Mesmo com capuz na cabeça e cacetadas nos ouvidos, eu refletia. Dei o nome e endereço de meu tio Alfredo, oficial reformado do Exército, e de seu filho, Léo Douglas de Rezende. Pensei: se eles iriam prender Anneta que fosse com escândalo. E acertei.

Eles invadiram o apartamento do Léo, na Avenida Independência, em Porto Alegre, e Anneta e toda a família estavam lá. Entraram no edifício com grande estardalhaço, interditando todo o prédio com uma patrulha de militares, em um escândalo enorme, arrombando portas, armados até os dentes, como se dizia no meu tempo.

O Léo era sócio de uma empresa de engenharia, Gemelli & Cia, com o filho do Tarso Dutra, senador da República e líder importante da Arena, partido que apoiava o governo militar. Assim, todo mundo ficaria sabendo da prisão de Anneta e minha, pois o fato agora era público e não estávamos mais desaparecidos.

Durante a nossa prisão no Dops de Porto Alegre, a primeira coisa que me exigiram foi a redação de minha autobiografia. As primeiras versões não foram aceitas. Tive que redigir outras e outras até que meus carcereiros ficaram satisfeitos. Nos mostravam também fotos, perguntando se eu reconhecia alguém.

Entre 1957 e 1960 era muito jovem, mas participei de grupos de esquerda, como a Juventude Trabalhista, tanto em Passo Fundo quanto em Porto Alegre. Como preferi não militar na capital, não conhecia ninguém depois de 1964. Entre 1960 e até 1967 estava em Moscou na Faculdade de Medicina, fazendo simplesmente meus estudos. O que aconteceu no Brasil entre 1960 e 1975, data de minha prisão, não presenciei, pois me encontrava no exterior, em Moscou e depois em Strasbourg.

Mas segundo as perguntas e comentários dos policiais do Dops, me dei conta de uma situação muito *interessante*. Antes do golpe de 1964, se dizia (e, durante minha prisão no Dops, fui testemunha disso) que o então governador do Rio Grande do Sul, Leonel Brizola, tinha decidido mandar destruir todos os arquivos do Dops, de modo que a polícia política não teria nada registrado dessa época sobre ou contra mim e eu poderia dizer o que quisesse, sem perigo de ser desmentido.

Minha família se mobilizou para tornar pública a nossa prisão. Em Passo Fundo havia um concílio da Igreja Metodista e minha mãe subiu à tribuna para denunciar o nosso encarceramento. A imprensa publicou nossa detenção e meus amigos contataram a embaixada da França, e o embaixador francês em nota à imprensa declarou que não podia fazer nada, pois eu era cidadão brasileiro. No entanto, dizendo isso, ele mostrava que estava a par, e isso já era suficiente.

O bispo Sadi Machado da Silva, da Igreja Metodista, também entrevistado pela imprensa, declarou que me conhecia bem, que eu era filho de tradicional família de Passo Fundo, membros daquela congregação. Meu cunhado Mani se pôs em contato com seu amigo, o deputado federal Nelson Marchezan, da Arena, para indagar o que podiam fazer. Minha irmã Esir telefonou ao vice-governador do Estado, pois ela o conhecia de Palmeira das Missões-RS, onde ambos moravam, para saber notícias minhas. O vice-governador ligou, por sua vez, ao Dops. A minha prisão aos poucos se transformava num problema para *eles*.

Depois, o Mani me contou que se reunira com o Marchezan junto ao Monumento do Laçador, em frente ao Aeroporto Salgado Filho. Lugar bem perigoso. Vocês imaginem duas pessoas, e uma delas um deputado federal, conversando junto ao Laçador? Seria mais seguro se encontrar em um lugar em que houvesse pessoas esperando algo, numa parada de ônibus, por exemplo, e jamais num bar.

No Dops de Porto Alegre, fui razoavelmente bem tratado. O diretor tinha sido colega de meu amigo José Monserrat Filho no Colégio Cruzeiro e afirmou que nunca iria tratar mal um amigo seu. Fomos hospedados em um *apartamento* com chuveiro e, de vez em quando, éramos convidados para tomar um chimarrão com os carcereiros e jogar uma sinuca. A minha família passou a me visitar regularmente.

Uma vez aconteceu algo que poderia ter terminado mal. Um dos carcereiros me tirou à noite de minha cela e, com um revólver em cima da mesa, começou a me ameaçar dizendo "agora tu vai contar tudo". De repente, houve um rebuliço nos corredores. O Tarzan (assim apelidado porque era muito forte e tinha participado de lutas de boxe e vale tudo) disse ao meu interrogador que ele não podia me questionar, pois eu não era preso dele, mas sim do diretor do Dops. Aí me deixaram em paz e eu fui dormir.

Anos depois soube o porquê de tudo isso, a intervenção do Tarzan e tudo mais. Um primo meu, por aliança, tinha dado a Tarzan uma caixa de uísque para me *proteger*. Depois soube por terceiros dessa estória, pois o primo guardou tudo para si, sem nunca se vangloriar.

Uma vez, o chefe do Dops veio com a história de que ele tinha recebido uma comunicação da CIA de que nós tínhamos ido à China durante uma viagem ao Afeganistão. Dizendo isso se retirou, me deixando. No dia seguinte, ele veio me ver e, com um sorriso irônico, me perguntou: "Que tal o que diz a CIA?" Eu lhe respondi que isso não era possível, pois eu nunca tinha estado no Afeganistão. Na época eu era médico hospitalar em Vittel, na França. Além do mais, a CIA era uma agência de informação séria e não iria contar coisas falsas (naquele tempo ainda não se dizia *fake news*). E que o Dops de Porto Alegre não era suficientemente importante para ter ligações diretas com a CIA. O chefe do Dops não gostou de minha resposta e saiu, dizendo: "Com estes intelectuais não é possível".

Para passar o tempo nós procurávamos traduzir, eu e Anneta, Os *Lusíadas*. Eu recitava o começo de cor e ela passava para o russo. A nossa língua sempre foi e continua sendo o português, que ela fala correntemente. Certamente devido ao fato de que minha prisão em Porto Alegre lhes trazia muitos problemas, eles decidiram nos transferir para São Paulo para o DOI-Codi, famigerado lugar de prisão política durante a ditadura. O DOI-Codi significava Destacamento de Operações de Informações/Centro de Defesa Interna, órgão subordinado ao Exército, de inteligência e repressão durante o regime militar. Em São Paulo, ele funcionava na Rua Tutoia. Era um local horrível, com torturas, gritos e música ensurdecedora para abafar os urros dos torturados. À noite, durante todo o tempo, ouvíamos gritos de presos, mas nós não fomos torturados. De vez em quando, nos era posto um capuz negro para ir entre a cela e o lugar de interrogatório. Chegando ao local, retiravam o capuz e nos mostravam na mesa aquela *maquininha* de dar choques elétricos para torturar os presos. Nunca a usaram em mim nem em minha esposa. Me separaram de Anneta, que foi para uma

cela de mulheres. Ela quase nunca foi interrogada. Estava lá para servir, de certa maneira, de refém.
Toda vez nos interrogatórios eu procurava preparar minhas respostas. Imaginava o que podiam me perguntar e planejava o que dizer. Muitas vezes, isso deu certo. Não tenho grandes lembranças sobre o que me interrogavam durante as sessões. Só lembro que queriam muito saber quem nos tinha recebido em São Paulo quando de meu retorno de Moscou e quem teria me ajudado a instalar a família. Eu respondi que tinha sido a Sociedade da Amizade Brasil-URSS, com sua sede na Rua Augusta, e que, por incrível que pareça, era perfeitamente legal. Os nomes de Miguel e Maria do Carmo nunca foram citados. Me dei conta que no DOI-Codi eles não sabiam muita coisa de mim. Certas situações podiam ser perigosas no que diz respeito à minha militância entre 1968 e 1970 em São Paulo. A *inteligência* do DOI-Codi não era tão inteligente assim. O *André* e o *Sidney*, os assaltos a bancos com meu carro ou a ajuda à Tânia para passar para o Uruguai, Argentina e Chile nunca foram citados. Insistir em saber quem tinha me ajudado a me instalar em São Paulo era perfeitamente secundário. Citar a Brasil-URSS era lógico. A minha tática era dar o máximo de detalhes. Na minha opinião, um preso político não pode ficar sempre calado. É preciso sempre dizer algo, escolher bem o que falar, preparar bem as respostas. É foi isso o que eu procurei fazer todo o tempo.

Sempre me ameaçavam de nos transferir para o Dops, sob os *cuidados* do famigerado delegado Sérgio Fleury, que ficou conhecido por sua atuação violenta. Ele foi acusado de torturas e homicídios de presos políticos pelo Ministério Público. Morreu em 1979, sem ser julgado, e na época se suspeitou que sua morte misteriosa tenha sido *queima de arquivo*. Segundo se conta, ele estava no Porto de Santos tentando passar de um iate para outro e *infelizmente* resvalou e caiu entre os dois navios, tendo se afogado. Alguém deveria tê-lo lhe ajudado.

Enquanto isso, Belka estava protegida em Palmeira das Missões-RS por minha irmã e cunhado, Esir e Mani, que tinha um avião privado, um Cessna, e a ideia era que, em caso de perigo, passaria para a Argentina, cuja fronteira estava a uns 70 quilômetros. Muitas vezes os filhos menores eram presos como chantagem; houve casos em que os pais foram torturados nus nos paus de arara, mulheres violentadas e até mesmo assassinadas em presença de seus filhos. Os crimes dessa ditadura foram horríveis e acabaram denuciados pela Comissão Nacional da Verdade, criada pelo Estado brasileiro para investigar violações de direitos humanos ocorridas durante o regime militar. O relatório final da Comissão Nacional da Verdade foi entregue à presidente Dilma Rousseff em 10 de dezembro de 2014, Dia Internacional dos Direitos Humanos, em uma cerimônia realizada no Palácio do Planalto.

No entanto, mesmo nos piores momentos, podem haver pessoas decentes. Um dia, Mani recebeu um telefonema estranho do delegado de polícia de Palmeira com a seguinte mensagem: "Seu Mani, eu não tive nenhuma ordem em relação à menina, mas em caso de ordem de prisão, eu gostaria de chegar atrasado". E eles combinaram qual seria a senha de comunicação. Entretanto, nunca chegou tal determinação.

Gostaria de insistir que a minha família foi muito corajosa. Os meus amigos procuravam me ajudar. O Totti, o Miguel Kozma, o Derli Machado e tantos outros buscavam encontrar uma solução para me tirarem do DOI-Codi. Eu nunca soube bem o que eles conseguiram fazer – contatos com o cardeal de São Paulo dom Evaristo Arns? O cardeal ajudou muita gente. Assim, um belo dia, os milicos decidiram nos libertar, dando 48 horas para que deixássemos o país. Entre o Dops de Porto Alegre e o DOI-Codi de São Paulo estive preso mais ou menos um mês. Teria havido uma intervenção de dom Evaristo Arns junto ao comandante do II Exército? A embaixada da França fez uma mediação discreta?

Nada estava fora das possibilidades, pois na época havia na França uns 10 mil exilados políticos brasileiros, entre eles nomes conhecidos como Fernando Henrique Cardoso, futuro presidente da República, e Luiz Hildebrando Pereira da

Silva, cientista e professor da Faculdade de Medicina da USP, cassado pelo AI-5, ex-preso político. No exílio, ele foi convidado para trabalhar no Departamento de Biologia Molecular do Instituto Pasteur de Paris, como diretor da Unidade de Parasitologia Experimental. Um laboratório foi criado especialmente para esse grande cientista e foi inaugurado com a presença do presidente da república Giscard d'Estaing, coisa rara. Gostaria de lembrar aqui minha cunhada Elisabeth Klein (Babete para a família), que ajudou muitos brasileiros, argentinos e chilenos exilados na França, através da Cimade, uma associação protestante de solidariedade, atuante no apoio político aos refugiados, fundada em 1939, no começo da II Guerra Mundial. A Cimade contribuiu também para salvar judeus do extermínio, principalmente crianças.

Os exilados brasileiros eram bem recebidos na França, mas havia *outra França* que colaborou com órgãos de repressão no Brasil, conforme *Um torturador francês na ditadura brasileira* [7].

Quando livre, embarquei em São Paulo para Paris. O avião fazia escala no Rio de Janeiro e meus amigos providenciaram para que eu fosse vigiado no Galeão, a fim de ter certeza que a viagem decorresse bem e continuada, sem problemas.

A repressão durante os 21 anos da ditadura no Brasil levou uma série de artistas e líderes políticos a deixar o país em busca de segurança e liberdade, e eram bem recebidos pelo governo francês, pelas universidades em geral e associações, ONGs de diversas tendências. Muitos só retornariam ao Brasil após a Lei da Anistia, promulgada em 1979, e outros (eu por exemplo) terminariam se instalando na França.

O principal destino dos exilados brasileiros foi o país europeu. Paris tornou-se uma espécie de capital do exílio. Havia até uma livraria luso-brasileira, na *Rue des Écoles,* em pleno Quartier Latin. Com a Anistia e a volta ao Brasil de inúmeros

---

7. Ver nos Anexos: *Um torturador francês na ditadura brasileira*. texto reproduzido de reportagem da Agência Pública, assinado por Anne Vigna, no dia 1º de abril de 2014. https://apublica.org/2014/04/um-torturador-frances-na-ditadura-brasileira/

exilados, em 1979, e a Revolução dos Cravos, em Portugal, em 1975, a livraria fechou por falta de clientes. Seu diretor Mario Soares, mais tarde, foi eleito presidente da república portuguesa. Em 1986, foi aberta em Paris outra livraria luso-brasileira, na Rua Fossés Saint-Jacques.

Até hoje não sabemos quem colaborou para nossa libertação. Interrogado, meu caro primo Totti disse não saber, "mas havia muita gente procurando te ajudar". Em 1974, tinha havido eleições para a Câmara de Deputados federais com dois partidos legais. A Arena, que apoiava o governo militar, e o MDB, que era da oposição legal. Houve uma palavra de ordem para que se votasse em branco e para admiração de todos apareceram, em alguns estados, mais votos em branco que exprimidos. Mas a época era ainda perigosa, pois em outubro de 1975 foi assassinado no DOI-Codi Vladimir Herzog, morte maquiada em suicídio. Hoje se sabe que Vlado foi bem assassinado e sob tortura.

Durante minha prisão no DOI-Codi, em certos momentos *eles* me saíam com a seguinte história: "Por que você veio ao Brasil, nos obrigando a te prender, você estava muito bem na França...".

Quando nos libertaram, os milicos nos propuseram passagens de ônibus para voltarmos para Porto Alegre, que evidentemente não aceitei. Foi meu caro primo Totti que nos pagou as passagens, pois eu não tinha um tostão no bolso.

Assim é que voltei para a França com minha filha Belka. E eu recomecei meu trabalho no hospital no dia seguinte à minha chegada. A minha esposa na época, Anneta, para descansar, resolveu ir a Buenos Aires e retornar de navio pelo *FredericoC,* que fazia a rota Buenos Aires-Santos-Cannes-Nápoles, passando por Lisboa e Barcelona.

Só retornei ao Brasil quando houve a Anistia, em 1979. A primeira vez, em dezembro de 79, e a segunda, em 1983. Na saída, a cada vez não era fácil, pois o meu nome estava numa certa *lista* no Galeão. Havia toda uma verificação antes de me deixarem embarcar. Em 1979, para não perderem a face, os policiais disseram que havia sido um erro. Tratava-se de um homônimo – um homônimo que se chamava Paulo Ernani Rezende de Rezende? Nascido em Passo Fundo-RS, no dia 11 de novembro de 1940? Era difícil de acreditar. Em 1983, falaram que precisavam telefonar a Brasília antes de me deixar embarcar. Depois, disseram: "Doutor, o senhor podia escrever para a Polícia Federal (PF) para pedir que o seu nome seja retirado de certa lista". Agora, eu era tratado por doutor. Eu lhes respondi que jamais iria escrever à PF. Tempos depois, quando Leonel Brizola, depois de voltar do exílio, foi eleito governador do Estado do Rio de Janeiro, exigiu que essa famosa lista do Galeão (chamada *dedo-duro*) fosse definitivamente desativada. O que foi feito.

VIX

O Centro Hospitalar de Wissembourg, a informatização do hospital e minha integração ao Ministério da Saúde da França

Entre 1975 e 1985, a rotina continuou no hospital. O Centro Hospitalar de Wissembourg era um estabelecimento de 200 leitos com serviços de cirurgia geral, traumatologia, medicina interna, cardiologia, pediatria, radiologia e ginecologia-obstetrícia. Havia também um serviço de reanimação (UTI), pelo qual eu era responsável. Nós recebíamos residentes enviados pelos HUS (Hospitais Universitários de Strasbourg). A presença deles era muito útil para todos, pois nos traziam as novidades da faculdade, que nos permitiam estar atualizados.

Além do hospital, muita coisa acontecia na minha vida. Eu me ocupei de minha sogra e sogro, que viviam em Kharkov, na Ucrânia Soviética. Fui muitas vezes visitá-los. Naquela cidade, nunca ouvi nenhum outro idioma senão o russo, ninguém falava ucraniano. Meus sogros me diziam que gostariam de sair da URSS. No verão de 1983, eles vieram à França a meu convite.

Foi então que decidiram não voltar mais para a URSS. Eu lhes acompanhei no que pude e contamos com a ajuda da Fundação Tolstoi, organização filantrópica criada em 1939 por Alexandra Tolstoia, a mais jovem filha do grande escritor Lev Tolstoi. Como minha sogra e sogro não voltavam, o consulado da União Soviética em Paris telefonou para saber de notícias de Tamara Iocifovna e de seu marido. Depois de consultá-los em Nova York, onde viviam, liguei ao consulado para informar que eles iam bem de saúde, que se encontravam nos Estados Unidos e que não pensavam mais em retornar à URSS.

Em 1981, com a vitória do presidente François Mitterrand, a esquerda chegou ao poder. O novo ministro da Saúde, Jack Ralite, era membro do Partido Comunista Francês. Eu tinha prometido que se a esquerda ganhasse eu ofereceria uma uma taça de champanhe a todos os meus colegas e amigos do hospital. Assim foi feito e a foto oficial do presidente eleito foi oferecida solenemente por mim ao diretor do hospital durante a festa, para que a colocasse na parede de sua sala, como era praxe em toda repartição pública.

Todo mundo gostou muito do meu brinde para comemorar a vitória do presidente Mitterrand. Os meus convidados se divertiram quando o chefe do serviço de ginecologia-obstetrícia (de direita, mas de uma direita civilizada) apareceu com o casaco pelo avesso – *virar a casaca* se diz também em português.

O ministro da Saúde, entre outras coisas, iniciou um programa de informatização dos hospitais franceses. Era o começo da internet para o grande público. O Ministério da Saúde organizou uma cooperação com a Universidade de Yale, dos EUA, para grande espanto dos norte-americanos, pois um ministro comunista iniciava uma parceria com os Estados Unidos. Estávamos em 1987 e era o começo da informática também nos hospitais.

Um novo serviço em cada hospital foi criado e denominado Departamento de Informação Médica (DIM). Eu resolvi deixar a anestesia-reanimação a fim de me dedicar à direção do novo DIM. Um programa de informatização começou a ser posto em prática no hospital de Wissembourg. Eu o chamei de Atalante. Por que Atalante? Na época, estava muito em moda utilizar em informática nomes da mitologia grega. Atalante era uma ninfa que tinha recebido dos deuses um dom, aquele de ser a mais rápida. Como consequência, Atalante só poderia se casar com um pretendente que lhe vencesse na corrida. Como ela era a mais veloz das ninfas, eles eram sempre derrotados. Até quando um deles, mais esperto, durante a corrida, às vezes deixava cair uma maçã de ouro, Atalante se baixava para pegá--la, e assim perdia tempo. Outra versão dizia que ela o deixou ganhar, pois tinha se apaixonado pelo pretendente. E Atalante foi perdoada pelos deuses, pois os desafiou por amor. Como era a mais rápida das ninfas, se poderia comparar à informática por sua rapidez. Todo o hospital foi equipado, com o prontuário também informatizado.

Quando da inauguração da aplicação Atalante, em 1988, convidei amigos que conhecia no Ministério da Saúde para a solenidade. A solenidade foi feita à *brasileira*, com fita a ser cortada. O pessoal do ministério gostou muito de Atalante e a administração do hospital me deu um prêmio de 10 mil euros atuais [8].

Fui então convidado para integrar a equipe do ministério que se ocuparia da informatização dos hospitais franceses, o Programa de Medicalização do Sistema de Informação (PMSI). Foi combinado o seguinte: eu iria por dois dias na semana a Paris, sairia domingo e voltaria na terça, pelo último avião da noite. Minhas viagens e as despesas seriam bancadas pelo ministério, que passaria a verba para o hospital de Wissembourg. Assim foi feito. Atalante continuou sua carreira e hoje há mais de 100 hospitais franceses que utilizam este *logiciel* (ou *software*, como se diz em "português"). O diretor dos Hospitais me conseguiu um pequeno apartamento num hospital de um subúrbio de Paris no edifício onde eram alojados os residentes e os médicos de passagem. Para circular em Paris eu comprei um auto inglês Mini Morris de dois lugares; ele era ótimo, podia estacionar facilmente. Como era branco, o pessoal logo o apelidou de "pote de iogurte do Paulo". Uma vez fui convidado, com minha esposa, para uma recepção no Quai d'Orsay (o

---

8.   Dez mil euros atuais seriam R$ 62.000,00.

Itamaraty francês), e evidentemente fui com o meu carrinho. Estacionado no pátio do ministério, era superengraçado ver o meu "pote de iogurte" ao lado dos carros pretos oficiais. Até hoje sinto muito em não ter feito uma foto.

Por ideia do diretor da época do hospital, Jean Thomann, fundamos uma cooperativa de todos os utilizadores no Atalante. As despesas passaram a ser distribuídas entre os utilizadores da aplicação. Em Wissembourg, criamos um serviço especial chamado ASIE (Atividade Subsidiária da Informática Exterior), que se ocupava do desenvolvimento e manutenção do aplicativo Atalante, assistência técnica aos utilizadores e gestão da clientela, membros da cooperativa.

O diretor do hospital sempre deu todo o seu apoio ao Atalante, mesmo quando o Ministério das Finanças tentou obrigar o hospital de Wissembourg a pagar o IVA (Imposto sobre Valor Agregado). Nos recusamos e, finalmente, o tribunal administrativo nos deu ganho de causa, com o argumento de que um hospital público estava isento de IVA ao comercializar um produto de origem intelectual. Ora, o *logiciel* é um produto intelectual.

O aplicativo Atalante-PMSI foi desenvolvido sob minha direção pelo Departamento de Informação Médica (DIM) do hospital. ASIE era responsável pela parte técnica. No DIM, tínhamos ideias, e a ASIE punha em prática a informática.

Para a história: Atalante foi criado intelectualmente por um franco-brasileiro (Paulo de Rezende) e, na parte de desenvolvimento técnico-computacional, por um franco-português (Paulo Salgueiro). Muitas vezes discutíamos em português.

X

Programa de Medicalização do Sistema de Informação (PMSI)

A implantação do Programa de Medicalização do Sistema de Informação dos hospitais franceses foi uma reforma importante que mudou completamente a maneira de financiamento dos estabelecimentos de saúde. O objetivo do processo era ter dados sobre os dois eixos do produto hospitalar: serviços e atividades, de um lado, e pacientes do outro. Mas enquanto os pacientes eram relativamente diferentes uns dos outros, estudos mostravam que existiam classes idênticas de pacientes por sua função de produção. Com a informática, a atividade de cada hospital poderia ser conhecida pelo público em geral.

No ano 2000, eu deixei o PMSI e integrei a Missão de Relações Europeias e Internacionais (MREI), para me ocupar da América Latina e da África francófona.[9]

9. Ver detalhes em Anexos (*pág. 257*).

XI

Certificação dos estabelecimentos de saúde

Por três vezes o Departamento de Informação Médica (DIM) do Centro Hospitalar de Wissembourg participou da certificação: em 2010, 2014 e 2018.

O objetivo da certificação, implementada pela Alta Autoridade de Saúde (HAS), é avaliar a qualidade e a segurança dos cuidados prestados aos pacientes de todos os serviços dos estabelecimentos de saúde. Ela leva em consideração, sobretudo, a organização interna e a satisfação dos pacientes.

É um procedimento obrigatório para todos os hospitais, públicos ou privados, uma condição para que um estabelecimento de saúde continue a funcionar. A certificação ocorre a cada quatro anos. Ela consiste em uma análise geral e independente, a fim de promover a melhoria contínua das condições de atendimento ao paciente. Concentra-se na avaliação da existência e maturidade de projetos de qualidade e segurança e, consequentemente, na capacidade da instituição de identificar e controlar seus riscos e implementar as melhores práticas. Na sua apreciação, a Alta Autoridade de Saúde segue uma referência desenvolvida por ela: *O manual de certificação* é publicado em seu site. A certificação fornece à Agência Regional de Saúde (ARS) um diagnóstico externo qualificado do nível de maturidade dos diferentes componentes da qualidade e segurança das instituições de saúde. É uma certificação global do estabelecimento.

De fato, o sistema implementado é referência geral da visita exaustiva de generalistas e especialistas. Ele diz respeito ao funcionamento geral do estabelecimento e não se destina a analisar especificamente o desempenho de cada setor de atividade médica e administrativa. Vários textos regulatórios regem o esquema de certificação para estabelecimentos de saúde. O texto fundador da certificação (inicialmente chamada de Acreditação) das unidades de saúde foi definido pelo Decreto Juppé, primeiro-ministro na época, em 1996. Este documento criou a Agência Nacional de Acreditação e Avaliação em saúde (ANAES), uma instituição administrativa pública sob tutela do Ministério da Saúde. Ele estipula que todas as unidades de saúde têm cinco anos para pôr em prática um credenciamento (certificação), tornado obrigatório e conduzido pela ANAES.

O objetivo claramente definido foi o de melhorar a qualidade e a segurança dos cuidados nas unidades de saúde. Na França o legislador criou a HAS e confiou a ela a totalidade das missões das ANAES, que certifica os estabelecimentos de saúde.

O Decreto Juppé também marcou uma mudança: o termo "certificação" substituiu o termo "credenciamento", agora reservado para outro procedimento, referente a médicos e equipes médicas das chamadas especialidades de risco, como cirurgia ou anestesia.

Em 2010 participei em São Paulo de um seminário, a convite do Ministério da Saúde do Brasil, para apresentar a experiência francesa da Acreditação/Certificação. A grande diferença é que o sistema francês é obrigatório para todas as unidades de saúde, enquanto no Brasil é facultativo e voluntário.

XII

As férias de verão e de inverno e as viagens pelo vasto mundo

Durante as férias de verão, em geral eu ia à Grécia. Visitei inúmeras ilhas. Pegávamos um avião de Paris a Atenas e depois navios. No verão de 1975, eu e Anneta, minha esposa de então, fomos a Kharkov, na URSS, visitar os pais dela, e na volta tomamos um navio em Odessa para Atenas. Do porto do Pireu chegamos à Ilha de Creta e de lá tomamos uma outra embarcação passando por várias ilhas. Era um grande prazer ir passar as férias na Grécia, numa mescla de praia e visita aos vestígios da antiguidade – Heraklion (Creta), Olímpia (a dos jogos olímpicos) e Atenas, onde sempre há maravilhas a serem vistas.

Às vezes íamos de avião, com nossa filha Belka, noutras de carro, embarcando no porto italiano de Ancona, no Mar Adriático, pondo o veículo no navio (ferryboat), chegando a Patras, na Grécia. De lá, passávamos por Volos, indo até o arquipélago das Sporades. Em outras viagens à Grécia, partimos do porto do Pireu, chegando às Cíclades, Myconos, Delos, Patmos e seu o magnífico monastério, onde se encontra a gruta onde São João Evangelista teria redigido o último livro do Novo Testamento, o Apocalipse de São João. Havia tanta coisa para visitar! Fomos à Grécia de sete a dez vezes, segundo as minhas contas, quase sempre acompanhados de Belka.

Eu, Annelise, minha segunda esposa e nossa filha Jennifer (Jenny) fomos duas vezes à Grécia. Na primeira, chegamos de navio a Patras, atravessamos o norte do país, chegando às montanhas dos Meteoros. Elas abrigam monastérios cristãos ortodoxos (meteoros são monastérios suspensos no céu, em grego) inscritos no patrimônio mundial da Unesco. Somente seis estão hoje em atividade: Megálos Meteoros (Grande Meteoro ou Mosteiro da Transfiguração), Varlaam, Ágios Stéphanos (Santo Estêvão), Ágia Tríada (Santíssima Trindade), São Nicolau Anapausas e Roussanou. O cristianismo se implantou nessa região no século V, mas os primeiros monges se fixaram nos Meteoros a partir do século IX.

De Tessalônica, como a fronteira é muito próxima, resolvemos ir visitar a Bulgária e sua capital Sófia. Nesta cidade nos aconteceu um problema. Nosso carro foi arrombado e roubaram toda a nossa bagagem. Ficamos só com os documentos de identidade, que estavam na sacola, e a roupa do corpo. Fomos à embaixada da França e ela nos colocou à disposição um tradutor para irmos à polícia para registrar uma queixa. O tradutor foi bem gentil, mas eu conseguia compreender o policial, pois a língua búlgara é muito próxima do russo. Na Bulgária, também visitamos o Mosteiro de Rila, onde está enterrado o penúltimo czar dos búlgaros, Bóris III. Seu sucessor foi seu filho, o príncipe Cirilo, de seis anos de idade, que *reinou* durante três anos, até a proclamação da república, em 1945.

Na Tessalônica tivemos a oportunidade de conhecer o museu arqueológico com onze túmulos, principalmente o do rei Felipe II, o pai de Alexandre, o Grande, uma maravilha, todo coberto de ouro, representando o Sol de Vergina [10].

As últimas férias em que estive na Grécia, com Annelise e Jenny, foi a Ilha de Corfu, na entrada do Mar Adriático, entre

---

10. O Sol de Vergina é uma estrela simbólica de 16 raios. Foi desenterrada em 1977 durante escavações em Vergina, na região grega da Macedônia, pelo professor Manolis Andronikos, gravada em um cofre dourado posto na tumba dos reis da Macedônia Antiga.

a Itália e a Albânia. Corfu foi a única ilha grega que nunca foi dominada pelo Império Turco-otomano. Durante as Guerras Napoleônicas, ela foi ocupada pela França, e depois da queda de Napoleão I, ela passou a pertencer à Rússia, depois à Grã Bretanha e, finalmente, à Grécia, no fim do século XIX. Além de ir à praia visitamos o Palácio Achilleion. O nome lembra o herói grego da Guerra de Troia, Aquiles (aquele da força absurda e do calcanhar ruim). A obra foi construída a pedido da imperatriz austríaca Elisabeth (Sissi), que adorava a história antiga.

Na *Odisseia*, de Homero, descobrimos que a praia de Paleokastritsa foi o último ponto da Ilha de Corfu em que o herói Ulisses desembarcou antes de chegar a Ítaca, sua ilha natal, onde ele era o rei. Aí encontrou Penélope, que esperou durante vinte anos o retorno de seu marido da Guerra de Troia, tecendo seu tapete de dia, desmanchando de noite e dizendo aos *pretendentes* que escolheria um deles para ser seu marido quando terminasse a sua obra. Como tudo na Grécia são mil lendas, ninguém reconheceu Ulisses, somente seu cão, que logo compreendeu que seu mestre, mesmo vestido como um mendigo, estava de volta.

Há outros lugares a visitar na Grécia, como, por exemplo, a Ilha de Rhodes, aonde desejamos ir um dia desses, mas também Ítaca, a pátria de Ulisses citada na *Odisseia*. Rhodes é reputada por suas praias e resquícios da presença dos cavaleiros da Ordem de São João durante as Cruzadas. Em Ítaca ainda não foi encontrado nenhum vestígio de Ulisses, de seu palácio de rei. Sua existência será mais uma lenda?

Residindo na França, eu e Annelise (mais Jenny) fomos com sua irmã Christel e Yves, seu companheiro, visitar a Turquia. Dessa vez, de novo a Istambul, com mais tempo. Era a terceira vez que tinha essa oportunidade. A antiga Constantinopla tem um pé no Ocidente e outro no Oriente, às margens do Estreito de Bósforo, entre a Europa e a Ásia, com dois mil e setecentos anos de história. Ela tem mais de dez milhões de habitantes, uma cidade que existe desde 667 a. C. e que já esteve sob domínios grego, romano, bizantino e turco-otomano.

Durante toda a viagem utilizamos o transporte público (ônibus). Em Istambul ficamos hospedados na casa de uma amiga da Annelise, professora no Liceu Francês de Galatasaray, que estando de férias na França nos deixou seu apartamento. Fizemos amizade com uma jornalista turca que falava o alemão, e como Annelise e Christel são bilíngues (francês e alemão) podiam facilmente se comunicar com ela, que nos acompanhou a vários lugares, aconselhou restaurantes de qualidade com bons preços e sem turistas de massa.

Começamos, como se deve, por Istambul e a Basílica de Santa Sofia (*Hagia Sophia* em grego), que significa "Sabedoria Divina". Ela é a grande basílica cristã de Constantinopla, construída no século IV, depois reconstruída, bem maior, no século VI, pelo imperador bizantino Justiniano, quando adquiriu sua forma atual. Ela foi transformada em mesquita no século XV, depois da conquista turco-otomana pelo sultão Mehmet II. Desde 1934 ela não é utilizada como lugar de culto, por decisão de Mustafá Kemal Ataturco, o fundador da República Turca, que a transformou em museu. A Santa Sofia é o símbolo da glória de Bizâncio. Frequentemente é chamada Grande Igreja dedicada ao Cristo ou Sabedoria de Deus.

Ainda em Istambul, visitamos a Mesquita Azul, construída por ordem do Sultão Ahmed I entre 1609 e 1616. Ela é uma das grandes mesquitas de Istambul, obra do arquiteto Sedefkar Mehmet Aga. Está situada em frente da Igreja Santa Sofia. Elas estão separadas por um belíssimo jardim. Seu magnífico exterior está em harmonia com o suntuoso interior, no qual uma verdadeira sinfonia de belos mosaicos azuis de Iznik gera uma atmosfera muito especial.

A terceira mesquita que visitamos em Istambul foi a chamada Mesquita Nova, mesmo que ela tenha sido construída no século XVI pelo célebre Mimar Sinan, arquiteto cristão, armênio ou grego, engenheiro e criador da arquitetura clássica turco-otomana, que integra tradições bizantinas e próximo-orientais. As obras começaram em 1597, por ordem da sultana Safiye, esposa favorita do sultão Murad III.

Passamos pelo Hipódromo, um museu a céu aberto que na época do Império Romano foi um centro cultural onde aconteciam vários eventos, por exemplo, corridas de carros puxados por cavalos. Monumentos importantes tais como um obelisco egípcio e a Coluna de Serpente estão lá.

Um dos principais pontos turísticos de Istambul é o Palácio Topkapi, construído entre 1460 e 1478. Era sede do Império Turco-otomano e residência do sultão e de sua família. Ele tinha muitas mulheres e todas residiam no mesmo lugar. Visitamos o harém onde moravam as esposas, os filhos e as concubinas. Cada uma habitava o seu próprio quarto e havia muito ciúme e brigas, pois elas disputavam para ser a preferida. Hoje Topkapi é um dos maiores palácios-museus do mundo, com um acervo de mais de 300 mil documentos turco-otomanos, além de tapetes, cristais, pratarias, cerâmicas, joias, incluindo um diamante de 86 quilates e a armadura de diamantes de Mustafá III. Todas essas preciosidades foram guardadas durante os 500 anos do Império Turco-otomano.

Em seguida passamos por Izmir, antiga cidade de cinco mil anos situada às margens do Mar Egeu. Conhecida pelo nome de Smyrne na antiguidade, ela foi fundada pelos gregos, reconstruída por Alexandre, o Grande e conquistada pelos romanos, antes de integrar o Império Turco-otomano no século XV. Há lá vastos vestígios arqueológicos e uma ágora romana (praça pública, em português). Até 1923, a Smyrne grega era principalmente povoada por descendentes de seus fundadores. Durante a guerra de fundação da República Turca, seus habitantes gregos foram todos expulsos e a cidade foi incendiada.

No interior do país estivemos na Capadócia e suas grandes formações rochosas. Ela é reputada pelas suas *chaminés de fada*, em forma de cones presentes no Vale dos Monges, em Gorene, e em outros lugares. Essas antigas formações rochosas foram erigidas entre 400 e 600, hoje estão abandonadas; igrejas, muitas delas escavadas na rocha, são superinteressantes. As mais antigas datam do século VI, embora a maior parte seja dos séculos X e XI. A maioria possui afrescos retratando cenas da vida de Cristo, sua crucificação e ressurreição, e os apóstolos. As igrejas da Capadócia são museus que lembram o período cristão da região, hoje na Turquia muçulmana, e fazem parte do patrimônio mundial da Unesco.

Em uma colina, vê-se dezenas de monastérios, capelas e igrejas do período bizantino, com abóbodas, altares e colunas magníficos, exemplos da arquitetura lavrada na rocha e na técnica do afresco, com divinas ilustrações da vida de Cristo nas abóbodas, tetos e paredes dessas igrejas, infelizmente hoje abandonadas para o culto cristão. Foi uma visita que nos impressionou sobremaneira.

Conforme o Tratado de Lausanne de 1923, os capadócios cristãos foram expulsos em direção da Grécia. Com eles desapareceu uma civilização milenar e os locutores da língua capadócia, dialeto próximo do grego antigo. Naquele ano de 1923, dois milhões de cristãos gregos, armênios ou albaneses foram obrigados a sair da recém-criada República Turca.

Ainda na Turquia, visitamos as ruínas da antiga cidade grega de Éfeso, às margens do Mar Egeu. Ela foi, na antiguidade, uma importante localidade da Ásia Menor, um centro religioso cristão, cultural, nas épocas grega, romana e bizantina. As ruínas de Éfeso constituem-se em uma importante atração. Paulo de Tarso permaneceu três anos nesse local a partir do ano de 54. Acredita-se que foi nessa época que ele escreveu a Epístola aos Filipenses, além da Epístola aos Efésios. Existia então uma importante comunidade cristã conhecida como as Sete Congregações Cristãs da Ásia Menor, cidades mais significativas nessa região no início do cristianismo, mencionadas no livro do Apocalipse, no Novo Testamento. Atualmente, todas as ruínas dessas antigas cidades encontram-se na Turquia muçulmana. Elas são Éfeso, Smirna, Tiatira, Sardis, Filadélfia, Laodiceia e Pérgamo.

Devemos destacar a Biblioteca de Celso, construída pelo cônsul Gaio Julio Aquila Polemeano em honra ao seu pai, Tiberio Julio Celso Polemeano, que havia ocupado diversos cargos públicos, como procônsul da Ásia Menor. O prédio foi edificado com frente leste, de modo que as salas de leitura aproveitassem melhor a luz matutina.

Há tantas ruínas interessantes, não posso citar tudo, mas ainda: a Basílica de São João de Éfeso, construída no século VI, no lugar onde se pensa que São João escreveu seu Evangelho. Visitamos também a casa de Maria, onde, segundo a tradição, no fim de sua vida, habitou a mãe de Jesus.

O Templo de Ártemis – cujas ruínas estão sempre lá como uma das sete maravilhas do mundo antigo – foi o maior da Antiguidade, com suas 120 colunas de 20 metros de altura, das quais somente uma foi conservada. Nele, se venerava a Senhora de Éfeso, uma divindade de múltiplas mamas que os gregos identicaram como sendo Ártemis.

Não poderíamos prestigiar somente a cultura em nossas viagens, e então nos dirigimos a Antália, onde aproveitamos uma bela praia por dez dias. Dali, fomos de barco observar a cidade submersa de Kekova, antiga localidade situada debaixo d'água, bem conservada. É possível nadar e mergulhar para ver as ruínas de perto.

Depois do interior da Turquia, voltamos para Istambul. Era o fim daquela viagem. Porém, antes passamos várias vezes pelo Grande Bazar, uma cidade dentro da cidade, um labirinto de lojas. O Grande Bazar é provavelmente o maior e um dos mais antigos mercados cobertos do mundo. Aberto em 1461, é conhecido principalmente pela joalheria, cerâmica e tapetes. Tem mais de 60 ruelas, acima de 3,5 mil lojas e é frequentado por 250 mil a 400 mil pessoas diariamente. Calcula-se que cerca de 20 mil aí trabalhem. A maior parte das lojas está agrupada por tipos de mercadorias, havendo áreas especiais para produtos de peles, joalheria de ouro. Foi ali que conseguimos montar, na forma de um broche de ouro, uma grande ametista brasileira que tínhamos comprado em Soledade-RS, cidade perto de Passo Fundo. O broche turco-brasileiro ficou muito lindo.

Também nossa ideia era comprar tapetes. Havia tantas maravilhas que tivemos de passar várias vezes para escolher e discutir preços, como se pratica no Oriente. Depois de muita discussão com os vendedores, escolhemos dois lindos tapetes de lã feitos a mão, procedentes de Kars, cidade a leste da Turquia, e dois Kilims de algodão, que em turco significa dupla face. É um tapete que se pode usar de ambos os lados. Até hoje, um desses está em nosso salão para embelezá-lo e o outro na biblioteca, fazendo companhia aos meus livros.

Na volta, visitamos novamente Istambul. Fomos ver no Bósforo a Corne d'Or, que o escritor português José Rodrigues dos Santos, no seu livro *O homem de Constantinopla*, traduz por Chifre de Ouro (porém, o nome Corne d'Or é conservado até hoje). Conta-se que quando os turcos otomanos conquistaram Constantinopla, em 1453, os bizantinos cristãos, estando cercados, jogaram no mar todo o ouro e prata que possuíam para que o inimigo não pudesse se apropriar das riquezas dos vencidos. O fundo do mar ficou tão brilhante que até hoje esse pequeno canal que separa Istambul de Petra se chama Corne d'Or, nome dado em francês devido ao ouro que brilhava no leito desse pequeno braço do Mar de Marmara.

XIII

Com meus pais pela Europa

No verão de 1977, eu e Belka recebemos na França a visita de meus pais. Na época não era prudente, para mim, ir ao Brasil. Assim, vieram o seu Pedro e dona Maria nos visitar. Estivemos em Strasbourg, Nancy, Paris, Verdun e também na Suíça. Depois, atravessamos a França para ir à Espanha e Portugal.

Naquele tempo havia uma possibilidade muito interessante de embarcar o carro no trem, partindo de Strasbourg às 18h e chegando a Biarritz, na fronteira com a Espanha, ao amanhecer. Os passageiros viajavam no vagão leito. Infelizmente essa modalidade não existe mais. Passando pela Espanha, pois nosso destino era Portugal, ficamos hospedados com meus pais e minha filha Isabel-Maria na Posada Real del Castillo de Avila. O castelo é hoje um magnífico hotel rodeado de jardins e vinhedos. Meus pais muito apreciaram a estada, e nós, também.

Em Portugal, visitamos, em Lisboa, o Mosteiro dos Jerônimos, onde à entrada estão os túmulos de Vasco da Gama e Luís de Camões, um frente ao outro, os dois heróis das grandes descobertas: um que encontrou o caminho marítimo para as Índias, contornando a África do oeste para leste; e o outro que escreveu *Os Lusíadas*, poema épico em versos que conta toda a história do povo português e das descobertas, tornando seu motivo central o caminho marítimo para as Índias realizado por Vasco da Gama, em 1497/99. O Cabo das Tormentas depois foi denominado Cabo da Boa Esperança pelo rei de Portugal D. Manuel I, o Venturoso.

Ainda em Lisboa visitamos o Monumento dos Descobrimentos e a Torre de Belém, construída entre 1514 e 1520 a mando de D. Manuel, o Venturoso. Garcia de Rezende, ministro do rei de Portugal, foi o autor do projeto inicial, segundo os dois livros publicados pela Fundação Calouste Gulbenkian em 1994: *A vida e feytos d'el-rey Dom João II,* onde apareceu pela primeira vez notas históricas e um estudo das formas da futura torre, que está no *Livro das obras de Garcia de Rezende.* A partir dali, estivemos em Tomar, magnífica Cidade dos Templários, com sua igreja com altar redondo, bem no meio, onde eles podiam assistir à missa sem apear do cavalo.

Também visitamos o Mosteiro da Batalha, construído pelo rei D. João I para comemorar a vitória de Portugal no combate de Aljubarrota, travado dia 14 de agosto de 1385 entre as tropas portuguesas, comandadas por D. João I de Portugal e D. Nuno Álvares Pereira, contra o exército de D. Juan I de Castilha. Malgrado a superioridade numérica dos castelhanos – cinco vezes mais numerosos –, os portugueses ganharam a batalha. A vitória teve importantes consequências. A primeira foi o fim das pretensões de Castilha sobre o reino de Portugal, que ficou independente para sempre.

Tudo isso eu explicava para meus pais e minha filha, pois como é sabido sempre me interessei tanto pela grande História como pelas estórias que apimentam a narrativa. Também visitamos Óbidos, antiga Oppidum, cujo nome remonta a um período anterior a Cristo, e por lá teriam passado romanos, mouros e visigodos. Posteriormente, a cidade ficou conhecida como o *presente das rainhas,* pois ela fazia parte do dote de muitas delas, como da própria rainha Santa Isabel, de Óbidos; Filipa, de Lancastre; Urraca, de Castela; Leonor, de Aragão; e Leonor, de Portugal. Óbidos é a pérola de Portugal.

Chegamos, então, à histórica Coimbra, com sua universidade, a mais antiga em Portugal, uma das primeiras na Europa, criada em 1290 por iniciativa do rei D. Dinis. Contém a magnífica Biblioteca Joanina, construída no século XVIII durante o reinado de D. João V, considerada como umas das belas do mundo, toda coberta de ouro. Uma maravilha. Meu pai, quando a viu, fez um comentário: "Isso tudo é ouro do Brasil que nos levaram os portugueses..."

Depois de Coimbra, ao norte, fomos a Lamego e ficamos hospedados na pousada Viscondes da Várzea. Nosso objetivo era chegar até a localidade de Rezende, cidade de onde (segundo conta minha família, com versão confirmada pelo presidente da Câmara Municipal) somos originários. Fomos muito bem recebidos pelo presidente da Câmara (prefeito municipal, como se diz no Brasil). Ele nos contou que uma semana antes havia recebido a visita de outro Rezende: Eliseu, senador de Minas Gerais e ex-ministro de Itamar Franco.

Finda a viagem, meus pais tomaram um avião para o Brasil. Antes de partir eles me ofereceram um belo livro, com bonita encadernação vermelha, de poesias de Guerra Junqueiro onde está *O melro*, que tanto aprecio. Guerra Junqueiro foi um dos maiores poetas portugueses e do mundo. Sua poesia é anticlerical. Certa vez, em 1958, durante um congresso da UGES (União Gaúcha de Estudantes Secundários), Jane Pimentel, estudante de Passo Fundo, minha amiga, num concurso de poesia no Colégio Católico do Rosário, declamou *O melro*, para grande escândalo dos padres. Foi assim nossa juventude. Eu tinha então 17 anos.

Eu e Belka voltamos de carro para a França. Portugal foi uma viagem maravilhosa, muito apreciada por minha mãe, professora de Português em Passo Fundo. Visitamos muitas igrejas lindas e de diferentes estilos, mas também castelos, museus e palácios, como Queluz, onde nasceu e morreu D. Pedro I, primeiro imperador do Brasil. Meu pai, de vez em quando comentava: "Você não tem outra coisa para visitar senão igrejas?".

Não somente no verão, mas também no inverno, eu, Belka e Anneta tínhamos a oportunidade de sair para viajar durante uma semana para fazer esportes de inverno. Íamos em geral à Suíça, a Saint Moritz, no Clube Mediterrâneo. A beleza do país só se compara à qualidade de suas pistas de ski. Uma agradável temporada nos aguardava, umas férias também em Engelberg, Jungfrau, Haute-Engadine, nos Alpes Vaudoises, na Suíça Romanda, Roi Soleil e outras estações de ski. Afinal, Strasbourg não é muito longe da Suíça e sempre passávamos para saudar um amigo, meu ex-colega da Medicina em Moscou, Osmar Sampaio de Almeida Santos. Ele morava na cidade de Lucerna.

Muitas vezes no verão permanecíamos na França, na Cote d'Azur, como na cidade de Menton, conhecida por suas belas praias e jardins. A cidade velha, nas encostas da colina, abriga a Basílica de São Miguel, uma torre do século XVIII e a Capela dos Penitentes Brancos, com sua fachada decorada. Não muito longe dali, a coleção Jean Cocteau exibe obras do poeta. Voltando para Strasbourg, passávamos uns dias em Nyons, na Drome Provençal, onde moravam, depois de aposentados, Jean Louis e Babette, meus cunhados, que sempre apreciei muito. Adorava conversar com eles. Ele era professor de Dogmática na Faculdade de Teologia de Paris. Uma vez, numa conversa, eu perguntei a Jean Louis: "Você acredita em Deus?" Ele me respondeu: "Claro, é o meu ganha-pão..."

Em 1973 tirei bom e merecido descanso. A primeira visita que fizemos à Península Ibérica foi, evidentemente, à Espanha. A ideia era visitar Toledo, Córdoba, Sevilha, Granada e também ir à Praia de Málaga. Passamos um belo verão.

Vindos de Toledo, chegamos a Córdoba, uma antiga cidade romana que na Idade Média foi o importante centro muçulmano de El-Andaluz. É principalmente conhecida pela Mesquita de Córdoba, que data de 784, com suas célebres colunas na sala de prece e seus mosaicos bizantinos. Foi convertida em catedral cristã em 1523 após a reconquista pelos reis católicos Ferdinando III de Aragão e Isabel I de Castilha. A Mesquita-Catedral de Córdoba é patrimônio mundial da Unesco.

Em Granada visitamos, passando pela Sierra Nevada, palácios de arquitetura medieval que datam da conquista mourisca, entre 701 e 1492, e cito, em particular, Alhambra. Situado em uma colina, Alhambra é um conjunto fortificado compreendendo palácios reais, pátios tranquilos e piscinas refrescantes construídos pela dinastia Nasride, assim como os jardins e as fontes de águas de Generalife ou Jannat al-Arif, outro magnífico palácio de verão construído no século XII pelos príncipes muçulmanos. Ali é permitido aproveitar a sombra dos bosques e se refrescar às margens dos lagos, cuja água é captada na Sierra Nevada, situada ao longe. Visitamos também a Capela Real e o mausoléu, com seus túmulos ricamente ornados dos reis católicos.

Quando da conquista de Granada em 1492, conta a lenda (citada por Chateaubriand no seu livro *Les aventures du dernier Abencérage*) que em fuga atravessando a Sierra Nevada, o sultão olhou para a sua cidade abaixo, ao longe, e começou a chorar. A sultana, sua mãe, então lhe disse: "Tu choras como uma mulher uma cidade que não soubeste defender como um homem – *Tu pleures comme une femme une ville que tu n'a pas su défendre comme un homme*".

Em nossa viagem apreciamos Sevilha, a capital da Andaluzia. Entre os seus principais monumentos, destacam-se o ornamentado complexo do Castelo Alcázar, hoje palácio de verão dos reis da Espanha, construído durante a dinastia moura Almóada; a Catedral de Sevilha, em estilo gótico, que abriga o túmulo de Cristóvão Colombo – há um outro túmulo de Colombo em Santo Domingo, no Caribe, qual será o verdadeiro? – e um minarete que virou o Campanário da Giralda. Conta a lenda que Giralda foi construída por três arquitetos: um cristão, um judeu e um muçulmano, os três povos da El-Andaluz.

Depois disso, chegamos a Málaga e Marbella para curtir uma praia. Era uma bela época, quando não havia o horrível turismo em massa.

Outra vez, em julho de 1977, passando, em companhia de Anneta e Belka, pelo sul da França e pela Espanha, chegamos ao Marrocos. Na França, no Porto de Sete, pusemos o carro num ferryboat, que nos levou em uma noite e um dia, chegando no fim do segundo dia a Algeciras, no sul da Espanha. A minha querida Belka fazia sempre comentários inteligentes para seus nove ou dez anos de idade. Estando em Sete, ela nos indagou se na França havia cidades com números. "Como assim?", perguntamos. "Sim, tem Sete e Troyes (três em português)". Outra vez, viajando de carro pela França e vendo as vacas de raça holandesa, ela nos questionou por que ali só tinha vacas holandesas e não francesas. Doces lembranças. Recordo de outro comentário de Belka na Grécia, chegando a Delfos, quando Anneta disse, vendo uma montanha ao longe: "Vejam o Montparnasse". Belka então lhe respondeu: "Mas não, Montparnasse é em Paris". Íamos visitar Delfos e seu sítio arqueológico, patrimônio mundial pela Unesco. Em épocas antigas, aquela cidade abrigava o famoso oráculo de Delfos, em um templo dedicado ao deus Apolo. Delfos era reverenciado por todo o mundo grego como *omphalos*, o centro do universo.

Voltando ao passeio de Algeciras, atravessamos o Estreito de Gibraltar e chegamos a Ceuta, ao norte do Marrocos, na costa africana, cidade primeiramente portuguesa, em 1415, e depois espanhola, a partir de 1437, até os dias de hoje. De Ceuta fomos a Tânger e Fez, cidade mais antiga do reino. Foi a primeira vez que visitamos o Marrocos. Gostamos muito dessa viagem. Fizemos milhares de quilômetros de carro. Fez é, sem dúvida, a cidade marroquina mais carregada de história. Todos os edifícios da medina[11] em Fez foram testemunhas da grandeza passada e presente de uma das principais cidades da civilização árabe-muçulmana. Os traços desse rico passado são ainda presentes: uma medina preservada e autêntica, numerosos monumentos religiosos e o mausoléu de Moulay Idriss, fundador da cidade. É preciso assinalar também a universidade construída durante

---

11. Uma medina é a parte histórica de diversas cidades da civilização árabe-muçulmana. Costuma ser murada e conter um labirinto de ruas estreitas. Esse tipo de centro urbano já era construído pelos árabes no século IX.

o Califado Idríssida, em 859, uma das mais antigas do mundo após a de Tunes, fundada durante o Califado Olmíada, em 737.

No Marrocos tivemos a oportunidade de visitar também Casablanca, a maior cidade marroquina, e Rabat, sua capital, além de Marrakech. Fomos à praia em Tanger e Mohamédia. O país tem uma história de independência não compartilhada por seus vizinhos. Desde a fundação do primeiro Estado marroquino pelo sultão Idriss I, em 788, foi governado por uma série de dinastias independentes. Os sultãos que vieram depois continuaram a luta contra a dominação estrangeira e o Marrocos foi a única nação do Norte da África a evitar a ocupação pelo Império Turco-otomano. Em 1912, foi dividido em protetorados francês e espanhol, com uma zona internacional em Tânger. Recuperou a sua independência total em 1956 e não foi uma colônia, pois o sultão continuava a reinar.

Voltei ao Marrocos mais duas vezes: uma em 2001, quando tive a oportunidade de ir em missão oficial. Na ocasião, o país tinha recebido um empréstimo de 200 mil dólares do Banco Mundial e uma doação de 70 mil euros da União Europeia. Essa verba deveria ser utilizada para modernizar os hospitais não universitários marroquinos. Então o governo solicitou à França que lhe enviasse uma missão a de fim de lhe aconselhar a melhor maneira de utilizar esse dinheiro. Eu tive a oportunidade de fazer parte desse grupo.

A diretora dos hospitais marroquinos e a responsável financeira desses (ambas mulheres modernas sem o *tchador* a cobrir cabelos e faces) vieram à França e nossas propostas foram oficialmente entregues às autoridades daquele país. Durante a missão no Marrocos fomos convidados para um jantar pelo ministro da Saúde. Antes de partir para o evento, discutimos entre nós se devíamos levar um ramalhete de flores para a sua esposa. Finalmente decidimos não fazê-lo, pois como estrangeiros não estávamos bem a par dos costumes do país. Bem fizemos, pois durante o jantar, com ótimas comidas típicas, não vimos nenhuma esposa, somente uma criada que nos trazia os pratos.

Em Rabat, conhecemos uma jovem de Madagascar que tinha algo muito interessante a dar, mas não sabia a quem exatamente. Acontece que em janeiro de 1954, Mohamed V, sultão do Marrocos, foi exilado pelos franceses em Madagascar e foi hospedado na residência da família da moça. Ela possuía várias fotos do sultão com a família, na praia, de calção de banho. Imaginem só, o sultão de um país tão tradicionalista em calção de banho, numa praia, tomando banhos de mar! Ela queria doar esses documentos, que faziam parte da história do Marrocos. Depois de muito discutir, pusemos a jovem em contato com alguém próximo da família real, por intermédio da diretora dos hospitais, e todas as fotos foram entregues a quem de direito. Onde estarão hoje essas imagens? Certamente num arquivo privado, não consultável pelo público. Finalmente, o sultão voltou do exílio e, em 1956, negociou com êxito, com a França e a Espanha, a independência do Marrocos, e em 1957 tomou então o título de rei.

Nunca devemos esquecer que o rei Mohamed V foi o salvador dos judeus marroquinos. Numa época em que o antissemitismo estava em ascensão na Europa, esse fato deve ser sempre lembrado. Essa atitude iluminada é comemorada até hoje como uma espécie de milagre, que ajudou a salvar muitas vidas, durante aquele tempo sinistro. O rei tomou heroicamente uma decisão contra a França de Vichy, que estava prestes a aplicar ao Marrocos suas leis antijudaicas, incluindo a deportação para campos de concentração na Europa. O sultão agiu tradicionalmente como um *senhor feudal* protegendo seus súditos de religião judaica. As relações entre a realeza marroquina e os judeus sempre foram muito interessantes. Durante séculos, o cargo hereditário de barbeiro do sultão sempre foi ocupado por judeus, e o mesmo se aplica, até hoje, ao responsável pela administração da fortuna privada do rei.

Fiz ainda uma terceira viagem ao Marrocos. Foi durante umas férias, quando, com minha esposa Annelise e Jenny, visitei Marrakech, Essaouira, a Mogador dos portugueses, e sua fortaleza. Marrakech, antiga cidade imperial, abriga mesquitas, palácios e jardins. Visitamos também a medina, um labirinto de *souk* (mercado) muito animado onde se vendem tecidos, cerâmicas e joias tradicionais. A maior curiosidade de Marrakech é a Praça Jemaa el-Fna, situada em frente à medina, com seus encantadores de serpentes, músicos, vendedores ambulantes de água e de curiosidades para turistas. Essa praça está inscrita no patrimônio cultural da Unesco.

Fomos, eu e Anneta, várias vezes à Itália. Já quando chegamos à França, em 1970, a nossa primeira viagem, na Semana Santa de 1971, foi a Florença, rica, com numerosas obras-primas da arte e arquitetura do Renascimento. Um dos lugares mais emblemáticos da cidade é a Catedral Santa Maria del Fiore, do século XIII, e seu *Duomo*, cúpula que foi concebida e construída por Brunelleschi. A Galleria dell'Accademia abriga o *David* de Michel Ângelo e, na Galeria dos Ofícios, o *Nascimento de Vênus* de Botticelli e a *Anunciação* de Leonardo da Vinci. Nessa viagem, visitamos também Pisa e sua torre inclinada, no campanário da Catedral de Nossa Senhora da Assunção.

Em outra viagem, em 1981, com minha namorada Thérèse de Léon, fui a Roma, grande cidade cosmopolita cuja arte, arquitetura e cultura de 3 mil anos irradiam em todo o mundo. As ruínas do Fórum Romano e do Coliseu evocam o poder do Império Romano. Sede da Igreja Católica Romana, a Cidade do Vaticano, com a Basílica de São Pedro e o museu, com obras-primas como o afresco da Capela Sistina, pintado por Michelangelo. Visitando a Basílica, notamos na entrada, em uma mesa onde estava escrito *visite en Français*. Assim conhecemos a Basílica e o Museu do Vaticano acompanhados por um religioso francês. No fim da visita propusemos ao nosso acompanhante um *dom* (pequena "doação") para suas obras pias. Ele nos disse que não era necessário, mas podíamos ir tomar um chope.

Sempre acompanhado por Thérèse, em 1983 visitei também Verona, localizada no norte da Itália. Em seu coração há uma antiga cidade medieval que serviu de ambiente para a tragédia *Romeu e Julieta,* de Shakespeare. Uma residência do século XIV com um pequeno balcão com vista para um pátio é chamada Casa de Julieta. Estivemos na Arena de Verona, um enorme anfiteatro romano do primeiro século, onde até hoje ocorrem concertos e apresentações de óperas.

Outra vez, eu e Annelise, fomos à Sicília, convidados por um colega médico francês, Antonio Buemi, de origem siciliana. Ficamos hospedados em Novara di Sicília, aldeia de sua família. A riqueza da ilha e sua história se refletem em locais como o Vale dos Templos, ruínas bem preservadas de sete templos gregos em estilo dórico, e nos mosaicos bizantinos da Capela Palatina, antiga capela real localizada em Palermo.

Alugamos um carro e fizemos assim a volta em toda a ilha. Perto de Palermo, visitamos Monreale e sua magnífica Catedral de Santa Maria Nuova, famosa por sua arquitetura normando-árabe, seus claustros e maravilhosos mosaicos bizantinos.

Estivemos também em Taormina, cidade situada na costa leste da Sicília, perto do vulcão Etna, famosa por seu antigo teatro greco-romano, ainda em uso hoje. Ao lado dele estão os penhascos que se elevam acima da água, formando enseadas com praias de areia. De lá passamos pelo estreito, com Caryba e Scylla, dois monstros marinhos da mitologia grega, localizados em ambos os lados do Estreito de Messina. A lenda tem como origem a expressão *cair de Caryba à Scylla,* que significa *ir de mal a pior.*

Indo à Itália não se pode deixar de visitar Veneza, onde estive duas vezes, uma com Terezinha Portela, amiga de Passo Fundo, e outra com minha esposa Annelise. A cidade lacustre ocupa mais de 100 pequenas ilhas em uma lagoa do Mar Adriático. Não há nenhuma rua, apenas canais, incluindo o Grande Canal, ladeado por palácios góticos e renascentistas. No centro, na Praça São Marcos, se encontra a basílica do mesmo nome, coberta por mosaicos bizantinos, e a torre, com vista para os telhados vermelhos com a parelha de cavalos que antes estava em Bizâncio, na Basílica de Santa Sofia. Os cavalos de São Marcos são quatro estátuas antigas feitas em cobre. Elas compunham uma quádriga (parelha de 4 cavalos) que ornava antigamente o hipódromo de Constantinopla. Os venezianos as removeram em 1204 e as colocaram acima da porta principal da Basílica de São Marcos, mais tarde substituídas por réplicas, enquanto as originais permanecem guardadas dentro da basílica.

Fomos também a Ravena, cidade da região Emília-Romanha. Ela é conhecida pelos mosaicos coloridos que adornam um grande número de seus edifícios, como a Basílica de São Vitálio e a Basílica de Santo Apolinário, datada do século VI. Ao norte da cidade, conhecemos a eterna beleza dos mosaicos de alguns dos mais famosos monumentos de Ravena: o mausoléu de Teodorico, erguido no século VI. pelo imperador bizantino Teodorico, o Grande. Durante uma excursão começando pela *Piazza* San Francesco, percorremos as ruas do centro histórico para chegar à Basílica de Santo Apolinário Novo, onde está o mausoléu de Galla Placidia, princesa romana que se casou com um rei bárbaro.

As duas cidades que infelizmente nunca visitei na Itália (ainda espero ir um dia) são Nápoles e Pompeia. Minha esposa Annelise as conheceu em viagem escolar. Localizada na Baía de Nápoles, Pompeia está situada perto do Vesúvio, um vulcão ativo que a destruiu no ano de 79. Nápoles foi a capital do Reino italiano das Duas Sicílias, sob a dinastia dos Bourbons.

Sempre digo que na Itália mesmo um poste de luz é uma obra de arte.

XIV

Naturalização francesa e adesão ao Partido Socialista

Em fins de 1978, decidi me naturalizar francês. Era necessário para minha carreira de médico hospitalar, me sentia bem na França e não tinha projetos de retornar ao meu país. Além do mais, tanto o Brasil quanto a França aceitavam a dupla nacionalidade, assim, sendo francês, eu não perderia a cidadania brasileira. Quando vou ao Brasil sempre utilizo o meu passaporte brasileiro. A demanda foi enviada por intermédio da prefeitura municipal de Wissembourg, que transmitia o dossiê ao Ministério do Interior, responsável pelas naturalizações.

Durante o processo de aquisição da nacionalidade francesa fui convocado pela Direção da Segurança do Território (DST). Certamente tinha uma história *complicada*, tendo estudado Medicina na URSS e chegado à França em 1970 durante a ditadura militar no Brasil. Eu então trabalhava como médico no Centro Hospitalar de Wissembourg. Os policiais passaram a minha vida a limpo durante toda uma tarde, das 14h às 19h. Como é praxe em todas as polícias do mundo, havia um senhor mais velho e um jovem. O senhor é sempre gentil e o moço agressivo, para pôr em contradição o interrogado.

Tenho a lembrança que eles, num certo momento, se interessaram sobre a política exterior da URSS e minha opinião a respeito. Eu respondia como sabia e podia. A certa altura falei para o policial mais velho: "Diga ao seu estagiário que tudo o que ele me pergunta é publicado nos jornais franceses, e para uma melhor informação eu lhe aconselharia ler diariamente o *Le Monde, Le Figaro* e mensalmente o *Le Monde Diplomatique*, pois eu não sou porta-voz do governo soviético". Eles me responderam que queriam saber minha posição.

Também me perguntaram se eu era membro de um partido político na França. Eu lhes respondi: "Os senhores devem saber que aos estrangeiros não é permitido aderir a um partido político". Então, seguramente para me pôr em dificuldade, me perguntaram: "Se o senhor for francês, como votará?" Respondi-lhes que o voto é secreto, mas seguramente votarei como quase a metade dos franceses, reconhecendo, assim, que eu não era água morna em política e tinha minhas ideias. Acontece que nos dias 12 e 19 de março de 1978, tinham ocorrido eleições legislativas e a esquerda quase ganhou, com uma pequena diferença. A direita, com 50,49 % e a esquerda com 49,24% dos votos, daí a minha resposta.

No fim, o jovem me disse que desejava me ver em Wissembourg. Respondi-lhe: "Não há o mínimo problema, lhe convido à minha casa". Ele ficou muito admirado com minha resposta, pois me afirmou que em geral esses encontros se faziam num bar. Disse-lhe: "Não senhor, você pode vir à minha casa". Assim foi feito. Antes da chegada de meu *convidado*, eu fiz uma limpeza na minha biblioteca, deixando à vista tudo o que dizia respeito à Antiguidade, Grécia, Roma, Mesopotâmia, e guardando todos os livros políticos.

Num certo momento, pedi licença e fui preparar um cafezinho. Na volta, ele estava examinando meus livros, dizendo então: "Vejo que o senhor se interessa muito pela Antiguidade". Aí eu comecei numa logorreia a falar da Grécia, onde eu ia passar as férias cada ano e minhas visitas, etc e tal. Finalmente ele se despediu dizendo que esperava nunca mais ter a necessidade de me encontrar.

O decreto de aquisição da nacionalidade foi publicado no *Jornal Oficial*, seis meses depois, na sua edição de 16 de maio de 1979, o que foi considerado rápido. Havia certas coisas a meu favor: o hospital tinha necessidade de mim como profissional médico anestesista-reanimador, especialidade então em falta na França. Além do mais, o diretor da instituição e o prefeito da cidade me apoiaram junto ao Ministério do Interior e o deputado da circunscrição também. Isso conta muito na França, mostrando, assim, que eu estava bem integrado à cidade.

Logo depois de minha naturalização, decidi aderir ao Partido Socialista (PS). Agora tinha esse direito. Em março de 1989, Catherine Trautmann, do PS, ganhou as eleições como prefeita municipal de Strasbourg. Ela foi eleita por dois mandatos consecutivos e, desde então, os prefeitos da cidade foram sempre membros do PS, à exceção de um mandato de Fabienne Keller (de direita).

Quanto a mim, fui convidado para ser membro da Comissão Nacional de Saúde do Partido Socialista. Participei mesmo da lista do PS para as eleições municipais em Wissembourg. Infelizmente nossa chapa não ganhou, pois foi a direita que venceu.

Na época, eu era politicamente próximo de Jean Pierre Chevènement. Grande homem político, um dos articuladores decisivos do Congresso de Epinay, que refundou o Partido Socialista, em 1971. Autor do programa do PS em 1972 e 1979, foi um dos negociadores do Programa Comum da Esquerda (1972), com a participação do PS, PCF e o Partido Radical de Esquerda (PRE), que nos permitiu quase ganhar a disputa de 1978 e vencer a eleição de François Mitterrand, em 1981. Várias vezes ministro entre 1981 e 2000 (Ciência e Pesquisa, Indústria, Educação Nacional, Defesa, Interior), Chevènement sempre defendeu a ideia de *outra política*. Ele foi prefeito de Belfort, deputado da circunscrição, senador do território de

Belfort e também presidente da Comissão de Relações Exteriores, da Defesa e das Forças Armadas do Senado [12].

Vivíamos uma época muito interessante, com Mitterrand presidente e, em Strasbourg, Catherine Trautmann, socialista, prefeita, ministra da Cultura e deputada europeia, e Robert Herrmann (PS), presidente da CUS (Comunidade Urbana de Strasbourg), que reagrupa a cidade e os municípios mais próximos que fazem parte da mesma aglomeração.

Ingressei no Ministério da Saúde da França em 1989, onde fiquei até a minha aposentadoria, em 2012. Na pasta, os meus colegas brincavam comigo a cada mudança de governo, da esquerda para a direita: "Como é, Paulo, não te demitiram?". Acontece que era de notoriedade pública que eu era membro do PS e isso, de certa maneira, me protegia quando a direita chegava ao poder. Eles não queriam ser tachados de sectários. Afinal, eu era mais técnico do que político.

---

12. Território de Belfort – depois da guerra franco-alemã (1870-1871), a Alsácia foi anexada ao império alemão, mas Belfort continuou francesa, graças à sua resistência. Foi chamado de território porque ele era muito pequeno para ser um departamento.

XV

Viagem ao México e à América Central

Em 1978, eu e minha companheira de então, Danielle Bougniol, pediatra do hospital de Wissembourg, fizemos uma viagem. Fomos ao México e à América Central. Foi um passeio maravilhoso que durou cinco semanas. Mas começou um pouco mal.

Com a chegada à Cidade do México de madrugada, lá pelas 3h (é assim quando se escolhe um voo barato, os horários são bem complicados), procuramos um hotel de acordo com nossas possibilidades financeiras, porém estavam todos lotados. Não podíamos ficar na rua por ser muito perigoso. Somente havia vaga em um Hotel Hilton e nos propuseram uma suíte com sala e dois quartos, dois banheiros, um luxo enorme. Decidimos aceitar por uma noite. Isso representava boa parte de nosso orçamento da viagem. No outro dia conseguimos uma pensão bem mais barata.

A Cidade do México é densamente povoada. É conhecida pela Catedral Metropolitana de la Assunción de Maria, construída no local que também era o centro político, cultural e religioso da antiga cidade de Tenochtitlan, e reconstruída pelos espanhóis após a destruição do Templo Mayor (templo asteca do século XIII). Os conquistadores utilizaram suas pedras para a construção da catedral, considerada uma das maiores igrejas do mundo. Também visitamos o Palácio Nacional, que abriga os magníficos murais de Diego Rivera. Todos esses monumentos estão localizados em torno da Plaza de la Constitución, também conhecida como Zócalo. É a maior cidade da civilização mexica (ou asteca) da América.

Visitamos também os museus que relatam a história da cidade e de todo o país desde quando o território era dominado por povos astecas, maias e muitos outros que viviam na região antes da chegada dos conquistadores espanhóis. Conhecer os espaços dedicados a esses povos e à história do México é como entrar em um túnel do tempo.

Os astecas tinham como capital a cidade de Tenochtitlán, ou México-Tenochtitlán. Após a conquista espanhola passou a ser chamada de Ciudad de México. Segundo a lenda, a cidade teria sido construída por povos oriundos do norte, ocupando uma ilha existente no Lago Texcoco. Pesquisadores acreditam que o auge de Tenochtitlán tenha acontecido entre os séculos III e V, quando havia mais de 200 mil habitantes na cidade, a maior da América na época, e que exercia enorme influência sobre outras civilizações mesoamericanas.

Tudo o que estudei no colégio seria finalmente desvendado na Cidade do México. No Instituto Educacional de Passo Fundo nós tínhamos, no 2º ano ginasial, uma matéria de História das Américas, com o nosso professor Sabino Santos. Pronunciar os nomes astecas era complicado e ainda mais lembrar, quando interrogados, sobre as pirâmides de Teotihuácan; o último imperador asteca Montezuma; Quetzalpapálotl, a calçada dos mortos; Coyolxauhqui, a deusa da Lua. Em nossos passeios, como não podíamos visitar a tudo, resolvemos nos dedicar às pirâmides de Teotihuácan e à zona arqueológica do Museu del Templo Mayor. As relíquias do Museu Nacional de Antropologia estão, sem dúvida, entre as mais importantes e interessantes atrações da cidade. São lugares realmente maravilhosos!

As gigantescas pirâmides do Sol, da Lua, e a Calçada dos Mortos ficam próximas à Cidade do México. O sítio arqueológico de Teotihuacán oferece aos visitantes uma incrível viagem pela cultura e história daqueles povos. Não se sabe ao certo quem vivia em Teotihuacán. Acredita-se que tenha sido uma civilização multiétnica formada por vários povos. Também é um mistério o porquê do seu fim. Quando foi descoberta pelos mexicas (astecas), a cidade já havia sido abandonada. Estima-se que foi fundada por volta do século II a. C. e abandonada nove séculos depois. Nada se sabe sobre a civilização que a criou, mas calcula-se que em seu auge teria abrigado mais de 250 mil pessoas. Na época era a maior cidade do mundo, maior do que as europeias como Paris ou Londres ou outras na China e na Índia. O sítio arqueológico de Teotihuacán é patrimônio da humanidade protegido pela Unesco. Suas principais atrações são a Pirâmide do Sol, com 65 metros; a Pirâmide da Lua, com 45 metros; a *Calzada de los Muertos*, com 4 quilômetros de extensão e principal avenida, onde estão dispostas as construções remanescentes daquela civilização, e finalmente, o Templo de Quetzalpapálotl; o Palácio dos Jaguares.

Em toda nossa viagem ao México e à América Central optamos por utilizar ônibus ou trem. Andávamos tal como os latino-americanos, com pouca bagagem e mochila. Afinal, o meu espanhol era (e é) corrente e não viajávamos como turistas, mas como latinos.

Outra visita que fizemos foi ao Museu Nacional de Antropologia, situado no Bosque de Chapultepec e consagrado à arqueologia e à história das civilizações pré-hispânicas do México e à etnografia dos povos indígenas do país. Ele é considerado um dos museus mais impostantes do continente americano.

Em fevereiro daquele mesmo ano de 1978 trabalhadores que estavam construindo um novo bairro na Cidade do México fizeram uma estranha descoberta: um disco de pedra de 3,10 metros de diâmetro no qual estava esculpido o corpo desmembrado de Coyolxauhqui, a deusa da Lua. Para os historiadores e arqueólogos não havia dúvida: os operários tinham encontrado o Templo Mayor, destruído pelo império colonial espanhol no século XVI, e cuja localização exata havia sido perdida. Nós chegamos à Cidade do México em julho e os jornais faziam artigos sobre esse achado, que não estava ainda aberto ao público.

Um lugar muito interessante que visitamos foi a *Plaza de las Tres Culturas* ou ainda *Plaza de Tlatelolco*, situada no centro histórico da cidade. Tem essa designação por se encontrar delimitada por edifícios de três etapas históricas do México: a época pré-hispânica, o vice-reino e o México contemporâneo. A época pré-hispânica está representada pelas estruturas de embasamento do Templo de Tlatelolco. O vice-reinado, chamado *Nueva España*, está representado pelo conjunto do Convento Franciscano (1537) e pelo Templo de Santiago (1609). Ao sul da praça encontra-se a moderna torre do Ministério de Relações Exteriores, que exemplifica a terceira das principais fases históricas do México

Visitamos também os sítios olmecas, que caracterizam o povo e a civilização mais antiga da Mesoamérica, que se desenvolveram nas regiões tropicais do centro-sul do atual México. A cultura olmeca floresceu nesta região aproximadamente entre 1500 e 400 a. C.. Crê-se que tenha sido a civilização-mãe de todas as civilizações mesoamericanas que se desenvolveram posteriormente. No entanto, desconhece-se a sua exata filiação étnica, ainda que existam numerosas hipóteses para tentar resolver essa questão. Eles deixaram enormes monumentos de mais de três metros de altura com feições em estilo africano. Como nenhum texto pré-colombiano nos explica, esses monumentos impressionantes têm sido objeto de muita especulação. Povos africanos teriam atravessado o Atlântico, em épocas remotas, a partir do Golfo da Guiné, usando os ventos alísios, que no norte sopram de leste a oeste e no sul de oeste para leste? Seriam descendentes de uma civilização da África negra desaparecida?

Depois da Cidade de México, fomos de trem até Chichen Itzá, um complexo mundialmente famoso pelas ruínas maias localizado na Península de Yucatan. Uma enorme pirâmide de degraus, chamada pelos espanhóis de *El Castillo*, domina os

6,5 km² da cidade antiga, que existiu de 600 até o século XIII. Esculturas gráficas de pedra podem ser vistas em várias estruturas, como o campo de jogo de bola. Acredita-se que eram maias itzá os povos que forjaram um amplo domínio, com uma cultura unificada, cujo centro era Chichen Itzá, no século IX. No final do século X, a cidade foi invadida por uma tribo guerreira: os toltecas. Essa última invasão trouxe uma nova série de elementos culturais, destacando a representação do deus Kukulkan, uma serpente de plumas.

Em 1250 a cidade foi abandonada por razões indeterminadas, como muitas vezes aconteceu com os maias e outros povos da Mesoamérica. O poder do lugar era tão grande que séculos após o seu declínio era ainda um local de peregrinação e adoração e, mesmo por volta de 1540, Francisco de Montejo, fundador de Mérida, a capital do Yucatan, pensou em transferi-la para Chichen Itzá.

Visitamos também o Cenote, um poço sagrado, que era o local das atividades religiosas não somente de Chichen Itzá, mas também de toda a zona maia. Foi motivo de culto do deus da chuva Chaac desde o período clássico, em 650, e pós-clássico. Do fundo desse poço foram extraídos objetos de ouro, jade, cobre e cestas com oferendas cerimoniais.

Passamos um dia inteiro em Palenque, uma cidade maia localizada no estado mexicano de Chiapas. Este é um dos locais mais impressionantes dessa cultura. Comparada a outras cidades maias, Palenque é de tamanho médio: muito menor que Tikal (na Guatemala) ou Copán (em Honduras), esse sítio ilustra a genialidade dos construtores maias, capazes de domar a pedra e a selva. Na floresta, que a protege e lhe mantém prisioneira, a visão de templos enterrados nos deu emoções dignas dos primeiros exploradores. O Convento de Mani é uma das joias da arte sacra de Yucatec e o terceiro convento a ser construído pelos espanhóis na região, por volta de 1559. À tarde, apreciamos as Cascatas Roberto Barrios. Estas cachoeiras são conhecidas por suas águas cristalinas e sua beleza em cor turquesa. Ainda existem mais de mil estruturas cobertas pela floresta. A área descoberta representa 2,5 km², mas estima-se que seja menos de 10% da área total da cidade.

Entre 1949 e 1952, o governo mexicano, por meio do Instituto Nacional de Antropologia e História, enviou uma equipe de pesquisadores liderada pelo arqueólogo franco-mexicano Alberto Ruz L'Huillier. Entre outras contribuições desse grupo está a descoberta sob o Templo das Inscrições da tumba de K'inich Janaab Pakal, importante personagem da cidade-estado maia de Palenque. Porém, não se sabe qual o papel exato que ele desempenhou no início do século VII durante o período conturbado em que a cidade foi derrotada duas vezes (em 599 e 611) por seu rival Calakmul. Nós o conhecemos porque está gravado no lado ocidental em seu sarcófago no Templo das Inscrições o glifo que o designa pelo título de *k'uhul ajaw* (senhor divino em maia). Foi a descoberta mais importante até hoje em toda a zona mesoamericana.

Estávamos no começo da noite na estação de Palenque esperando o trem que, em princípio, nos levaria até Mérida. Como era época de chuvas, havia grande atraso. Aguardávamos no bar da estação. Éramos uns cinco estrangeiros franceses, alemães e um brasileiro. De repente os mexicanos começaram uma espécie de briga, com facas, socos, com mesas e cadeiras caindo ao chão. Em um certo momento, os briguentos se acalmaram e vi um sujeito entrando na sala com a *minha* capa de chuva. Como eu era o único do grupo a falar espanhol, fui me queixar ao chefe da estação. Ele me disse: "Melhor perder a sua capa do que a vida". Lá pela meia-noite todos fomos postos para fora do bar, que iria fechar. Aí mesmo que ficamos com medo, com todos aqueles *borrachos*. Fui novamente me queixar ao chefe da estação. Então ele resolveu nos pôr num depósito e fechou à chave me dizendo: "Fiquem calmos e não abram para ninguém. Amanhã cedo eu abrirei a porta". Foi uma noite cheia de ruídos, gritos e murros nas portas, e num certo momento até pensamos: "Se eles conseguirem arrombar as portas estamos fritos".

No outro dia, fomos libertados, o trem veio de manhã cedo, com 24 horas de atraso, tudo terminou bem e finalmente chegamos a Mérida. De lá fomos a San Cristóbal de Las Casas, a cidade espanhola mais antiga de Chiapas, que mudou seu nome para homenagear o bispo Bartomolé de Las Casas, defensor dos índios. É uma bela cidade colonial com ruas estreitas, galerias e casas baixas com janelas de ferro forjado. Espanhóis e índios a habitam em uma mistura cosmopolita.

Passamos então a fronteira guatemalteca e chegamos a Cidade da Guatemala, dessa vez de ônibus. É preciso dizer que o sistema de ônibus do país é de boa qualidade, sempre na hora, sem nenhum atraso, com os cobradores gritando em cada parada "Guate, Guatemala". Como dizia a minha companheira de viagem, os ônibus têm uma pontualidade digna da SNCF (Sociedade Nacional de Caminhos de Ferro de França). Certa vez nos deixaram em plena serra, dizendo que a conexão deveria passar ao anoitecer, às 18h. Não estávamos muito seguros, com uns índios nos olhando desconfiados. Para nossa surpresa, o ônibus chegou exatamente na hora marcada.

A Guatemala é famosa por sua história maia, suas grandes altitudes e os vulcões em seus arredores. Visitamos, na Cidade da Guatemala, a *Plaza Mayor*, a Catedral Metropolitana, que possui pinturas coloniais e esculturas religiosas, além do Museu Popol Vuh, que apresenta exposições de arte maia e pré-colombiana, cerâmica colorida e máscaras de danças tradicionais. O sítio arqueológico de Kaminaljuyú abriga os restos de uma cidade maia, incluindo pirâmides e túmulos. No Museu Nacional de Etnologia e Arqueologia são expostos achados importantes do local.

O *Popol Vuh* é o livro sagrado dos maias. Eu o li antes de sair para essa viagem, e o tenho até hoje na minha biblioteca em Strasbourg. Foi traduzido do idioma quiché para o espanhol como *Livro da comunidade* no século XVI e é um registro documental da cultura maia que tem como tema a criação do mundo (a gênesis dos maias). Acredita-se que o manuscrito original do *Popol Vuh* tenha sido escrito por volta de 1554-1558, em alfabeto latino no idioma quiché. No entanto, permanece perdido. Esse documento foi traduzido para o castelhano pelo frei Francisco Ximénez em 1701. Em 1861 Charles Étienne Brasseur de Bouboung baseou-se nessa tradução e publicou em francês o texto, a tradução que li antes de partir.

Da Cidade da Guatemala fomos, ainda sempre de ônibus, à velha capital, chamada Antígua de Guatemala, uma pequena cidade cercada por vulcões. É conhecida por seus edifícios coloniais espanhóis, muitos dos quais restaurados após o terremoto de 1773, que encerrou seu status bicentenário como capital colonial.

Entre suas notáveis obras arquitetônicas, *La Merced* é uma pequena igreja barroca amarela e branca. Faz parte da famosa Semana Santa de Antígua, durante a qual são organizados desfiles e rituais. Datada do século XVII, a Catedral de Antígua de Guatemala, também parcialmente em ruínas, domina a *Plaza Mayor*, a praça central da cidade. As lojas variam de joalherias de luxo a butiques de roupas, galerias de arte e mercados de artesanato. Ao longe se pode perceber o Pacaya, um vulcão ativo a 2.252 metros acima do nível do mar.

Estando em Antígua, dei-me conta do seguinte: sempre pensei que a existência de nomes de ruas e avenidas com números fosse fruto do pragmatismo anglo-saxão. Qual não foi minha surpresa de ver na cidade uma Primeira Avenida e até mesmo uma Quinta Avenida. E ruas n° 01, 02, etc. Tudo isso construído no século XVI, quando da fundação de Antígua. Visitamos também a Igreja e o Convento dos Capuchinhos, notáveis. Eis um belo exemplo de um convento na Guatemala construído no século XVII. Seu endereço é Segunda Avenida, esquina da rua n° 2.

Voltei de novo para Antígua de Guatemala em 2005, quando realizamos uma reunião com países latino-americanos durante o programa EuroSocial. Para chegar até lá vindo de Paris passamos pela Cidade do México, Panamá e Cidade da Guatemala. O encontro aconteceu num convento restaurado. Contou com a presença da ministra da Saúde da Costa Rica, do embaixador da França em Cuba (que eu tinha conhecido como cônsul-geral em São Paulo) e do presidente do Tribunal de Contas da Contas da França, Pierre Joxe, como convidado especial, além de representantes da França (eu), da Espanha, da Itália e de todos os países latino-americanos.

 Voltando à nossa viagem de 1978, chegamos a Tikal, antiga cidadela maia localizada no coração das florestas tropicais do norte da Guatemala. Provavelmente construída no século I, Tikal floresceu entre 200 e 850, antes de ser abandonada. Suas famosas ruínas de templos e palácios incluem a gigantesca pirâmide cerimonial do Mundo Perdido e o Templo do Grande Jaguar. Com 70 metros de altura, o templo é a estrutura pré-colombiana mais alta das Américas e oferece vistas impressionantes. Tikal é um dos maiores sítios arqueológicos e centros urbanos da civilização maia. Está localizado na área do Parque Nacional Tikal da Guatemala, criado em 1955. A cidade foi a capital de um Estado conquistador, que era um dos reinos mais poderosos dos antigos maias. Embora a arquitetura monumental remonte ao no século I, Tikal atingiu seu apogeu entre 200 e 900. Naquela época, a cidade dominava política, econômica e militarmente grande parte da região maia.

 Para chegar a Tikal não foi simples. Partindo de Puerto Barrios às 7h da manhã subimos ao norte pela selva, chegando finalmente ao destino no fim da tarde. Foram 350 quilômetros de estrada de terra, passando por uma floresta. Viagem bem complicada. A Guatemala estava em plena época de guerrilhas. Em cada parada havia uma patrulha do exército com metralhadoras, para vigiar os viajantes. Tínhamos somente a possibilidade de ir da porta do ônibus até um barzinho, onde havia o que comer, e ir a um banheiro muito sujo e precário. Durante o trajeto, num certo momento, uma jovem branca pediu ao motorista para parar o ônibus. Ela então desceu e se embrenhou na selva. Então eu pensei: "Deve ser alguém da guerrilha..."

 Visitamos também o Lago de Atitlán, situado a oeste da Cidade da Guatemala. A origem dele é vulcânica. Uma grande caldeira formada durante uma erupção 84 mil anos atrás encheu-se de água. É o lago mais profundo da América Central, com cerca de 350 metros, e faz fronteira com três grandes vulcões. Um vento forte, o Xocomil, pode levantar durante o dia, tornando a navegação perigosa. O explorador alemão Alexander von Humboldt chamou-o de "o lago mais bonito do mundo". Para atravessá-lo a partir da margem onde estávamos pegamos um barco e visitamos uma aldeia indígena situada na outra extremidade. As aldeias ao longo do lago ainda estão impregnadas da cultura maia. Trajes tradicionais são usados pelos habitantes. Há Santiago Máximo, um personagem enigmático, uma espécie de ídolo do sincretismo entre o mundo maia e a religião católica. Ele é venerado permanentemente. Os fiéis trazem oferendas, incluindo álcool e charutos, em uma atmosfera festiva. Ficamos às margens do Lago de Atitlán durante cinco dias, tanto para descansar quanto para aproveitar essa maravilha da natureza e visitar uma verdadeira aldeia maia.

Fomos também a Chichecastenango, cidade muito interessante, localizada nas montanhas. Lá encontramos a cultura maia tradicional, ainda bem presente, mas também uma patrulha do exército guatemalteco. Graças ao seu lado pitoresco, as ruas e seu mercado se apresentam com suas cores extravagantes, cheiros, sabores e tumulto incessante. Apreciamos os tecidos guatemaltecos, parte integrante do patrimônio nacional cujos motivos são um meio de expressar crenças relacionadas à religião maia. Em Chichecastenango existem todos os tipos de têxteis: tapetes, roupas tradicionais, bolsas, bordados, cobertores. Os preços não são altos e trata-se de um trabalho meticuloso. Vimos também as ofertas dos índios quichés nos 18 degraus da entrada da Igreja São Tomás de Chichecastenango, esperando que os deuses lhes dessem uma boa colheita, boa saúde e muitas outras coisas. O número 18 simboliza os 18 meses do calendário maia. A igreja é católica, mas também tem influência dos deuses locais. No mercado, comprei uns tapetes de parede que conservei durante anos, mas depois, como estavam apodrecendo, fui obrigado a me separar deles. Certamente os micróbios maias lhes tinham atacado.

Deixando a Guatemala passamos a fronteira de Honduras, que tinha como responsável um menino de uns dez anos. Ele anotou caprichadamente num caderno o nosso nome e o número dos nossos passaportes. Perguntado onde estava o seu pai, ele nos respondeu: "Deve estar por aí". Pedimos carona na caminhonete de um fazendeiro hondurenho muito gentil com um revólver na cintura para a autodefesa em caso de problema. Conosco no veículo havia um jesuíta francês, diretor de um colégio no país. Conversamos com ele sobre a América Central e as guerrilhas na Guatemala, em El Salvador e a vitória dos sandinistas na Nicarágua. A situação não era fácil. Na Cidade da Guatemala durante a noite ouvíamos tiroteios e bombas que explodiam. Ficávamos no hotel sem sair.

Uma amiga nossa, bióloga no hospital de Wissembourg, também estava por lá visitando, sozinha, Belize, antiga colônia inglesa, também chamada Honduras Britânica. Para nós saiu tudo bem, mas nossa colega teve sua mochila roubada, diretamente das costas, com tudo que estrava dentro, inclusive seu dinheiro e passaporte. Ela ficou só com a roupa do corpo. Finalmente conseguiu voltar para a Guatemala e a embaixada da França lhe deu um *laisser passer* (salvo-conduto) para retornar para Paris.

Tínhamos previsto também ir à Nicarágua, mas como este país estava em plena revolução sandinista resolvemos anular essa etapa. Eu queria, mas minha companheira de viagem ficou com medo.

Ainda na Guatemala resolvemos fazer uma visita à cidade costeira do Oceano Pacífico chamada San José. Lugar muito estranho, com sua praia de areia completamente negra. O Pacífico e suas terríveis vagas enormes, que era impossível tentar tomar banho. À beira-mar havia construções totalmente destruídas pela fúria do *Pacífico*, que de pacífico não tem nada. Num bar, encontramos um inglês completamente desleixado, desmanzelado, alcoólatra, maltrapilho. Era um exemplo típico do que os habitantes das possessões francesas do Caribe chamam de *Blanc Cassé* (Branco Quebrado). O ambiente era tão terrível que minha companheira, de tanto medo, decidiu partir imediatamente de San José.

Em Honduras, visitamos as ruínas de Copán. Essa cidade, que conheceu seu apogeu no século VII, foi abandonada por volta do século X. Isso foi muito comum na civilização maia: de repente tudo desaparecia sem que se saiba bem o porquê. Quando da conquista espanhola, a civilização maia não existia mais. Copán foi inscrita no patrimônio cultural da humanidade da Unesco.

O sítio arqueológico de Copán está localizado no meio da selva, a uma altitude de uns 600 metros a apenas 12 quilômetros da fronteira com a Guatemala. Considerada a Atenas dos maias, a cidade foi capital de um reino hoje escondido em uma densa floresta, um paraíso de araras e orquídeas multicoloridas. A Grande Praça é famosa pelas estelas e altares. Os dois escultores que ergueram essas maravilhas tinham um material particularmente macio, o tufo vulcânico. As estelas, placas em pedra, madeira ou faiança com inscrições e imagens, foram esculpidas em alto-relevo. Foi levantada a hipótese de que teriam existido em Copán, no início do século VIII, dois escultores: um conservador e o outro inovador, que teriam feito as estelas onde os personagens se destacam claramente. Outros autores admitem que isso é especulação.

Uma das grandes curiosidades de Copán é o calendário maia, um sistema usado pela civilização da Mesoamérica pré-colombiana e por algumas comunidades maias modernas dos planaltos da América Central. Os fundamentos dos calendários maias baseiam-se em um sistema que era de uso comum na região. Têm muitos aspectos em comum com calendários empregados por outras civilizações mesoamericanas anteriores, como os zapotecas e os olmecas, e algumas civilizações contemporâneas ou posteriores, como a dos astecas.

Voltando de Honduras, atravessamos a Guatemala e o México e, então, pegamos o avião de volta para a França, onde nos esperava o nosso hospital. A viagem durou cinco semanas e foi inesquecível. Infelizmente não tive oportunidade de visitar os vestígios do Império Inca – Peru e Bolívia –, esperando que a vida me dê tempo de fazer essa viagem.

Certa vez, em 2007, estando em missão no Brasil, no Rio de Janeiro, hospedado na casa dos meus amigos Ruth e José Monserrat, ex-colegas de Moscou, o Zé me disse: "Hoje haverá um churrasco pelos 90 anos do Oscar Niemeyer, você quer ir?". Evidentemente, aceitei. Por acaso, sentei ao lado de um senhor de certa idade. Depois de nos apresentarmos, soube que se tratava de Apolônio de Carvalho. Eu o conhecia de nome, sabia que era brasileiro, antigo membro das Brigadas Internacionais durante a Guerra Civil na Espanha, e da Resistência Francesa. Sabia também que Jorge Amado o tinha chamado de herói de três pátrias em razão de sua luta no Brasil, na Espanha e na França. Apolônio tinha sido oficial do Exército brasileiro, membro do Partido Comunista. Foi um dos fundadores do Partido dos Trabalhadores (PT). Após a derrota da República Espanhola em 1938, a luta continuou para ele, dessa vez na França, durante a resistência contra o ocupante nazista. Apolônio participou da libertação, com seus companheiros das Brigadas Internacionais, da cidade de Toulouse, no sul da França. Ele foi agraciado por François Mitterrand, em solenidade no Palácio do Eliseu, com a Grã-Cruz da Legião de Honra, a maior comenda da França. A solenidade foi transmitida pela televisão. Houve belos discursos do presidente e de Apolônio, em francês. Tivemos uma bela conversa num encontro inesquecível, que lembro até hoje com emoção.

XVI

A implantação do Samu192 no Brasil

Considero que foi uma grande façanha a implantação no Brasil do Samu192 após o ano de 1995. Hoje, muitas vezes eu me pergunto: "Como é que um brasileiro (depois também francês a partir de 1979) – que chegou à França em 1970 como exilado político e terminou conselheiro de diferentes ministros da Saúde, tanto de esquerda quanto de direita – participou dessa jornada magnífica?". Até hoje eu tenho muito orgulho dessa aventura.

Em 2000, a informatização dos hospitais na França chegou ao fim com sucesso. Assim, o diretor dos hospitais do Ministério da Saúde e o gabinete do ministro me propuseram um cargo na Missão de Relações Europeias e Internacionais (MREI). Eu me ocuparia do relacionamento com os países da América Latina. Daquele momento em diante tudo que dissesse respeito àquela parte do continente americano, no ministério, passaria por mim. A embaixada da França no Brasil tinha um projeto de implantação de um serviço de assistência médica pré-hospitalar de urgência em cooperação com os Samus franceses.

Em 1995, eu tive a oportunidade de ir em missão ao Brasil, de Manaus a Porto Alegre, passando por quase todas as capitais dos estados, para apresentar o projeto de cooperação com a França com conferências, entrevistas nas rádios, jornais e televisão. Foi aí que eu realmente conheci o meu país de nascimento. Dando uma entrevista para a televisão em Manaus, e depois assistindo, no noticiário das 20 horas, eu fiquei escandalizado pensando: "É assim o meu português com sotaque francês?" Os meus colegas brasileiros, para brincar comigo, dizem sempre que falo um português *arcaico*. Somente espero que o português destas memórias não seja tão arcaico assim.

Com a chegada à presidência da República de Luiz Inácio Lula da Silva e a vinda do titular da Saúde à França, o programa, começado no governo de Fernando Henrique Cardoso, foi levado adiante. O ministro Humberto Costa veio à França em visita oficial no começo de 2003. Eu tive a oportunidade de acompanhá-lo visitando o Samu de Paris e realizando a apresentação do serviço aqui no país. A ideia era que ele voltasse para o Brasil convencido que a implantação de um serviço de atendimento móvel de urgência seria uma ótima decisão.

Depois de muita discussão, o serviço foi chamado Samu (Serviço de Atendimento Móvel de Urgência), usando a sigla adotada em vários países. Na França, como agora no Brasil, o serviço móvel de atendimento médico é um centro de suporte e regulação médica de urgência. A assistência pré-hospitalar (na rua, em casa, no local de trabalho, etc.) para vítimas de acidentes ou doenças súbitas em estado crítico (cardiovasculares, mal-estar, doença ou mulheres grávidas, entre outras).

O médico regulador do Samu se ocupa dos recursos de cuidados urgentes e direciona os pacientes para os serviços mais apropriados. O Samu é responsável por fornecer uma resposta adequada aos problemas médicos urgentes que lhe são submetidos por uma linha telefônica de urgência exclusivamente médica – o 15 na França, o 192 no Brasil e o 112 em outros países da União Europeia e da Rússia, ou através de outras linhas (os franceses usam o 17 para a polícia e 18 para os bombeiros, que trabalham em conjunto com o Samu).

O atendimento médico do Samu pode variar de uma simples consulta médica de urgência ao envio do equipamento móvel pesado de Unidades de Tratamento Intensivo Médico (UTIM), encaminhamento de uma ambulância simples ou ambulância de resgate ou consulta de um médico generalista, sem esquecer a possibilidade de recorrer a outros meios, como bombeiros, empresas privadas de ambulâncias, polícia e exército (helicópteros, aviões).

A Política Nacional de Atenção às Urgências foi começada no governo do presidente Fernando Henrique e implantada definitivamente na gestão de Luiz Inácio Lula da Silva. A implantação do Samu192 provocou grande demanda de qualificação das equipes de regulação médica e de atendimento das urgências pré-hospitalares. Esse processo de trabalho desponta com um enorme potencial de organização dos fluxos de atenção às urgências e, mais do que isso, como uma poderosa ferramenta de inclusão e garantia de acesso equânime aos acometidos por agravos urgentes de qualquer natureza. Muitos poderão julgá-lo infindável, mas a busca da melhoria da qualidade de vida e saúde é um processo complexo, em torno do qual devemos nos organizar e reorganizar sistematicamente. O Sistema Único de Saúde (SUS) representa uma das propostas de maior envergadura entre as políticas públicas de saúde do Brasil. Ele serviu de exemplo para toda a América Latina.

A área de urgências constitui um importante desafio a ser enfrentado com uma proposta de atenção integral, que não envolve apenas o sistema de saúde e o conjunto de seus trabalhadores, mas extrapola seus limites, engajando outros atores sociais, sem os quais essa tarefa não se concretizaria. As sondagens de opinião mostram que o Samu192 é considerado como um dos mais importantes projetos do governo federal.

Nessa ocasião, o ministério publicou um *Manual de regulação médica de urgência,* elaborado a partir do estudo de artigos e textos produzidos por pesquisadores e trabalhadores das urgências e da saúde pública no país durante os últimos anos. Submetido a revisão, avaliação e validação por técnicos de várias localidades do Brasil, foi editado e adotado oficialmente pelo Ministério da Saúde como material de base para os cursos de regulação médica de urgências de todo o território nacional.

De volta ao Brasil, em 2003, o ministro da Saúde, Humberto Costa, sob a aprovação do presidente da República, decidiu lançar o programa de implantação do Samu192, em cooperação com a França. Chamado agora Serviço de Atendimento Móvel de Urgência (Samu192), foi oficialmente lançado. O objetivo era estabelecer uma parceria entre um Samu192 brasileiro em formação e um Samu15 francês existente.

Assim, por exemplo, o Samu192 de São Paulo tinha uma parceria com o de Paris; o de Florianópolis e de Porto Alegre com Strasbourg; o de Salvador da Bahia com o de Lyon; o de Rennes com Belo Horizonte; Lille com Curitiba; Recife, Marselha, etc.

Uma equipe foi formada no Ministério da Saúde em Brasília para acompanhar a cooperação com a França. Faziam parte dela o dr. Arthur Chioro, diretor do Departamento de Atenção Especializada (DAE) da Secretaria de Atenção à Saúde (SAS), sob a direção do dr. Jorge Solla. Ambos estavam subordinados diretamente ao ministro Humberto Costa e aos ministros que o sucederam. Sob a responsabilidade do dr. Arthur estavam: atenção de média e alta complexidade; atenção hospitalar; urgência; sistema nacional de transplantes; sangue e hemoderivados; rede de hospitais e institutos do Rio de Janeiro, herança de quando o Rio era capital federal. Solla foi depois secretário da Saúde do Estado da Bahia e hoje é deputado federal.

Os médicos brasileiros vinham em estágio à França, em geral por um período de três a cinco meses. A única obrigação era de que os estagiários brasileiros deveriam ser fluentes em francês. Para isso, em algumas cidades fizemos uma parceria com a *Alliance Française*.

Para mim tudo era fácil, pois eu, evidentemente, fazia minhas conferências em português, o que facilitava a mútua compreensão. Seguidamente atravessava o Atlântico e a minha esposa Annelise dizia: "O Paulo está sempre entre dois aviões". Eu me encontrava continuamente de lá para cá. Em 2008, fui cinco vezes ao Brasil. Quem financiava minhas viagens? Primeiramente, a França, e depois o Brasil assumiu todas as despesas.

Os Samu192 eram e são até hoje gratuitos para os usuários, financiados 50% pelo governo federal, 25% pelos estados e 25% pelos municípios onde ele é implantado. Mas, como sempre, nada era (ou é) simples no Brasil. Certos governos estaduais ou municipais, em oposição à administração federal da época, se recusavam em bancar a sua parte. Enfim... Brasília bancava, então, tudo.

Procurei convencer os brasileiros a criarem uma lei do Samu192, aprovada na Câmara de Deputados e pelo Senado Federal, pois ele era somente um *programa do governo federal*. Infelizmente nunca consegui. Explicava aos meus interlocutores que na França uma lei do Samu15 tinha sido aprovada pelo Congresso Nacional e sancionada pelo presidente Mitterrand em 1986, quando o diretor do Samu de Toulouse, prof. Louis Lareng, foi eleito deputado pelo PS. Hoje aos 94 anos de idade, o fundador do Samu francês nunca cessa de inventar. Depois de mover o hospital *para fora dos muros*, Lareng, o incansável, iniciou o projeto de telemedicina, para teletransportar a saúde para fora do hospital.

Sempre tive muito orgulho dessa cooperação, foi a grande realização quando trabalhei no Ministério da Saúde da França como *chargé de mission*. Muitas delegações de municípios e estados e do Ministério da Saúde brasileiros vieram à França e essa colaboração era muito dinâmica.

Nós organizamos em cidades brasileiras seminários por ocasião de congressos dos Samu192 com a participação dos Samu da França. Participei de vários encontros, primeiramente em Porto Alegre, que foi o primeiro serviço oficialmente inaugurado, em 1995, quando era prefeito municipal Tarso Genro. Foram então implantados Samu192, além de Porto Alegre, em Brasília, Rio de Janeiro, São Paulo, Florianópolis,

Curitiba, Manaus, Belém, Fortaleza, São Luís do Maranhão, Salvador, Goiânia, Belém e Recife, nas cidades do interior e nas praias, para atender os turistas durante a temporada. Em 2002, estando no Recife, reunimos, em Porto de Galinhas, todos os Samus do Nordeste. No período de implantação do sistema, eu tive a oportunidade de fazer várias conferências por ocasião de seminários ou durante congressos:

- O Samu na França – Serviço de Atendimento Médico de Urgência – um serviço que sai do hospital para atender o paciente diretamente no local do evento.
- Como enfrentar as grandes catástrofes – o Samu e os planos vermelhos e o Plano Branco na França.
- Samu da França – Lei N° 86-11, de 6 de janeiro de 1986, relativa ao atendimento médico de urgência e aos transportes sanitários.
- Saúde, gestão pública na Europa: Alemanha, França e Grã-Bretanha, estudo comparativo – a saúde é um direito e não um negócio.
- Determinação das tarifas e preços dos Dispositivos Médicos Implantáveis (DIM) na França.
- O Plano Branco Hospitalar – plano de urgência visando fazer face a um aumento da atividade em razão de um fluxo importante de múltiplas vítimas.
- Exercício de catástrofe – Capacitação em Medicina de Catástrofe.
- O Samu e os atentados terroristas.
- Atentados em Paris: serviços médicos públicos eficazes e reativos *The Lancet* – tradução e apresentação em português.
- Patrick Pelloux, do Samu de Paris, membro da redação de *Charlie Hebdo*, assistência às vítimas da matança parisiense – tradução e apresentação em português.
- Triagem em serviço de urgência – recomendações da Sociedade Francesa de Urgência (SFMU).
- Telemática em saúde – tele-educação, telemedicina, telemática para investigação aplicada à saúde, telemática para os serviços de gestão da saúde.

- Telemedicina, instrumento de estruturação e de organização dos cuidados médicos.
- As novas tecnologias da informação e da comunicação;
- Melhoria da estrutura da Saúde para responder às situações de crises sanitárias.
- Catástrofe e atendimento a eventos de massa – projeto de cooperação técnica Brasil-França.
- Circular de 10 de maio de 2006 relativa a atestado de formação aos gestores de atendimento de urgência – tradução e apresentação em português.
- Reflexões sobre a Política Nacional de Atenção Integral às Urgências no Brasil.

O Brasil, com a generalização do Samu192 em todos os estados, tem hoje a maior rede Samu do mundo, com mais de 190 em todo o país. A situação do sistema, principalmente em certas cidades do Sul e Sudeste do Brasil, muito me preocupa. Quando os Samus foram implantados no país, a ideia era um serviço público gratuito aos usuários e financiado pelo Estado (federal, estadual e municipal). Certos governos estaduais e municipais têm o projeto de *transferir* os Samu192 para entidades privadas tipo OSS (Organizações Sociais em Saúde), que de *sociais* só têm o nome, pois o que elas procuram é o lucro. Eu não podia estar de acordo com isso. Em dezembro de 2018, fui contatado pela Secretaria Municipal de Saúde de São Paulo (SMS) com a ideia de renovar a parceria com a França. Um representante da SMS deveria vir a Paris para me encontrar. Consultando a Direção de Relações Internacionais da Assistência Pública/Hospitais de Paris (DRI/APHP), resolvemos, de comum acordo, não levar adiante essa solicitação. Não poderíamos interferir em certas decisões políticas, como transferir os Samu às OSS, o que ultrapassava a nossa competência. Acho que tínhamos razão, porque, pouco tempo após, um enorme escândalo de corrupção foi denunciado pela imprensa entre certas OSS e a SMS. Segundo soube depois, pela mídia, uma CPI na Assembleia Legislativa do Estado de São

Paulo foi instalada. O secretário municipal de Saúde foi demitido. Mas não sei o que deu tudo isso.

Certa vez recebi, no ministério, uma mensagem da editora do dicionário *Aurélio* (Aurélio Buarque de Holanda), que dizia o seguinte: "Para a nossa nova edição queremos consultá-lo para saber se o doutor tem proposições a fazer sobre palavras que gostaria que fossem integradas ao dicionário".

Então, propus três tópicos:

1. Samu: Serviço de Atendimento Móvel de Urgência;

2. Regulação: o Samu realiza atendimentos em residências, locais de trabalho e vias públicas. A ligação ao nº 192 é atendida pela Central Operativa da Rede de Urgência do Samu, por técnicos em enfermagem, que triam e classificam a urgência, e de acordo com a necessidade da ocorrência, transferem imediatamente a ligação ao médico regulador, que se ocupa do chamado.

3. Tarifação à atividade (T2A): pagamento baseado na atividade, modo utilizado nos hospitais franceses.

Em 2003 participei de um encontro com médicos hospitalares em Montreal, no Quebec. Tratava-se de uma promoção da associação de médicos dos países latinos. Estavam presentes profissionais da Europa: Bélgica, Espanha, França, Itália, Portugal, Romênia e Suíça; das Américas: Argentina, Brasil, Cuba, México, Província de Quebec (francófona) e Venezuela.

As nossas apresentações eram feitas em duas línguas – o powerpoint era num idioma (para mim, em francês) e a exposição oral em outro (para mim, em português). Assim todo mundo podia se compreender e não tínhamos necessidade de tradutor. Montreal é uma cidade muito interessante. Evidentemente, estávamos na América do Norte, era só ver os edifícios, os automóveis, mas todos falavam francês.

Um dia uma pessoa da portaria me chamou pelo telefone falando em inglês. Eu lhe perguntei, em francês, se ela não conhecia a Lei 101, que em Quebec lhe obrigava primeiramente me falar em francês e, caso o hóspede não compreendesse, poderia passar para o inglês. Ela me perguntou, agora em francês: "O senhor é francês?" Eu lhe respondi: "Sou brasileiro". Introduzida pela Lei 101, a carta da língua francesa a torna o idioma oficial da província. Ela faz do francês a linguagem normal e usual para educação, comunicação, comércio e negócios, e foi aprovada pela Assembleia Provincial em 1977.

A Província de Quebec tem muitos vestígios de antes da Revolução Francesa. A sua bandeira tem a flor-de-lis do tempo da realeza com uma cruz branca em fundo azul. A estrada que liga Montreal à cidade de Quebec se chama *Chemin du Roy* (Caminho do Rei), e passa pela cidade de Trois Rivières. Visitamos Quebec, situada às margens do Rio Saint Laurent. Fundada em 1608, ela tem um centro colonial fortificado, que abrange o bairro de Vieux-Quebec e o Palácio Real, com construções de pedra e ruas estreitas. Nessa área, fica o imenso Château de Frontenac e a imponente Cidadela de Quebec. É muito parecida com a francesa Saint Malo, na Bretanha.

Até hoje os habitantes da província não perdoaram os franceses por terem lhes abandonado. Eles dizem "malditos franceses", e lembram das palavras de Voltaire aos ingleses: "Não vamos brigar por alguns alqueires de neve". Então a América francesa foi anexada pelos ingleses após a Guerra dos Sete Anos (1756 a 1763), que a França perdeu. Somente continuaram francesas duas pequenas ilhas na embocadura do Rio Saint Laurent: Saint Pierre e Miquelon, com seis mil habitantes.

XVII

EuroSocial, América Latina, OIT

Eu tive a oportunidade de participar de um outro programa na América Latina como representante da França, o EuroSocial, entre 2005 e 2009. Esse era um projeto de cooperação da União Europeia (UE) e América Latina. Foram previstos 35 milhões de euros em 4 anos – sendo 30 milhões financiados pela UE –, visando a facilitar o intercâmbio para as boas práticas entre administrações públicas, líderes políticos e universitários em favor da coesão social.

Para isso o programa EuroSocial insistia, particularmente, sobre políticas de educação, saúde, administração pública, hospitalar, justiça, fiscalidade e emprego como verdadeiros setores de coesão social. Participaram dele, do lado europeu, a Espanha, a França e a Itália, e do outro todos os países da América Latina. Como nada é simples na União Europeia (UE), a República Dominicana e Cuba não participaram, pois a UE entendia que esses dois países eram do Caribe. Nós insistimos muito, porque ambos são nações latino-americanas, mas infelizmente não tivemos ganho de causa, porém, não nos demos por vencidos e, financiados pelo Ministério da Saúde da França, fizemos uma cooperação especial com Cuba e República Dominicana e eu tive a oportunidade de ir à ilha de Fidel duas vezes para seminários no âmbito dessa parceria.

O idioma oficial do programa EuroSocial era o espanhol. Ele foi coordenado pela entidade espanhola FIIAPP (*Fundación Internacional y IberoAmerica de Administración y Políticas Públicas*).

O representante do Brasil no programa EuroSocial foi a Fiocruz. Nós fizemos entre o Ministério da Saúde francês e essa entidade uma parceria muito interessante. As origens da Fundação Oswaldo Cruz remontam ao início do século XX, com o objetivo inicial de fabricar soros e vacinas contra a febre amarela e certas enfermidades tropicais, em 1907. Passou para o controle do governo federal em março de 1918. Em maio de 1970, tornou-se Fundação Instituto Oswaldo Cruz, adotando a sigla Fiocruz. Seu principal objetivo é a pesquisa e tratamento de doenças tropicais, mas seu trabalho não se limita ao estudo e à produção de vacinas. Ela participa das campanhas sanitárias das cidades devastadas por epidemias de febre amarela, varíola, peste bubônica, sarampo, dengue, etc.

Em 2007, no hospital militar Val de Grâce, em Paris, realizamos uma exposição comemorativa ao centenário da Fiocruz em colaboração com o Instituto Pasteur e o Ministério da Saúde da França.

Neste capítulo, o nome do dr. Oswaldo Cruz foi citado várias vezes. Ele foi um médico brasileiro, bacteriologista, epidemiologista e funcionário de saúde pública. Sua estada no Instituto Pasteur entre 1896 e 1899 contribuiu para sua formação e a erradicação da febre amarela e da varíola no Brasil, particularmente no Rio de Janeiro, entre 1903 e 1907, com a caça ao mosquito e a vacinação obrigatória. Foi o dr. Oswaldo Cruz quem descobriu o modo de transmissão da febre amarela por intermédio do mosquito. Ele também trabalhou na criação da vacina contra essa doença. Ao combatê-la, enfrentou vários problemas. Grande parte dos médicos e da população acreditava que a enfermidade era transmitida pelo contato com as roupas, suor, sangue e secreções de doentes. Assim, ele suspendeu as desinfecções, método tradicional no combate à moléstia, e implantou medidas sanitárias a partir das brigadas (os *mata-mosquitos*), que percorriam casas, jardins, quintais e ruas para eliminar focos de insetos. A atuação dos *mata-mosquitos* provocou violenta reação popular, com motins nas ruas do Rio de Janeiro.

Voltando ao EuroSocial, o programa foi também cofinanciado, ao montante de um milhão de euros para cada Ministério do Exterior da Espanha, França e Itália, além dos 30 milhões de euros a cargo da União Europeia.

Durante os quatros anos do programa EuroSocial foram realizados encontros, seminários e cursos com autoridades públicas e universitárias latino-americanas nas cidades de Cartagena das Índias, na Colômbia; Paris (duas vezes); Madri (duas); Santiago do Chile; Buenos Aires (duas); Antígua, na Guatemala; Brasília e Rio de Janeiro, na Fiocruz (duas). De todas elas eu participei representando o Ministério da Saúde da França.

Como bom gaúcho, eu fazia as minhas apresentações em espanhol ou portunhol, como diziam as más línguas. Mas sempre chegava uns dias antes para pedir a um colega hispanofalante para corrigir meus powerpoints e treinar um pouco com eles. Eu me divertia muito quando um latino começava a intervir. Os gaúchos e catarinenses não utilizavam os fones de traduções, mas os brasileiros do Sudeste, Norte e Nordeste recorriam a eles.

Uma vez em Buenos Aires tivemos um seminário com a participação do presidente da Fiocruz, Paulo Buss, e do ministro da Saúde do Brasil, José Gomes Temporão. No encerramento do encontro contamos com a honrosa presença de Cristina Kirchner, presidente da Argentina.

Outra vez em Santiago do Chile, assistindo a uma apresentação de uma brasileira da Fiocruz sentado ao lado de uma panamenha, lhe perguntei se ela compreendia bem. Qual não foi minha surpresa quando me respondeu: *"Si, si, cuando ella habla despacio en portugués, entiendo"*. Eu então lhe respondi:

"No le digas esto porque ella cree que esta hablando en español". Essas histórias de idiomas sempre me divertiram muito.

O programa EuroSocial foi para mim uma belíssima experiência para conhecer nossos *hermanos* da América Latina. Era uma época magnífica, onde tínhamos presidentes progressistas como Lula no Brasil, Nestor Kirchner na Argentina, Michelle Bachelet no Chile, Rafael Correa no Equador, Pepe Mujica no Uruguai. No Brasil, o meu amigo Marco Aurélio Garcia (gaúcho como eu) era assessor especial do presidente Lula para questões internacionais.

Estando no ministério pusemos em prática uma parceria de telemedicina entre o Hospital João XXIII, de Belo Horizonte, e o Hospital Universitário de Rennes, na França. Seguidamente, com a ajuda da tecnologia, realizávamos reuniões entre as duas instituições; cada uma apresentando pacientes e casos a serem discutidos. As conferências eram em francês com tradução ou sem, dependendo dos interlocutores, pois entre os brasileiros muitos deles eram fluentes no idioma. No Hospital João XIII, médicos brasileiros realizavam consultas em linha intermediadas pela telecirurgia e telediagnóstico, entre outras formas de atendimento à distância. Havia uma participação de hospitais de subúrbios de Belo Horizonte que, com a telemedicina, dialogavam com o João XXIII a fim de realizar consultas em linha, havia um plantão 24h. Em caso de necessidade, médicos em sobreaviso poderiam ser solicitados.

Fizemos também uma parceria entre a Faculdade de Medicina da USP e a Assistência Pública/Hospitais de Paris (AP/HP). Era responsável por essa cooperação o dr. Marcelo Mester, encarregado de relações internacionais. Médicos brasileiros vinham a Paris por um ano ou dois. Certa vez, estávamos em uma reunião com o diretor do Hospital das Clínicas, o encarregado da cooperação internacional e decano da Faculdade de Medicina e com a participação de franceses. Eu traduzia para o português. De repente, me dei conta que meu trabalho era inútil, pois os nossos interlocutores brasileiros eram fluentes na língua. Curioso, eu perguntei ao decano da faculdade como é que ele falava tão bem o francês. Ele me respondeu: "Cada verão europeu (julho ou agosto), eu vou à França para andar de bicicleta no Périgord" (região do centro do país, muito linda e pitoresca).

Uma outra vez, estava em Genebra numa reunião da OIT (Organização Internacional do Trabalho). Cheguei um pouco atrasado, vindo de Paris pelo TGV (trem de grande velocidade), e o encontro já tinha começado. A maioria se exprimia em inglês, menos os representantes de países da África francófona, África do Norte, de Quebec e da França, que se comunicavam em francês. Os argentinos, mexicanos e equatorianos intercediam em espanhol. No fim da manhã fomos almoçar juntos e de repente todos começaram a falar francês. Havia na nossa mesa egípcios, sírios, italianos, latino-americanos. Na parte da tarde eu deveria intervir, em francês, evidentemente. Então o pessoal começou a me fazer perguntas e responder em francês, menos o japonês, que utilizou a tradução e falou em inglês.

Ainda em Genebra, numa outra reunião da OIT, em 2002, participavam do encontro representantes dos serviços de urgência hospitalares, dos estados e dos sindicatos de funcionários dos serviços de urgência. A reunião foi realizada após os atentados contra as torres gêmeas de Nova York, no dia 11 de setembro de 2001. A razão do encontro era fazer recomendações para melhorar o trabalho dos serviços de urgência nas diferentes nações, tirar ensinamentos das experiências de cada país, como o Samu na França e os bombeiros de Nova York, estes muito respeitados por todos. Com seus sindicatos, eles estavam com grande reputação por sua atuação durante os atentados de 11 de setembro. Quando os bombeiros de NY faziam uma proposição, nós, os franceses, imediatamente apoiávamos para mostrar que não éramos antiamericanos, ao contrário...

Havia uma certa tensão entre os bombeiros e a representação do governo dos EUA (Bush Jr. na época), eles tinham uma maneira de ver bem diferente.

O Ministério da Saúde da França era representado por mim. Procurei fazer uma parceria com os latino-americanos. Logo simpatizamos. Imaginem um médico francês de origem brasileira falando espanhol representando a França. Situação certamente incomum. Assim, me aproximei dos latino-americanos, principalmente do Equador, da Argentina e do México.

Presidiam a reunião um representante do governo estadunidense e um funcionário da OIT da Bélgica, que se exprimia em inglês. Num intervalo, o belga veio até onde estava nossa delegação nos interpelando em francês: "Quando é que vocês franceses vão se expressar em inglês em reuniões internacionais?". Questão dita com certa agressividade constrangedora. Eu lhe respondi: "Jamais, o francês é umas das línguas oficiais dos organismos internacionais".

A reunião continuou e de repente me dei conta que o representante dos EUA estava tentando manipular o auditório e passar as proposições de seu governo de forma prioritária. Neste momento, pedi a palavra e falei ao belga em francês: "Diga para seu amigo estadunidense que a delegação francesa não aprecia suas manobras de manipulação". Foi um escândalo, o belga e o norte-americano vieram aonde estávamos para *conversar*. Chegamos ao seguinte consenso: os dois iriam continuar a presidir a reunião. Eles se ocupariam de passar a palavra a uns e a outros. Para os franceses ficou decidido que nos ocuparíamos em redigir as resoluções do encontro, segundo as proposições dos participantes aprovadas pelos sindicatos, estados e serviços de urgência. Finalmente tudo saiu muito bem, cada um respeitando seu co-representante.

XVIII

Esther – VIH/SIDA, África [13]

Mesmo que uma cooperação com a África não fizesse parte de minhas atribuições, tive a oportunidade de participar como representante do Ministério da Saúde da França do programa Esther (*Ensemble pour une Solidarité Thérapeutique Hospitalière en Réseau* – Juntos por uma solidariedade terapêutica hospitalar em rede), criado em 2002 para reforçar as capacidades dos países africanos e asiáticos (antiga Indochina), de recursos limitados, no atendimento de pessoas vivendo com o VIH/SIDA. Vários hospitais franceses se engajaram nas parcerias com 19 países da África, Ásia e Caribe. O GIP (Grupo de Interesse Público) do Esther foi o instrumento dessa iniciativa. Esther foi o operador público desse programa, sob a tutela dos ministérios do Exterior e da Saúde. Desde a sua criação teve uma dimensão europeia. Em 2002, Espanha, França e Itália participaram da iniciativa Esther. Mais tarde outros países aderiram a ela, como Alemanha, Áustria, Bélgica, Portugal, Noruega, Irlanda, Luxemburgo, Suíça e Grécia, o que nos fez 12 países-membros do Esther. Como participante tive a opor-

13.   HIV/Aids, para os que preferem se exprimir em inglês.

tunidade de ir em missão ao Mali, Guiné-Conakry, Camarões e Congo-Brazzaville.

O presidente do Conselho de Administração (CA) do Esther era Bernard Kouchner. Eu representava o Ministério da Saúde. As reuniões sob a direção do Kouchner eram superdivertidas. Ele sempre tinha histórias a contar. Certa vez nós estávamos com dificuldades para receber o financiamento prometido pelo governo de direita. Aí, contava Kouchner: "Eu fui ver o ministro e lhe disse: 'vejo que você mudou o papel de parede', isto para fazê-lo compreender que eu tinha sido ministro antes dele. Então, se dentro de 10 dias o dinheiro – que eram 50 mil euros – para o Esther não for enviado, eu pedirei demissão do CA, mas eu não sairei silencioso..." E a verba nos foi enviada imediatamente, pois Kouchner é um perigo quando denuncia algo na mídia.

Em 2003 fizemos, com a ajuda da telemedicina e a partir do Mali, uma reunião entre os países da África Ocidental francófona (Senegal, Mali, República Centro-Africana, Niger, Chade e Guiné-Conakry). Em parceria com a França tínhamos instalado sistemas de telemedicina em todos esses países.

No Mali me diverti muito. O meu motorista, um africano estudante universitário supergentil, toda vez que íamos visitar um hospital ele dizia pelo seu celular (pois na África todo mundo tem celular): *"Jai le blanc ici dans la voiture, nous arrivons em 10 minutes* – tenho o branco aqui na viatura, chegamos dentro de 10 minutos". Outra vez lhe expliquei que gostaria de comprar uma camisa de algodão do Mali. "Não tem problema, um primo meu vende camisas no Mercado", disse. Lá fomos e o primo em questão só vendia camisas em tecido sintético *made in China*. Eu lhe falei: "Não, eu quero camisa de algodão do Mali". Aí ele me garantiu: "A minha tia vai te fazer uma camisa sob medida". E lá fomos nós para a casa dela. Lá chegando toda a família estava almoçando, no meio da mesa uma bacia com arroz e guisado. Cada um se servia e depois punha sua colher numa bacia com água para lavar. Eu, convidado, pensei: *esta bacia é um foco de micróbios*, mas não fiquei doente, nem com diarreia (a famosa *turista*).

Eles apreciaram muito que me servisse igual a todo mundo. E a tia me fez, sob medida, uma bela camisa de algodão do Mali, que tenho até hoje e pela qual paguei 10 euros, um bom dinheiro.

Comprei no Mercado Público uma bela máscara africana, que completou a minha coleção.

Eu gostei muito da África e sempre conto que quando afirmava que era de origem brasileira minha autoridade aumentava. O Brasil gozava de grande prestígio. Era o Brasil de Lula, nós tínhamos reconhecimento internacional – não como esse ridículo ex-capitão que é a risada do mundo inteiro.

Outra vez em missão no Congo-Brazzaville (ex-Congo francês) o pessoal me levou até o norte do país para chegar à Linha do Equador, na cidade de Owando. Tirei uma foto com um pé no Hemisfério Norte e outro no Hemisfério Sul. O prefeito da localidade me deu solenemente um documento que provava ter passado pela divisa imaginária. O Ministério da Saúde do Congo-Brazzaville tinha adquirido aparelhos de anestesia e a minha missão era formar o pessoal para sua utilização. O país me admirou muito. Ele é muito rico em petróleo e com essa riqueza conseguiu se equipar. Suas estradas eram todas asfaltadas e os hospitais muito bem aparelhados, digno de qualquer instituição europeia. Certamente a corrupção é grande, mas assim mesmo há dinheiro para a saúde.

Estive também em missão na Guiné-Conakry. Para ir da capital, situada no litoral, até a fronteira do Mali, onde ficava nosso destino, a cidade de Kankan, era uma viagem complicada. A estrada de barro até se parecia com as da minha infância no Rio Grande do Sul, meu Estado no Brasil, como as de Santa Bárbara a Palmeira das Missões ou de Palmeira até a granja de meu cunhado ou ainda de Passo Fundo ao sítio do Pinheiro Torto do vô Maneco. Assim chegamos à Guiné passando pelo Mali, que tinha estradas ótimas, todas asfaltadas. Os africanos me diziam: "Na próxima, quando você vier será de trem, pois os brasileiros estão nos construindo uma estrada de ferro que atravessará o país, do litoral à fronteira do Mali".

O objetivo dessa missão na Guiné-Conakry, como médico anestesista, era participar da formação teórica e técnica para raquianestesia de enfermeiras do hospital regional de Kankan, mas também da atividade da sala de operações, pois não há médico anestesista na Guiné. Outra vez, a ONG AGIRabcd, da qual eu participo, ocupou-se do hospital da cidade de Labé, no centro do país, onde, em cooperação com *Eletriciens sans Frontières* (Eletricidade sem Fronteiras), equipamos a instituição regional com um sistema de eletricidade com painéis solares para terem energia em abundância tanto para as salas de operações quanto para o prédio em geral. Tudo isso foi financiado pela EDF (Eletricidade de França), companhia pública.

Até hoje continuo indo à África de vez em quando, pois colaboro com uma ONG chamada AGIRabcd (*Association Général des Intervenants Retraités – actions de bénévoles pour la coopération et le développement* – Associação Geral de Interventores Aposentados – ações de voluntários para a cooperação e desenvolvimento), que tem uma parceria com a Guiné-Conakry, com os hospitais regionais de Kankan e Labé. Atualmente o Ministério do Exterior francês nos desaconselha de enviar missões humanas à África, pois há essa terrível epidemia de ebola na África Ocidental e Equatorial e é muito perigoso, então mandamos contêineres com material para os nossos parceiros.

Em 2002 fiz uma missão a Kankan com a AGIRabcd de um mês com 10 profissionais médicos e paramédicos – um cirurgião, uma pediatra, uma ginecologista, um anestesista, quatro enfermeiras e duas atendentes-faxineiras. Durante 30 dias participamos das atividades hospitalares e formamos o pessoal de nossas especialidades respectivas. Foi uma experiência muito interessante. Havia também no hospital dois médicos cubanos: um clínico e uma pediatra. Foi uma cooperação afro-franco-cubana que funcionou muito bem.

Estando em Kankan, tivemos duas experiências que muito nos entristeceram. Uma manhã recebemos um jovem de uns 8 a 10 anos com gangrena no braço esquerdo. Desde o cotovelo até a mão estava tudo negro. Ele tinha fraturado o cotovelo. Ao invés de trazê-lo imediatamente para o hospital, consultaram um curandeiro, que lhe pôs um curativo com folhas de árvores. Somente trouxeram o menino quando a gangrena começou e pegou em todo o braço. Não tivemos outra saída senão amputá-lo ao nível acima da fratura. Seus pais pareciam não estar preocupados com a perda do braço do garoto. A médica cubana nos explicou que certamente os pais pensavam que *estava escrito* que ele perderia seu braço. Era o seu destino. Outra experiência foi um jovem de uns 15 anos que tinha sido atropelado por um automóvel, cuja roda tinha passado em cima do pé. Todos os ossos estavam aparentes e nós pensamos em fazer um autoenxerto de pele para proteger os importantes ferimentos. Qual não foi nossa surpresa no dia seguinte, quando devíamos operá-lo. Os pais do paciente o haviam retirado do hospital. Sem o transplante ele certamente perderia seu pé e haveria uma gangrena. Não pudemos fazer nada. Interrogado, o diretor do hospital disse-me que não poderia enviar alguém (a políicia, por exemplo) para gentilmente convencer os pais de hospitalizar o jovem para a cirurgia prevista. Foi uma pena tudo isso.

Atuando ainda no Ministério da Saúde, um belo dia o chefe de gabinete do ministro me telefonou, dizendo: "Paulo, na semana que vem você vai a Bombaim. A comunidade ismaelita está inaugurando um hospital, cofinanciado pela França. Você vai representar o ministério quando de sua inauguração". Eu não estava muito a fim e com a desculpa de que não falo bem o inglês procurei me livrar dessa viagem. Mas o chefe de gabinete me convenceu dizendo: "Por que não? Você terá um um acompanhante, ismaelista, falando francês que viajara consigo desde Paris". Os discípulos dos muçulmanos ismaelitas são um milhão e meio de pessoas que vivem principalmente na Ilha da Reunião (departamento francês do Oceano Índico), em Madagascar, ex-colônia francesa ao largo do Moçambique, na França e na Índia.

Então viajei para Bombaim. No aeroporto fui recebido pelo cônsul-geral francês e uma delegação do hospital a ser inaugurado. A inauguração teve a presença do primeiro-ministro da Índia. Eu e o cônsul fomos cumprimentá-lo com as saudações da França. Havia vários visitantes da região do Golfo Pérsico, e xeques do petróleo estavam também presentes. Chegamos cedo pela manhã para pegar um bom lugar. O hospital era supermoderno. Depois da inauguração visitamos as instalações e me surpreendeu que o seu diretor fosse um indiano cristão, descendente de portugueses. Ele tinha o sobrenome "De Sá" e conversamos em português. Entre o pessoal médico e enfermeiras havia muitos hinduístas. Era de se admirar um hospital de uma comunidade muçulmana com funcionários de outras comunidades religiosas da Índia, cristãos e hinduístas. Pelo visto todos coabitavam muito bem.

Os meus interlocutores me levaram para conhecer a cidade, com grandes vestígios tanto portugueses quanto ingleses. Visitei uma mesquita magnífica, toda de mármore branco, tendo nas suas paredes versículos do Alcorão em letras de ouro. Fiquei surpreso, pois estava vazia, eu era o único visitante. Perguntando por que fui informado que a tinham fechado para proporcionar minha visita. Bombaim é também uma cidade com grande pobreza, favelas sem fim, com uma população extremamente miserável.

Se vê por toda a parte uma herança lusitana. Há um bairro cristão que se chama Santa Cruz. A princesa portuguesa Catarina Henriqueta foi esposa do rei inglês Carlos II e rainha da Grã-Bretanha de 1662 até 1685. Era filha de D. João IV. Para a posteridade, Catarina deixou na Inglaterra a geleia de laranja e o hábito de beber chá, além de ter introduzido o uso de talheres e do tabaco. Bombaim fazia parte de seu dote, e foi assim que a cidade portuguesa passou para a Inglaterra, que a chamou de Bombay.

O chefe religioso dos ismaelitas indianos nos ofereceu um banquete. Na Índia um jantar começa às 18h e termina às 22h.

Antes de viajar discutimos muito no ministério sobre o que levar como presente a ele. Esse personagem tinha de tudo e, depois, confirmei isso quando chegou à inauguração do hospital no seu Rolls-Royce. Era complicado presentear uma pessoa assim. Finalmente foi decidido lhe oferecer um cofre de cristal de Baccarat, manufatura fundada durante o reinado de Luís XV.

Foi então que descobri que na Índia se deve oferecer um presente aberto e não em um pacote fechado, para que todos a apreciem. De outro lado, fui presenteado com uma placa de prata folheada a ouro comemorativa à inauguração do hospital.

Durante o banquete, fui colocado numa mesa com várias pessoas. Ninguém se conhecia. Em cada uma havia para cada convidado dois garcons: um para lhe indicar *aqui é a sua mesa*, outro para empurrar a cadeira. Os que serviam eram outros. Descobri que naquela mesa havia a consulesa da Itália, o cônsul do Egito, uma representante do Massachusetts General Hospital e um casal cujo marido parecia-me conhecido de algum lugar – depois lembrei que o tinha visto na televisão. De repente, alguém falou comigo em francês e a esposa do casal me disse: "Finalmente alguém fala francês neste país". Começamos, com seu marido, uma boa conversa. Fiquei sabendo, então, que a senhora libanesa era professora universitária. Lembrei de seu esposo, um líder xiita no Líbano. Para minha grande admiração, a representante do Massachusetts General Hospital começou a me falar em espanhol. Eu nunca soube bem por que nesse idioma, afinal a sua língua era o inglês e ela, não me conhecendo e sem falar francês, não poderia imaginar que nós conversaríamos nessa língua. Certamente era a única que ela falava além do inglês. Assim, dialogamos em espanhol.

No fim do banquete pensei fazer bem de estender minha mão para me despedir da professora universitária libanesa. Ela pôs a sua no coração e baixou a cabeça me saudando, e eu fiquei com minha mão abanando. Soube assim que os xiitas não apertam a mão de um homem que não faz parte de suas relações familiares, seus maridos, pais ou irmãos. Embora xiita, ela não tinha um véu cobrindo o rosto e o cabelo. Seu marido viera ao banquete com sua esposa, uma de suas esposas ou sua esposa preferida, professora universitária.

Durante essa missão a Bombaim, eu fui muito bem recebido. Era uma época interessante, pois todo mundo se lembrava da decisão do presidente Jacques Chirac, que havia se negado a participar da invasão do Iraque por parte dos Estados Unidos. Os EUA acusavam o país de possuir armas de destruição em massa. Finalmente, depois se descobriu que tudo isso era mentira ou um pretexto para se apoderar do petróleo do Iraque, que tem a segunda reserva do mundo. Nas nações do Terceiro Mundo o prestígio da França era muito grande. Essa posição do presidente francês foi sempre muito elogiada e nós, eu e o cônsul-geral em Bombaim, nos beneficiamos desse prestígio.

O presidente iaquiano foi finalmente preso e enforcado em praça pública.

Em 2005, o Ministério da Saúde do Brasil nos anunciou que desejava enviar uma missão à França para estudar a possibilidade de adquirir helicópteros para os Samu192. Assim foi que organizei a visita da delegação brasileira, chefiada pelo diretor nacional do Samu, major médico da Aeronáutica, Cloer Alves, e um membro do gabinete do ministro da Saúde, José Gomes Temporão. Os aparelhos eram fabricados pela Helicopter, que tem filial em Itajubá-Minas Gerais, onde também eram feitos os helicópteros Esquilo EC725/EC225.

A primeira visita foi ao Samu94 do hospital universitário de Créteil, que fica perto dos aeroportos de Roissy Charles de Gaulle e Orly. O Samu94 é o centro de atendimento para a região parisiense para casos de extrema urgência e participa também de missões enviadas pela França ao exterior em situações de grandes catástrofes. O Samu94 utiliza os helicópteros EC-145B.

A segunda visita foi à fabrica de helicópteros de Marignane junto ao Aeroporto de Marselha. Nas reuniões estavam presentes os dois representantes do Ministério da Saúde brasileiro, diretor do Samu nacional e do gabinete do ministro, o diretor de Airbus Helicopters Brasil, o representante da Helicopter Alemanha (um brasileiro formado na Politécnica de São Paulo) e eu, representando o Ministério da Saúde francês. Imaginem que todo esse povo falava português. E assim as reuniões tiveram lugar na nossa língua. O Cloer, como piloto, *experimentou* um EC-145B colocado à sua disposição para uma viagem entre Marignane e Mônaco, ida e volta.

A terceira visita foi ao Samu67 de Strasbourg, onde a delegação brasileira foi recebida e viu novamente o EC-145B da proteção civil, que trabalha em cooperação com o Samu67, que não necessita ter suas próprias aeronaves, como o Samu94, por exemplo. O diretor-geral do Hospital Universitário ofereceu um almoço aos visitantes e seus acompanhantes. Infelizmente o governo brasileiro resolveu dar prioridade à compra de helicópteros para as forças armadas e os para o Samu ficaram para mais adiante.

De 23 a 27 de novembro de 2008 realizamos uma missão no Paraguai por meio de um convite conjunto do Ministério da Saúde do Paraguai e da embaixada da França, tendo em vista a criação de um Samu em Assunção. Tomei a iniciativa de convidar o diretor nacional do Samu192 do Ministério da Saúde do Brasil, dr. Cloer Alves, mas havia um problema. O estado-maior da Aeronáutica não estava muito de acordo com a nomeação do Cloer porque o nível desse posto era reservado a um brigadeiro. Nós, brincando com o colega, lhe dizíamos que podíamos insistir junto ao Lula para que ele fosse promovido diretamente a brigadeiro. Depois de muita negociação, o estado-maior aceitou por fim sua nomeação como diretor nacional do Samu192, ainda que fosse *somente* major médico.

O governo do Paraguai pretendia empreender reformas de longo prazo. Para o Ministério da Saúde, entre todas as mudanças previstas, a modernização das urgências e a criação de um Samu era uma das prioridades. Eu pensei que seria interessante estabelecer uma cooperação também com o Brasil, que estando ao lado do Paraguai, poderia ser de grande utilidade. O objetivo da missão era de fazer observações e recomendações sobre o projeto de reorganização das urgências e examinar a viabilidade de um programa de cooperação franco-paraguaio-brasileiro.

No sistema médico do Paraguai, as estruturas eram fortemente divididas e não colaboravam entre si. Os bombeiros reclamavam que os hospitais não levavam suficientemente em consideração o que eles faziam no local do acidente ou o que teriam a dizer quando registravam um paciente nas urgências; por outro lado, os hospitais reclamavam que não recebiam informações dos bombeiros. Os pacientes chegavam às instituições sem terem sido anunciados, como é de praxe para o Samu.

Os hospitais se comunicavam pouco entre si. As instituições operavam independentemente umas das outras; existiam regras de referência e contrarreferência, mas elas não eram aplicadas. A única prática eficaz era a de que um médico das urgências chamava, em outro estabelecimento, um colega com quem teria amizade, que certamente o ajudaria aceitando receber seu paciente. Não existia uma estrutura transversal de encontro, troca, formação e avaliação. Os bombeiros forneciam o essencial, com equipamento básico e uma equipe de voluntários médicos de combate a incêndios, em princípio, mas apenas intervinham esporadicamente. Hospitais estavam preocupados com o pré-hospitalar. O Seme (assim é chamado o Samu paraguaio) era instalado em um centro hospitalar onde estava localizado.

O médico regulador não estava presente continuamente; ele não possuía regras de boas práticas ou arquivos de regulamentação médica. O projeto era estabelecer uma rede territorial de urgências. Nós propusemos a nossos parceiros paraguaios uma série de medidas, como por exemplo: reunir todos os atores – estabelecimentos de saúde públicos e privados, cuidados primários de saúde, serviços de ambulância, associações de resgate. Sugerimos aos nossos interlocutores paraguaios que estabelecessem comitês de urgência em todos os níveis relevantes, em cada unidade territorial administrativa, cada população identificada e cada setor com especificidades, e um centro de regulação médica.

No Paraguai, o Seme (Serviço de Emergência Médica) atual seria substituído por uma organização mais eficiente sob a orientação das autoridades de saúde. O Centro de Regulamentação Médica deveria ter seu centro de atividades para urgência localizado em uma unidade de saúde, que devia ser a maior unidade de saúde multiuso do território coberto. Seria preferível que a sede do Centro de Regulação Médica fosse um hospital universitário.

Apenas um centro poderia garantir a missão de regulamentação médica para todo o país, três ou quatro centros poderiam ser implementados, dependendo da estrutura regional da rede hospitalar. Nossas propostas consistiam também em fortalecer os serviços de urgência em todos os hospitais e atribuir médicos em tempo integral a esses estabelecimentos para supervisionar as atividades. Um programa de cooperação franco-paraguaio-brasileiro poderia acompanhar a reestruturação planejada.

O Samu15 francês e o Samu192 brasileiro estavam prontos para participar. Só haveria vantagens para o Brasil, que teria sua organização associada ao projeto. A União Europeia também poderia apoiar com o seu programa EuroSocial. A Itália e a Espanha seriam convidadas a participar do processo. A cooperação envolveria trocas de experiências, visitas cruzadas, treinamento científico, apoio ao desenvolvimento de ações de avaliação. Um Congresso Internacional de Medicina de Urgência em Assunção poderia, em 2011 ou 2012, constituir um marco desse projeto.

A embaixada da França nos ofereceu um almoço que contou com a presença das delegações francesa e brasileira e do ministro da Saúde do Paraguai.

Infelizmente todo esse projeto não foi levado adiante. Um golpe de Estado destituiu o presidente do Paraguai, Fernando Lugo. O programa de melhoramento do sistema de urgências e a cooperação com a França e o Brasil foram abandonados.

A destituição de Lugo ocorreu em 22 de junho de 2012, num contexto de crise político-institucional que resultou na deposição do mandatário democraticamente eleito e no isolamento político do Paraguai em relação à maioria das nações latino-americanas e europeias.

Nós nunca mais voltamos a Assunção. É isso também a América Latina. Eu guardo uma boa lembrança de meus colegas paraguaios, muitos deles falavam correntemente o português por terem sido formados em faculdades de Medicina no Brasil, em São Paulo ou Curitiba. No entanto, entre eles falavam o guarani e quando nós chegávamos perto passavam para o espanhol ou mesmo o português.

A partir de 2003 criamos, com minha participação, um organismo chamado Meah – Missão Nacional de Avaliação e de Auditoria Hospitalar, para partilhar a experiência francesa no fortalecimento de avaliação e melhoria do desempenho hospitalar. De 2003 a 2008, realizamos 1400 operações em 635 estabelecimentos de saúde, tanto públicos quanto privados. A missão empregava, em 2008, 17 pessoas para um orçamento de 15 milhões de euros financiados pelo Fundo Nacional de Modernização dos Estabelecimentos de Saúde Pública e Privada.

Os objetivos para os hospitais eram: fazer emergir uma melhor organização de suas atividades; melhorar a qualidade dos serviços; otimizar a eficiência econômica e financeira; fazer comparações construtivas entre hospitais; realizar acompanhamento das reformas e promover intercâmbio de experiência entre hospitais. Iniciamos um trabalho exploratório que consistia em: analisar a organização sob o ângulo do resultado operacional dos serviços clínicos; considerar as organizações pouco exploradas (imagem médica, circuito do medicamento, tempo do médico junto ao paciente, gestão da ocupação dos leitos); testar e experimentar métodos e pistas de solução; gestão de fluxos; cartografias de processos; maquetes de organização. Compartilhamos nossa experiência com parceiros da América Latina em um seminário realizado em Buenos Aires em 2010, quando tive a ocasião de apresentar, em espanhol, o projeto Meah.

No Ministério da Saúde da França havia várias demandas a serem acompanhadas. Muitas vezes eram questões bem complicadas. Certa ocasião meus superiores pediram que me ocupasse da escolha de um *logiciel* (software) a ser implantado nos serviços de radiologia dos hospitais franceses. Juntamente comigo estava um funcionário do Seguro Saúde. Nós dois devíamos entrevistar as empresas candidatas.

Na licitação, entre outras, havia uma companhia de informática norte-americana. Ela apresentava-se como a filial francesa no campo de assistência para desenvolvimento de bancos de dados e integração de aplicativos no sistema de informação hospitalar. Pretendia estar presente em 23 países em todo o mundo e ser uma das 25 maiores para o setor, além de ser provedora de programas e líder mundial em saúde interconectada. Depois de várias entrevistas, a nossa opinião não foi muito favorável. O que ela nos propunha era uma *caixa-preta*. Suas atualizações deveriam ser feitas pela empresa proprietária das fontes, sendo que nós, hospitais franceses, seríamos meros utilizadores. Continuariam a ser proprietários das fontes às quais nós não teríamos acesso. Seus preços eram elevados, vários milhares de euros cada hospital deveria pagar anualmente pela utilização dos programas. Nós considerávamos que a França tinha possibilidades de fabricar, ela mesma, produtos de informatização dos serviços de radiologia e não havia necessidade, nesse caso, de contratar um fornecedor estrangeiro.

Num certo momento os representantes da empresa candidata nos fizeram uma proposição que nos deixou escandalizados. Eles vieram com o seguinte *oferecimento*, começando por nos *elogiar* (*passar a pomada*, como se diz na França), louvando nosso conhecimento da informática hospitalar: "Nós somos experts junto ao Ministério da Saúde dos EUA. Se vocês estiverem de acordo gostaríamos de lhes propor serem nossos representantes em Washington". Comecei por lhes responder que meu inglês não era de grande qualidade. Eles argumentaram que haveria intérpretes para nos assessorar e, evidentemente, viagens aos EUA, indenizações, etc e tal. Eu já tinha compreendido. Aí deixando de lado as boas maneiras, eu lhes disse que eles não podiam tratar a França como uma *república bananeira*. Para salvar a situação, nos propuseram trazer especialistas de Nova York para apresentar, aos interlocutores franceses, seus produtos e também um jantar num restaurante chiquérrimo situado na pirâmide do Louvre.

Então, com meu colega do Seguro Saúde, resolvemos relatar tudo ao diretor dos hospitais Edouard Couty. Foi decidido não aceitar o jantar e cancelar tudo. Finalmente os serviços de radiologia foram informatizados por especialistas franceses.

Outro caso que acompanhei e que infelizmente não deu certo: em 2002 a diretora da Missão PMSI, *Mme*. Martine Aoustin, recebeu uma solicitação do Ministério da Saúde da Alemanha. Nossos vizinhos estavam interessados em utilizar o sistema francês do Programa de Medicalização do Sistema de Informação (PMSI).

Acontece que a Alemanha é um país dividido em *Lands* com grande autonomia. Cada *Land* (estado ou território) tem seu próprio Ministério da Saúde e um sistema de informação muitas vezes diferentes uns dos outros. Quando o Estado federal procurava estudar a atividade médica da Alemanha como um todo, era impossível fazer comparações. E por isso interessou-se pelo sistema francês centralizado, que permite comparações entre todos os hospitais públicos e privados do país.

Foi decidido então fazer uma experiência com 200 mil pacientes do *Land* da Bavária. Esse experimento deveria ter lugar na Alsácia, no Hospital Universitário de Strasbourg (HUS) e no Centro Hospitalar Geral de Wissembourg (CHGW). Havia a facilidade dos idiomas alemão e francês. O banco de dados da Bavária foi transferido para os HUS (100 mil pacientes) e para o CHGW, os outros 100 mil. Eles foram integrados nos respectivos aplicativos dos dois hospitais – para Wissembourg o aplicativo Atalante-PMSI e a integração no sistema de informação hospitalar dos HUS. Eles foram analisados e os resultados foram satisfatórios. Porém, foi aí que começaram os problemas. A Agência Regional de Hospitalização da Alsácia (ARH), que representa o ministério na região, não estava muito interessada em participar desse projeto. Nunca se soube bem a causa, certamente porque tudo isso lhes traria mais trabalho. Provavelmente, a ARH não tinha competência para analisar os resultados.

Num certo momento, Martine Aoustin recebeu uma carta do embaixador da Alemanha em Paris insistindo nesse projeto. As coisas se complicaram, pois *Mme.* Aoustin não estava habilitada a responder ao embaixador, que, segundo o protocolo, deveria escrever diretamente ao ministro da Saúde, na época Bernard Kouchner. Por ordem do ministro, o diretor dos hospitais Edouard Couty organizou uma reunião com representantes dos dois hospitais alsacianos (Strasbourg e Wissembourg), da Agência Regional de Hospitalização (ARH) e da Missão PMSI. Havia sempre uma má vontade por parte da ARH.

A questão foi até mesmo discutida na Assembleia Nacional. O deputado de Wissembourg François Loos interrogou no Parlamento (nas sessões públicas das quartas-feiras, transmitidas pela televisão) o ministro da Saúde, Bernard Kouchner: "Senhor ministro, o senhor é favorável a uma cooperação de saúde entre a França e a Alemanha? O Centro Hospitalar de Wissembourg e o Centro Hospitalar Universitário de Strasbourg, procuram pôr em prática uma cooperação entre eles e hospitais alemães. A Alemanha está interessada em utilizar o PMSI desenvolvido na França pelo Ministério da Saúde". O ministro somente podia responder que a França era favorável a uma cooperação com nosso vizinho alemão.

Foi pena que tudo ficou em palavras. E o ministério federal da Alemanha, cheio das complicações dos franceses, resolveu utilizar uma aplicação australiana. Nós devemos agradecer à ARH da Alsácia, que fez de tudo para sabotar esse projeto. Mais uma ocasião perdida. Eu sempre acreditei que seria interessante se a França e a Alemanha utilizassem o mesmo *logiciel* para analisar a atividade de seus hospitais respectivos.

Estando ainda no Ministério da Saúde francês, como *chargé de mission*, participei ativamente (juntamente com a Comissão de Saúde do PS) da elaboração de um projeto de lei que em seguida foi enviado à Assembleia Nacional e aprovado também pelo Senado. Era um dispositivo de luta contra a obesidade e se enquadrava no âmbito de um projeto de lei de saúde pública. Proibia a instalação de máquinas de venda de bebidas refrigerantes gasosas (ou cervejas mesmo sem álcool) ou alimentos industrializados (chocolates, doces açucarados) em escolas, colégios, liceus e faculdades. E também previa que a publicidade audiovisual desses produtos fosse acompanhada de uma mensagem de prevenção ao consumidor, aprovada pelas autoridades, sob pena de se cobrar 5% de tributação dos investimentos em propaganda em benefício do Instituto Nacional de Prevenção e Educação em Saúde. Atualmente, pela lei, somente é permitido nas máquinas a distribuição de água e a venda de frutas. O mesmo acorre num perímetro de 200 metros em torno dos estabelecimentos de ensino públicos ou privados.

Esse fato reflete uma conscientização das questões relacionadas ao aumento da obesidade dos jovens. Não seria possível seguir o *exemplo* dos EUA, onde a obesidade atinge 40% da população. As associações de consumidores, no entanto, gostariam que os parlamentares fossem mais longe, banindo definitivamente esses anúncios da mídia destinados a crianças e adolescentes. O projeto de lei foi votado pela Assembleia Nacional e pelo Senado conforme a Lei nº 2004 de 9 de agosto de 2004. Antes de sua aprovação definitiva houve importantes debates na mídia com a participação de associações de consumidores e, de outro lado, pressões de lobistas de fabricantes que, evidentemente, eram contra. Essas pressões, felizmente, não tiveram nenhum efeito. Nessa discussão nós tivemos o apoio do jornal *Le Monde*, periódico de referência na França.

Entre 2005 e 2007 me ocupei de um estudo comparativo dos sistemas de urgência em dez países europeus: Alemanha, Bélgica, Espanha, Finlândia, França, Itália, Noruega, Portugal, Reino Unido e Suécia. Na Itália fui acompanhado pelo meu colega Antônio Buemi, que fala correntemente o italiano; na Alemanha, pelo diretor do hospital de Wissembourg; no Reino Unido e países nórdicos, por representantes das embaixadas da França, que ajudaram com o inglês. Eu estive em todos esses países para realizar o estudo comparativo e depois fiz uma síntese e elaborei proposições para uma melhor organização das urgências na França.

Nas conclusões, escrevi *recomendações ao senhor ministro*, e a minha chefe, um pouco escandalizada, me disse: "Mas Paulo, não se faz recomendações ao ministro". Aí pusemos *propostas de reflexões*. Esse relatório foi fruto de um trabalho realizado a pedido do ministro da Saúde, Bernard Kouchner, pela missão da hospitalização e da organização dos cuidados médicos do ministério com o apoio de estabelecimentos hospitalares franceses e europeus. As embaixadas da França nesses países nos deram importante apoio.

A dificuldade metodológica dessa abordagem resultou da diversidade dos sistemas de organização e financiamento público, bem como da ambiguidade da noção de urgência e/ou emergência baseada em lógicas históricas, econômicas e culturais específicas de cada país. Tendo em conta o aumento geral da utilização dos serviços de urgência em âmbito europeu, a informação sobre os mecanismos de resposta aplicados e a sua avaliação ainda é insuficientemente partilhada. Essa abordagem de análise comparativa no campo das urgências visava a promover intercâmbios e a capitalizar experiências na organização de serviços de saúde na França.

Na Europa, se a diversidade continua a ser a regra, cada país enfrenta desafios semelhantes como, por exemplo, o envelhecimento da população (1,6% acima de 80 anos em 1960, com 3,8% em 1997 e 5,6% para este ano de 2020). Os sistemas de saúde e as bases legais para os procedimentos de urgência são diferentes em cada nação. Ao analisar o funcionamento de urgências extra-hospitalares e hospitalares em dez países europeus, o objetivo desse estudo era extrair lições úteis para responder às dificuldades encontradas na França. Infelizmente o estado das urgências na França se encontrava em grande dificuldade. Ainda hoje, a situação não é das melhores e os médicos urgentistas reivindicam um reforço do pessoal nas urgências hospitalares e um aumento do número de leitos.

Atualmente (maio de 2020), com a pandemia do coronavírus, a França, como vários países do mundo, gerencia uma situação de urgência absoluta. Estamos em um confinamento de estrito cumprimento cuja duração é ainda desconhecida. A contribuição do Samu tem sido enorme, suas equipes, em todo o país, estão mobilizadas diante da epidemia. Estudantes de Medicina, residentes e médicos aposentados (3 mil com menos de 70 anos) foram convocados para auxiliar os serviços de urgência. Infelizmente tivemos já um número importante de mortes entre o pessoal médico das urgências. O Parlamento francês aprovou por unanimidade um Estado de Urgência Sanitária Absoluta.

Enquanto isso, no Brasil, Bolsonaro sabota o combate ao coronavírus, acusa o Human Rights Watch. Em conduta irresponsável, o presidente atrapalha ações de governadores e do próprio Ministério da Saúde, demitindo dois ministros por divergências de atuação. Segundo balanço divulgado dia a dia na imprensa brasileira, em maio, a epidemia de covid-19 já havia matado cerca de 28.000 pessoas no país, com 497 mil casos registrados *(Ver nota pág. 172)*.

A crise econômica que está ocorrendo devido à crise sanitária do coronavírus causa grande preocupação em todos. Tanto que o ministro da Economia da França, Bruno Le Maire, estimou que "não havia outra comparação possível a não ser a Grande Depressão de 1929". Uma crise que antes era bancária e norte-americana antes de atingir a Europa e o resto do mundo com força total, considerada a pior do século XX.

Na França, a epidemia de coronavírus está minando a política do Estado francês, que negociou parte de suas empresas estratégicas para ao exterior. Após a escassez de máscaras protetoras, o governo agora deseja recuperar sua independência nos setores de primeira necessidade, "libertar-se da dependência" de outros países e "não sofrer mais" é o novo projeto de Emmanuel Macron, depois de vender várias companhias estratégicas como Alstom[14], Technip[15] ou até deixar que a Sanofi[16] terceirizasse a produção de medicamentos e transferisse a principal fábrica francesa de máscaras protetoras à China, que agora são importadas (1,5 bilhão delas). A epidemia do Covid-19 cruelmente lembra os limites dessa estratégia de mundialização neoliberal. Agora, o chefe de Estado pede uma "explosão de soberania" para que o país não fique mais à mercê das importações em setores de "necessidade básica absoluta". A crise do coronavírus acelerou a adoção de um modo de fazer negócios que provoca grande impacto social – e o bem-estar pessoal e familiar dos trabalhadores e empresários.

A convite de Arthur Chioro, que foi ministro da Saúde durante o mandato da presidente Dilma Rousseff, e atualmente é professor da Escola Paulista de Medicina da Unifesp, tive a ocasião de apresentar, em novembro 2017, uma conferência: *Saúde, gestão pública na Europa: França, Alemanha e Grã-Bretanha – estudo comparativo*. Em abril de 2019, sempre a convite de Arthur Chioro, animei uma mesa-redonda sob o título: *Atentados em Paris: serviços médicos públicos eficazes e reativos – The Lancet* [17].

14. Alstom é um grupo industrial francês que atua na área de infraestrutura de energia.
15. Ex-empresa francesa de engenharia; suas ações foram vendidas em 2017 e a Technip sofreu fusão gerando a TechnicFMC, uma empresa multinacional de petróleo e gás.
16. Principal empresa farmacêutica francesa.
17. Ver mais sobre *Atentados em Paris* nos Anexos.

Em 2012 recebemos a visita do secretário da Saúde de Minas Gerais. Ele foi recepcionado pela DRI (Direção de Relações Internacionais) da AP/HP (Assistência Pública/Hospitais de Paris). Mesmo recentemente aposentado, eu fui convidado para participar. A razão de sua viagem era negociar uma parceria da secretaria, em vista da Copa do Mundo de futebol que deveria ocorrer em 2014, a fim de melhor formar o pessoal médico do Samu de Belo Horizonte O orçamento previsto era de 900 mil euros, financiado por MG, soma que seria transferida do Estado para a Assistência Pública/Hospitais de Paris, que administraria os gastos do projeto. Para as últimas negociações e assinatura do acordo, me desloquei a Belo Horizonte juntamente com representantes da DRI.

As proposições que fizemos, validadas pelos nossos parceiros (Ministério da Saúde do Brasil e o governo de Minas Gerais), foram as seguintes, em resumo:

• Curso sobre desastres: três cursos (um em 2012 e dois em 2013); seis dias de aula, cinco dias teóricos e um dia prático; cinco franceses e dois profissionais brasileiros; quatro missões até o final de 2012; tradução durante o trabalho.

• Missões brasileiras: três missões de sete dias; certificação pelo Samu da França e Escola de Saúde Pública de Minas Gerais.

• Missões técnicas francesas de avaliação: grupos de avaliação de três dias.

• Três profissionais para a primeira missão e dois para as seguintes missões; quatro missões, até o final de 2012.

• Tradução para o português/adaptação e preparação da edição sob a responsabilidade do dr. Paulo de Rezende e dr. Cesar Nitschke: tradução/adaptação de todos os slides e documentos.

• Tradução ao português e adaptação de material didático.

• Preparação para a edição de materiais de ensino em língua portuguesa.

Em memórias, as ideias vêm e vão, e lembro-me de algumas situações que gostaria de compartilhar com vocês. Em

1995, eu e minha esposa Annelise tivemos a honra de sermos convidados para a *Garden Party* do dia 14 de julho nos jardins do palácio presidencial do Eliseu. Foi um bela festa, comida ótima, que durou toda a tarde, com muita gente da elite francesa, para comemorar a Queda da Bastilha e o começo da Revolução Francesa.

Quando Hubert Vedrine era ministro do Exterior da França nós éramos convidados muitas vezes a recepções no Quai d'Orsay (o Itamaraty francês). Certa vez o ministro estava de saída para Brasília em viagem oficial. Num certo momento, em discurso, ele disse que infelizmente ele não falava *brasileiro*. Eu comentei então com sua esposa Michele: "Diga ao seu marido que no Brasil se fala português. Ele vai ser ridículo ao dizer que no Brasil se fala brasileiro". Ela me pediu que lhe apresentasse uma brasileira para juntas visitarem Brasília enquanto seu marido estava em reuniões oficiais. Então eu lhe coloquei em contato com Teresinha Portela, minha amiga de Passo Fundo-RS, então no Tribunal de Contas da União, que falava francês.

Outra vez um diplomata estadunidense veio conversar comigo, em francês, para que eu lhe explicasse como é que Lula e o PT tinham vencido as eleições presidenciais. Eu fiz o que pude. Ainda em outra recepção, na embaixada do Brasil, a Marta Suplicy veio me perguntar por que a Ségolène Royal tinha sido derrotada.

Quando era encarregado de missão no Ministério da Saúde da França era seguidamente convidado para recepções na embaixada brasileira em Paris. A cooperação com o Brasil e a implantação do Samu192 eram muito apreciadas. Tinha uma amiga, Virgínia, ministra conselheira, e tivemos a oportunidade de receber juntos o ministro da Saúde, Humberto Costa, em janeiro de 2003. Ela também me convidava para jantares no seu apartamento privado em Paris. Uma vez estava presente a embaixadora do Brasil na Colômbia, pessoa muito interessante e cheia de humor, que nos relatava histórias da situação naquele país, das Farc e tudo mais. Nos contou que estando de aniversário foi oferecida a ela uma festinha pelos militares brasileiros encarregados de sua proteção. Na recepção, um soldado no seu discurso lhe disse: Deus lhe proteja... Ela respondeu: "Não é Deus que deve me proteger, mas vocês". Quando saía da embaixada cinco viaturas lhe acompanhavam, e nunca se sabia em que automóvel ela estava. Para o embaixador dos EUA, o cortejo não era de cinco viaturas, mas de 15 a 20.

Nota do editor: em tempo. 6 de junho de 2020, 19h02min.
Os números de casos e mortes do Brasil exibidos no levantamento global da Universidade Johns Hopkins, referência mundial sobre covid-19, foram retirados da classificação. Em nota, a instituição afirma que a exclusão se deve à suspensão da divulgação dos históricos pelo governo brasileiro, cujo portal nacional passou por alteração após sair do ar. Seguem os números no Brasil em 6 de junho de 2020: 645.771 casos confirmados, com 35.026 mortos, segundo cálculos com base na contagem informada anteriormente pelo Ministério da Saúde.

XIX

A maçonaria, um novo casamento e a chegada de nossa filha Jenny

Depois de vivermos juntos durante dez anos, em 1996 eu e Annelise Klein resolvemos finalmente *acertar* nossa situação. Para encontrar uma sala para a festa do casamento eu telefonei para Rafael Nizand, um amigo que era prefeito municipal (PS) de Schiltigheim, cidade ao lado de Strasbourg, para nos ajudar.

Ele me propôs, e aprovamos, uma sala que pertencia à Loja Maçônica Europa do Grande Oriente de França em Strasbourg. Um tempo depois Rafael me convidou para integrar a maçonaria. Aceitei com prazer, pois o meu pai tinha sido maçom em Passo Fundo, na loja Concórdia do Sul, e assim eu continuaria a tradição familiar.

A maçonaria, instituição essencialmente filantrópica, filosófica e progressista, tem por objetivo a procura da verdade, o estudo da moral e a prática da solidariedade. Ela trabalha pelo melhoramento material e moral, pelo aperfeiçoamento intelectual da humanidade. Um ano depois, em 1997, fui iniciado como aprendiz, em mais um ano passei a companheiro e, em seguida, a mestre maçom. Em Strasbourg e na França, pertencer à maçonaria é muito importante.

Segundo a tradição nas nossas lojas maçônicas apresentei vários trabalhos lidos em público para os irmãos(ãs), um por ano em média. Estes são os títulos traduzidos do francês:

- *O fogo*;
- *O simbolismo dos quatro elementos*;
- *Fukuyama e Zinoviev: o fim da história e o paradoxo da lógica do infinito*;
- *A maçonaria e a independência do Brasil*;
- *Um momento de fraternidade*;
- *A implantação do Samu no Brasil – uma cooperação franco-brasileira*;
- *Os companheiros ou o Amor da bela obra*;
- *O Universo, Deus e o Grande Arquiteto do Universo I (GADU)*;
- *Quem é o Grande Arquiteto do Universo II*;
- *República e democracia – comparação do sistema político dos Estados Unidos da América e da República Francesa*;
- *As simbologias maçônicas no dólar dos Estados Unidos da América*;
- *Mitos da Rússia, do império czarista à queda da União Soviética*;
- *O prólogo de São João e a simbologia maçônica*;
- *O número de ouro na maçonaria*;
- *O sermão de Hipócrates – um documento de iniciação*;
- *O simbolismo europeu – o euro (€), o dólar (US$) e o imperativo mitológico*;
- *Por onde mais passaram os indo-europeus? Do pangermanismo ariano ao nazismo, crimes das teorias raciais.*

A Annelise é de uma família protestante da Alsace Bossue (Alsácia Corcunda), uma área da França do antigo Condado de Sarrewerden, da região de *Petite Pierre* (Pequena Pedra). Sarrewerden pertenceu ao Ducado de Lorena entre 1629 e 1793. Localizada a oeste das Montanhas do Vosges, no Planalto da Lorena, a Alsácia Corcunda fazia parte, do ponto de vista cultural, linguístico, histórico e geográfico da Lorena. O Condado de Sarrewerden, tendo sido de maioria protestante, depois do século XVI foi anexado ao Departamento do Baixo Reno em novembro de 1793, durante a Revolução Francesa. A Lorena foi sempre em grande parte católica, a Alsácia Corcunda, protestante, então foi anexada à região da Alsácia, em plebiscito, por razões religiosas. Também ela forma um *continuum* cultural e linguístico com Sarreguemines e Bitche, no norte, e Sarrebourg, no sul, de dialeto germânico.

O irmão mais velho da Annelise, Jean-Louis Klein, foi teólogo e em certo momento decano da Faculdade de Teologia Protestante de Paris.

Acontece que a família da Annelise tem o sobrenome Klein, que também existe entre os judeus. Para reconhecer, junto às autoridades nazistas de ocupação (1940/1945), que eles não eram judeus, tiveram que mostrar a árvore familiar desde várias gerações. Assim, encontraram e apresentaram a genealogia a partir do século XVI, provando que, desde então, eram protestantes. Dessa forma se salvaram de serem perseguidos.

O casamento foi celebrado no dia 7 de julho de 1996. Na França os matrimônios fazem parte das atribuições do(da) prefeito(a) municipal (*maire* em francês) ou de seus adjuntos. Assim é que a minha grande amiga e prefeita de Strasbourg, Catherine Trautmann, nos casou numa solenidade na prefeitura. Contamos com a presença tanto da família francesa, de meus colegas do hospital de Wissembourg e do Ministério da Saúde quanto da minha família brasileira, representada pela minha irmã Lud Josani de Rezende Becker, que veio especialmente do Brasil. Meus amigos e colegas do hospital me diziam: "Nós pensávamos que vocês já eram casados". E eu lhes respondia: "Casamento é coisa séria, refletimos durante dez anos".

Em agosto de 1996, para nossa viagem de núpcias, resolvemos ir ao Brasil. Passamos por Palmeira das Missões-RS para visitar meu pai, minha irmã Esir e meu cunhado Mani (Manfred Grond). Meu pai estava ainda vivo e firme, só com um pouco de Alzheimer. Quando fomos embora, depois de nos despedirmos para partir, ele disse à minha irmã Esir: "O Paulo foi embora sem se despedir".

O meu cunhado Mani nos proporcionou uma bela viagem em seu avião de Palmeira até a praia de Torres-RS, onde morava a minha irmã Jane Marisa, e lá passamos alguns dias. Antes de chegar a Torres sobrevoamos o Cânion do Itaimbezinho, que fica entre os estados do Rio Grande do Sul e de Santa Catarina. Ele faz parte do Parque Nacional dos Aparados da Serra. Visto de cima, ele é magnífico. Não fomos muito à praia, pois em agosto estávamos em pleno inverno e fazia frio. A minha esposa comentava: "Eu não vim ao Brasil para passar frio. Vocês não têm calefação, como em Buenos Aires e Montevidéu". Se o Rio Grande do Sul tivesse feito parte da Argentina ou Uruguai hoje teríamos, no inverno, um aquecimento. Mas o Brasil é um pais tropical – como cantava Caetano Veloso em letra de Jorge Ben Jor: "Moro num país tropical, abençoado por Deus e bonito por natureza, mas que beleza..."

Voltando para Palmeira, resolvemos visitar as Quedas do Iguaçu, nas três fonteiras: Argentina, Brasil e Paraguai. Saindo da cidade gaúcha de carro entramos no Estado de Santa Catarina no norte-oeste, depois passamos pela Província de Missiones, na Argentina, e voltamos para o Brasil chegando às maravilhosas cataratas, um dos lugares mais lindos do nosso país, cartão-postal do Estado do Paraná. Os pontos turísticos de Foz do Iguaçu fazem dela um daqueles lugares que todos deveriam visitar. Eu não a conhecia, mas já a tinha visto no filme A *missão,* que recomendo a todos. Esse longa-metragem maravilhoso, que ganhou a Palma de Ouro no Festival de Cannes em 1986, foi filmado nas Quedas de Iguaçu.

Certos pontos turísticos de Foz de Iguaçu, esse paraíso brasileiro, são muito interessantes para visitar. Conhecer as Cataratas do Iguaçu foi prioridade em nosso passeio. Foi uma experiência única de imersão na natureza, em uma caminhada por trilhas com a proximidade das imensas quedas d'água, um espetáculo verdadeiramente impressionante. As cataratas se dividem entre dois parques nacionais, o do Iguaçu (Brasil) e o de

Iguazú (Argentina), fazendo fronteira entre os dois países. Nós visitamos as cataratas pelo lado brasileiro e pelo lado argentino. Uma verdadeira maravilha é a Garganta do Diabo. Sem nenhum bairrismo, o lado brasileiro é muito mais bonito que o argentino.

Estando na foz é impossível não visitar um local dessa grandeza e ver de perto uma obra gigantesca. Conhecida como uma das maiores obras da engenharia moderna, a usina hidroelétrica de Itaipu Binacional é a maior em produção de eletricidade do mundo e, por muito tempo, foi a maior em tamanho, mas os chineses nos passaram à frente com a barragem das Três Gargantas. Nós a visitamos durante um passeio noturno para ver as luzes de Itaipú. É uma empresa estatal pertencente ao Brasil e ao Paraguai. Só espero que este governo entreguista que desgoverna o nosso país não tenha a *ideia* de privatizar, com essa política de vender o Brasil com tudo que tem dentro. Eles já anunciaram a privatização da Petrobras, a entrega do pré-sal para multinacionais estrangeiras, da Eletrobras e a exploração da Amazônia em *associação* com os Estados Unidos. Reconheço que Itaipu foi uma realização dos governos militares, mas eles souberam defender a Petrobras e a Eletrobras. É tão incrível que hoje se pode perguntar: "Onde estão os militares patriotas e nacionalistas?"

Passamos também pelo Paraguai na Ciudad del Este (que até 1989 se chamava Ciudad Stroessner), com seu mercado pitoresco, onde compramos dois relógios, que finalmente nos roubaram em Manaus, no hotel. Estávamos em pleno inverno, mas, com meu poncho gaúcho, podia enfrentar o frio. Esse poncho, que pertenceu a meu pai, tenho até hoje aqui em Strasbourg.

Assim foi que decidimos continuar nossa viagem de núpcias pelo norte. Depois de visitar os parentes e passar por Passo Fundo, principalmente para ver o tio Jovino, o irmão mais jovem de meu pai, e as tias Edith, Carmem e Maria Áurea, as *meninas* (de quase 80 anos), como dizia o meu pai, pois elas eram as caçulas dentre os 13 filhos. Resolvemos, então, fazer uma viagem pelo Brasil, passando pela Bahia e por Manaus.

Era a primeira vez que visitávamos Salvador, e como dizia Jorge Amado: as três partes do mundo são "Europa, França e Bahia". Para mim, gaúcho, e minha esposa francesa, Salvador é tão exótica quanto para os europeus. Ficamos hospedados no Hotel da Barra, em frente ao mar. Bastava atravessar a rua. A praia fica perto do centro de Salvador e há vendedores ambulantes que propõem cerveja, água, refrigerantes e alguns petiscos, muito apreciados por moradores e visitantes que gostam de passar o dia comendo e bebendo entre um mergulho e outro. As águas são quentinhas e calmas, ideais para quem não gosta de mares agitados. Nós apreciamos as rosas do oceano, azul como se fosse o Mediterrâneo. As rosas eram dedicadas a Iemanjá, e na praia os altares (os despachos) traziam um frango negro sacrificado, uma garrafa de cachaça e um charuto. O culto de Iemanjá foi trazido para o Brasil pelos povos de origem iorubá, em fins do século XVIII até quase metade do século XIX. Na África, Iemanjá é divindade das águas doces, cultuada à beira do Rio Ogum. No Brasil, o culto transferiu-se para o mar, visto que rios e cachoeiras foram atribuídos a Oxum.

Aprendi com Jorge Amado, em *Mar morto*, que Iemanjá é uma deusa do sincretismo afro-brasileiro, uma mescla de Virgem Maria e sereia que seduz os marinheiros dos saveiros com seu canto e lhes atira para o fundo do mar. No entanto, a Virgem Maria os protege na dualidade afro-brasileira.

O Farol da Barra, erguido em 1698, está localizado no Forte Santo Antônio da Barra, a mais antiga construção militar do Brasil (que data de 1534) – e é um dos pontos mais conhecidos de Salvador, sendo identificado como o monumento-símbolo da cidade. Quem vai ao forte pode subir a torre para apreciar o visual e conhecer a estrutura interna do monumento, além de visitar o Museu Náutico da Bahia, que possui instrumentos de navegação dos nossos antepassados portugueses.

Começamos por visitar a praça do Pelourinho, considerado patrimônio mundial da humanidade pela Unesco. Ele é animado, festeiro, receptivo e muito orgulhoso do local em que vive o povo baiano. Salvador é um encanto, com lindas praias, importantes monumentos históricos, deliciosa culinária e mais uma série de atrações que agradam aos visitantes. Não dá para escapar do clichê: Salvador é uma festa. Mas a primeira capital do Brasil é muito mais que isso. É um lugar para curtir suas férias, onde é celebrada a diversidade de ritmos e de raças todos os dias. Onde se pode provar o melhor acarajé do mundo e tirar fotos em lugares espetaculares.

O Pelourinho é uma das principais atrações de Salvador, o *Pelô* – como é conhecido popularmente. Reúne as riquezas arquitetônicas barrocas dos séculos passados em suas igrejas e sobrados. Eu sempre digo que em Salvador da Bahia há mais construções do barroco português do que em Lisboa ou outra cidade lusitana.

Principal espaço comercial de artesanato de Salvador, o Mercado Modelo foi construído em 1861 e está localizado na Cidade Baixa. Há vários compartimentos que comercializam produtos artesanais e as famosas fitinhas do Senhor do Bonfim. A Annelise comprou uma toalha branca de mesa bordada e uma sandália de couro trançado que ela usou confortavelmente durante anos. Do lado de fora do mercado, tombado pelo Instituto do Patrimônio Artístico e Histórico Nacional, se pode apreciar as apresentações de capoeira e adquirir um berimbau, que eu, então, comprei.

Situado em frente ao Mercado Modelo, o Elevador Lacerda é um monumento que simboliza Salvador. Ele faz a ligação entre a Cidade Alta e a Cidade Baixa, e quando foi inaugurado, em 1863, era considerado o elevador mais alto do mundo, com seus imponentes 73 metros de altura. O equipamento foi restaurado em 2002 e toda a sua estrutura é muito bonita.

Como não poderia deixar de ser, visitamos também a Igreja de Nosso Senhor do Bonfim, erguida em 1723, a mais famosa de Salvador. A decoração interior segue o estilo neoclássico, enquanto a fachada é revestida com azulejos de Portugal do século XIX. Lembramos da tradicionalíssima *lavagem do Bom Fim*, que é uma comemoração marcante da cidade. Na festa de

Nossa Senhora do Bonfim, realizada cada ano em dezembro, as baianas lavam as escadarias em um clima que mescla festividade e fé, quando uma infinidade de fitinhas do Senhor do Bonfim decora o lado exterior da igreja.

A Igreja de São Francisco, construída em 1773, é mundialmente conhecida pela belíssima decoração. O edifício-templo é um dos principais marcos do barroco português entre as construções históricas do Brasil, e os contornos do interior, decorados com ouro, proporcionam um visual incrível logo na entrada. Mesmo que você não seja católico, não deixe de visitar essa igreja que é um verdadeiro marco arquitetônico brasileiro. No século XVIII havia tanto ouro no país que as autoridades coloniais portuguesas controlavam drasticamente sua *exportação*, pois a oferta, sendo enorme, poderia fazer o valor cair. Então ele era posto nas igrejas barrocas tanto na Bahia quanto nas de Minas Gerais. Como diz o escritor Vitorino Magalhães Godinho: "O ouro do Brasil era tanto que foi um desastre para Portugal". O país não produzia mais nada. Comprava-se tudo do exterior, principalmente da Inglaterra e da França, e pagava-se com o metal brasileiro. No fim do século XVIII as minas foram se esgotando e Portugal estava tão pobre quanto antes, pois não havia nenhuma indústria.

Passamos um dia em Itaparica, uma das mais belas ilhas do litoral brasileiro. Ela fica a 45 minutos de Salvador pelo sistema de transporte marítimo. Para ir até lá pegamos um navio no porto situado na Cidade Baixa e depois de quase uma hora de travessia chegamos. Nas praias havia macaquinhos que brincavam com os vistantes. Na embarcação, encontramos um grupo de turistas franceses maravilhados com essa cidade, fundada pelo primeiro governador-geral do Brasil, Tomé de Souza, em 1549.

Fomos também à Casa de Jorge Amado situada no Pelourinho. É o escritor que todos amamos. Eu li toda a sua obra em português, e minha esposa, Annelise, tudo que foi traduzido em francês. Ele entra na lista curta dos maiores romancistas da história.

Escrever em português não o ajudou a ganhar o Nobel tão merecido. Nenhum brasileiro ganhou o prêmio, à diferença dos hispano-americanos, que tiveram seis Nobéis de Literatura. Apenas José Saramago, com seu português de Portugal, foi premiado. Jorge Amado era romancista com verve, prosa, histórias que agarram o leitor pelo colarinho e não o soltam, assim como o mulato Machado de Assis, que foi o maior escritor brasileiro. Os dois ombreiam com nomes como Tolstói, Dostoiévski, Flaubert, Victor Hugo, Stendhal, Dickens, García Márquez, Pablo Neruda e poucos outros que compõem a primeiríssima divisão da literatura mundial.

Jorge Amado teve duas fases distintas. Na primeira, o jovem escritor comunista fez romances que embelezam qualquer biblioteca. Dois livros se destacam: *Capitães da areia*, a saga dos meninos pobres das praias de Salvador, já mostrava nos anos 1920 que o Brasil não poderia aspirar a muito sem cuidar de suas crianças desvalidas; e *Mar morto*, o retrato lírico e desesperado do amor de uma mulher e um pescador, um romance que molha os olhos do leitor ao mesmo tempo que o enleva. Ele tinha um amor incondicional pela gente humilde, e isso foi uma de suas grandes marcas em todas as suas fases. Ainda na época engajada, escreveu *O cavaleiro da esperança*, história romanceada de Luís Carlos Prestes e da Coluna Invicta. Quando o livro foi publicado, nos anos 1940, Prestes representava mais ou menos o que Lula representa hoje – ambos foram presos políticos, considerados como tal no mundo inteiro. Prestes foi preso por ser revolucionário, e Lula, para impedi-lo de ser candidato à presidência da república.

Depois da revelação dos crimes de Stalin, Jorge Amado deixou o Partido Comunista. Começaria aí a segunda fase do escritor, multicolorida, alegre, cheia de baianas desembaraçadas e fascinantes, como *Tieta do Agreste*, *Gabriela, cravo e canela*, *Dona Flor e seus dois maridos*.

A literatura de Jorge Amado deixa de ser triste por causa das injustiças sociais e passa a celebrar a vida porque, como mostram seus personagens extraídos da gente simples, ela pode ser bela. A sua grandeza foi reconhecida internacionalmente. Foi um romancista mundial bem antes da mundialização. Seus romances foram traduzidos virtualmente em todas as línguas. Jorge Amado foi o primeiro caso, no Brasil, de escritor capaz de viver apenas de seus direitos autorais. Não recebeu o Nobel, provavelmente por ignorância dos jurados, mas foi reconhecido por leitores em todo o mundo nas duas fases de sua obra. O ponto comum entre elas foi o amor irrestrito, comovedor e indelével do escritor por sua gente, a gente simples do povo.

A nossa viagem a Salvador na Bahia foi uma beleza. Estando no Pelourinho, íamos almoçar ou jantar no restaurante-escola do Senac. A comida era deliciosa, diversos sabores de moquecas, sobremesas maravilhosas! Do atendimento nem se fala: rapazes e moças atenciosos e simpáticos. À noite, muitas vezes, assistíamos a espetáculos de danças locais. Para nós, do sul e da França, a comida afro-baiana era verdadeiramente exótica e muito diferente.

Foi uma maravilha visitar a Igreja Nossa Senhora do Rosário dos Pretos, localizada na ladeira do Pelourinho. No tempo da escravidão os negros escravos e alforriados (forros) eram particularmente devotos a ela. A Irmandade de Nossa Senhora do Rosário dos Homens de Cor foi constituída a partir de 1685. A igreja é um edifício imponente e sua fachada é de um azul magnífico. Os negros organizavam-se nesses agrupamentos religiosos de ajuda mútua. Essas confrarias existem até hoje. Nós assistimos, por acaso, a um *desfile* de uma delas.

Conversando com o sacristão da Igreja do Rosário, ele nos propôs assistir a uma cerimônia de candomblé, que é um culto ou religião de origem africana trazida para o Brasil pelos escravos, vindos de lugares como Nigéria, República do Benim, Angola e Moçambique. Os seguidores do candomblé prestam culto e adoram os orixás, que são deuses ou divindades africanas que representam as forças da natureza. Os templos, denominados terreiros, são protegidos por uma lei federal. O Instituto do Patrimônio Artístico e Cultural da Bahia e o IPAC Nacional são os encarregados pela sua defesa.

No terreiro visitado por nós tudo começou com danças e batuques. A mãe de santo, uma respeitável senhora negra, dançava e caía no chão, entrando em transe. Verdadeiramente impressionante. Nós nunca tínhamos assistido àquilo. No final, ela se transformou numa índia caída ao chão em completo transe.

Ficamos na Bahia uns dez dias e voltamos em 1999, quando de novo passamos uma semana em Salvador, dessa vez com nossa filha Jennifer-Cristina de Rezende (Jenny). Então visitamos outros lugares, como a Casa do Benim, um museu localizado no Pelourinho. O equipamento cultural inaugurado em 1988 buscou refletir a relação entre a Bahia e aquela nação, de onde pessoas foram traficadas como escravas para o Brasil, o que causou um impacto cultural nos dois lugares. Esse museu possui importante acervo artístico e cultural afro-brasileiro. As relações entre ambos os países podem ser descritas como históricas, econômicas e culturais. Mesmo estando do outro lado do Atlântico, o Benim possui manifestações culturais e bens históricos que carregam traços da identidade brasileira. O famoso acarajé, que é uma comida tipicamente baiana, só difere do prato feito no país do noroeste da África pela grafia, pois lá se chama *carajé*.

O Benim foi o país da África que mais forneceu escravizados para o Brasil. Na época, inúmeros beninenses foram obrigados a vir trabalhar nas minas de ouro e nas lavouras de café e de cana-de-açúcar. Quando a princesa Isabel assinou a Lei Áurea, em 13 de maio de 1888, libertando os escravos, muitos deles voltaram para a terra de seus antepassados. Mas suas raízes culturais já tinham se misturado com as brasileiras.

Uma vez, em 2010, quando eu estava em missão no Mali e na Guiné-Conakry, tivemos conferências de uma professora da Universidade de Bamako (Mali) sobre as relações culturais entre o Brasil e os países do Golfo da Guiné. Nessa parte da

África se encontra muitos habitantes com sobrenomes de origem brasileira. Há os agudás, descendentes de escravos brasileiros ou de mercadores de escravos de Salvador que começaram a voltar para a costa ocidental do continente a partir de fim do século XIX. A maioria se fixou na cidade de Uidá, no então Reino do Daomé, atualmente República do Benim, que era um dos centros do comércio de escravos para o Brasil. Atualmente esses *brasileiros* representam 10% da população. No hospital de Kankan, na Guiné, o cirurgião me dizia que tinha muito orgulho de suas origens brasileiras: "Somos todos irmãos e eu amo o Brasil. Sempre que a Seleção Brasileira joga, torço por ela".

Em fevereiro de 2006, Luiz Inácio Lula da Silva recebeu em Brasília o presidente do Benim, Mathieu Kérékou, em viagem oficial. O mandatário brasileiro, por sua vez, visitou o país africano em fins de 2006.

Na nossa segunda viagem à Bahia, em 1999, aproveitamos para comprar duas pinturas originais: uma de um Carnaval no Pelourinho e outra que se diz *peinture naif* (que em português seria pintura ingênua), de casinhas de todas as cores na encosta de um morro. Também adquirimos para minha esposa um colar de esmeraldas brasileiras. É difícil comentar tudo o que vimos na Bahia; os meninos de rua que nos interpelavam num francês aproximado (*bonjur Messieu, souvenirs...*) para oferecer seus produtos ou serem guias para visitar uma coisa ou outra. Sim, porque turistas na Bahia são em geral franceses. Pouco ou nenhum estadunidense.

Por toda a parte encontramos negras, todas vestidas de branco e seus turbantes também brancos vendendo acarajés e outros petiscos da cozinha baiana. Apreciamos muito o povo da rua, os jovens com a capoeira, tanto nas praias como nas praças e ruas com seus nomes exóticos, como Terreiro de Jesus, Praça da Sé, Largo do Campo da Pólvora, Praça da Piedade, Baixa do Sapateiro, Largo da Amaralina, Largo do Bonfim e tantos outros lugares que visitamos e apreciamos.

Reconheço que tivemos dificuldade em deixar a Bahia. Termino com um trechinho de *Na Baixa do Sapateiro*, canção de Ary Barroso, na voz de Dorival Caymmi:

Na Baixa do Sapateiro
Encontrei um dia
A morena mais frajola da Bahia
Pedi-lhe um beijo, não deu
Um abraço, sorriu
Pedi-lhe a mão, não quis dar, fugiu

Bahia, terra da felicidade
Morena, eu ando louco de saudade
Meu Sinhô do Bonfim
Arranje uma morena
Igualzinha pra mim
Ai, Bahia, ai, ai.

Depois dessa visita a Salvador viajamos para Manaus, onde nos receberia meu primo Marco Aurélio de Rezende Formigheri, filho da tia Maria Áurea e do Francisco Formigheri (o tio Chico). Esses gaúchos estão por toda a parte no Brasil e mesmo no exterior. De Passo Fundo, o Marco chegou ao fim do Brasil, e eu, de Passo Fundo para Moscou e depois para a França. O Marco tinha um belo restaurante. Foi uma interessante viagem. Era a época da seca, o inverno, a *friagem*, como eles dizem. Na primeira noite, minha esposa Annelise inventou de ir passear no cais do porto. Eu não estava muito de acordo, pois imaginava o perigo. Estávamos calmamente sentados numa praça em frente ao cais quando, de repente, um senhor idoso veio conversar conosco dizendo "vocês não são daqui". Eu lhe respondi que eu era do Rio Grande do Sul. Então ele nos aconselhou a deixar o lugar imediatamente, pois era perigoso e nós podíamos ser assaltados.

Manaus é um ponto de partida importante para encontrar a Floresta Amazônica. A leste da cidade, o Rio Negro, escuro, converge para o Rio Solimões, barrento, resultando em um fenômeno visual incrível chamado Encontro das Águas. A combinação dos afluentes forma o Rio Amazonas.

Fundada em 1669 pelos portugueses, com o Forte de São José do Rio Negro, foi elevada a vila em 1832 com o nome de *Manaos*, em homenagem à nação indígena dos Manaós, sendo legalmente transformada em cidade no dia 24 de outubro de 1848 com o nome de Cidade da Barra do Rio Negro. Somente em 4 de setembro de 1856 passou a ter seu nome atual. Manaus ficou conhecida no começo do século XX como a Paris dos Trópicos, mesmo que ela esteja situada na Linha do Equador, pois o Trópico de Capricórnio fica uns 3 mil km ao sul, à altura da cidade de São Paulo. Manaus passou então por uma intensa modernização durante o período áureo da borracha, atraindo investimentos estrangeiros e imigrantes de muitas partes do mundo, sobretudo franceses e portugueses.

O avô do meu amigo Alberto Santos (*Berto* para os íntimos) foi cônsul de Portugal em Manaus entre o fim do século XIX até 1912.

A nossa primeira visita foi ao Teatro Amazonas, um dos mais importantes do Brasil e o principal cartão-postal da cidade. Até pouco tempo Manaus era o único município do Brasil que não tinha nenhuma estrada que o ligasse ao norte ou ao sul. Encontrava-se numa clareira da selva. Só se podia chegar lá de avião ou navio. Nós fomos de avião, mas eu sonho um dia subir o Amazonas saindo de Belém do Pará, cidade que infelizmente não conheço.

Localizado no centro histórico de Manaus, o Teatro Amazonas foi inaugurado em 1896 para realizar o desejo da alta sociedade amazonense da época, que queria que a cidade estivesse à altura dos grandes centros culturais do mundo. De estilo renascentista, no entorno de sua estrutura externa há detalhes únicos na sua cúpula. Tornou-se um dos monumentos mais conhecidos do Brasil, a expressão mais significativa da riqueza na cidade durante o Ciclo da Borracha. Foi tombado como patrimônio histórico nacional.

O interior do teatro é uma verdadeira maravilha, com uma decoração muito nobre. Ele já foi palco de grandes peças. Seu estilo arquitetônico é considerado tipicamente renascentista, com detalhes ecléticos. Suas telhas foram importadas da Alsácia; as paredes de aço, de Glasgow, na Escócia; e o mármore nas escadas, estátuas e colunas, de Carrara, na Itália. A decoração do interior veio da França, no estilo Luís XV. Os 198 lustres vieram da Itália, incluindo vidros de Murano, ilha situada ao largo de Veneza. A cúpula é coberta de azulejos portugueses decorados. É composta de 36 mil peças de cerâmica esmaltada e telhas vitrificadas, vindas da Alsácia (região na França onde moramos). O colorido original, em verde, azul e amarelo, é uma evocação à exuberância da bandeira do Brasil.

Para visitar os índios e caboclos pegamos um barco no porto fluvial. Foi uma bela viagem. O passeio incluiu o encontro com botos-cor-de-rosa (os únicos botos de água doce), uma visita a uma tribo indígena e um almoço na selva. Tiramos fotos com animais silvestres.

Havia no barco uma freira que vinha de uma viagem entre São Gabriel da Cachoeira e Manaus, descendo o Rio Negro. Eu disse para a Annelise: "Vou me sentar ao lado dela, pois certamente terá coisas interessantes para me contar". Ela era missionária na região e me contou que São Gabriel da Cachoeira era um município único no Amazonas. Não apenas pelo seu isolamento geográfico nem por suas paisagens deslumbrantes, mas principalmente por sua população, por cerca de 90% dos habitantes serem indígenas. Mais de 20 etnias diferentes viviam no município e exerciam influências muito fortes, pois além do português, existiam mais três idiomas oficiais: nheengatu, tukano e baniwa. A maior parte dos habitantes conversava em suas línguas nativas. Contava a freira que para descer o Rio Negro era rápido, só uns 5 dias, com a ajuda da correnteza. Para subir era demorado, mais de uma semana. De vez em quando ela conseguia um lugar num avião da FAB que subia ou descia para São Gabriel, mas isso nem sempre era possível.

Durante um dia inteiro viajamos pelo Amazonas, entramos na floresta, navegando entre os igarapés, e admiramos os peixes vegetarianos que saltavam para comer as folhas das árvores. Havia uns jovens índios e caboclos, mestiços de índios com portugueses, que nos mostravam pequenos jacarés com a goela atada com um cipó para proteger os visitantes. Numa parada nos apresentaram uma enorme jiboia bem impressionante, mas inofensiva. A Annelise ficou com medo. Também conhecemos o Encontro das Águas, um fenômeno natural visível desde Manaus. Acontece entre os rios Negro e Solimões, que juntos formam o Rio Amazonas. A embocadura dos dois cursos d'água tem 80 km de largura. O espetáculo é extraordinário. De uma margem é impossível ver a margem do outro lado. Vendo essa maravilha, Francisco de Orellana, o explorador espanhol do Grande Rio chamou essa união das águas de *Mar Dulce*.

Visitamos também o jardim zoológico, situado no bairro São Jorge, que reúne exemplares de onça-pintada, arara-azul, gavião-real, macaco-prego e pantera-negra, entre outros. Um dos ambientes mais bonitos é o viveiro dos macacos, que ocupa a área central, reunindo várias espécies de primatas, e a área das onças. Conhecemos a anta, maior mamífero da América do Sul, e a beleza do tucano. Criado e administrado pelo Exército brasileiro, o Jardim Zoológico de Manaus foi aberto ao público em 1967. Em 2014, foi considerado um dos melhores zoológicos e aquários da América do Sul.

Nos lagos, apreciamos a vitória-régia e lembramos da lenda de origem tupi-guarani:

> *Uma vez, há muitos anos, em uma tribo indígena, contava-se que a Lua (Jaci, para os índios) era uma deusa que, ao despontar a noite, beijava e enchia de luz os rostos das mais belas virgens da aldeia: as cunhantãs-moças. Sempre que ela se escondia atrás das montanhas, levava para si as moças de sua preferência e as transformava em estrelas do firmamento. Uma linda jovem virgem da tribo, a guerreira Naiá, vivia sonhando*

com este encontro e mal podia esperar pelo grande dia em que seria chamada por Jaci.

Os anciãos da tribo alertavam Naiá: depois de seu encontro com a deusa sedutora, as moças perdiam seu sangue e sua carne, tornando-se luz – viravam as estrelas do céu. Naiá queria ser levada pela Lua. À noite ela perambulava pelas montanhas atrás da Jaci, sem nunca alcançá-la. Todas as noites eram assim, e a jovem índia definhava, sonhando com o encontro, sem desistir. Não comia e nem bebia nada. Tão obcecada ficou que não havia pajé (feiticeiro) que lhe desse jeito. Um dia, tendo parado para descansar à beira de um lago, viu em sua superfície a imagem da deusa amada: a Lua refletida em suas águas. Cega pelo seu sonho, lançou-se ao fundo e se afogou.

A Lua, compadecida, quis recompensar o sacrifício da bela jovem índia e resolveu transformá-la em uma estrela diferente de todas aquelas que brilham no céu. Transformou-a então numa estrela das águas, única e perfeita, que é a planta vitória-régia. Assim nasceu a mais linda planta, cujas flores perfumadas e brancas só abrem à noite, e ao nascer do sol ficam rosadas.

Outra visita importante foi ao Mercado Municipal Adolpho Lisboa, em homenagem ao prefeito municipal quando de sua construção. Edificado no período áureo da borracha em estilo *art nouveau* é considerado um dos mais importantes espaços de comercialização de produtos e alimentos típicos da Amazônia devido à variedade de espécies de peixes dos rios, frutas, legumes, especiarias, ervas e artesanato.

O Mercadão atraiu nossa atenção e curiosidade por ser um dos principais exemplares da arquitetura em ferro, sem similar em todo mundo. Foi tombado como patrimônio histórico e artístico nacional em 1983. Sua construção foi iniciada em 1880 e inaugurado em 1883. É de se notar que na época se estava no Ciclo da Borracha, um momento muito importante para a cidade de Manaus. Foi o período em que a economia da Amazônia passou a depender exclusivamente da extração do látex, de onde vem a borracha. Essa fase começou nos anos 1870 e terminou no ano de 1912, quando a Inglaterra (a *Pérfida Albion*, como dizem os franceses), clandestinamente, contrabandeou sementes de seringueira para o Extremo-Oriente (Malásia, Bornéu), estabelecendo grandes plantações modernas e eficientes, produzindo borracha em grande escala.

Daquele tempo sobraram os grandes edifícios no estilo *belle époque, art nouveau*. Durante o Ciclo da Borracha Manaus ganhou visibilidade, projetando-se internacionalmente como uma cidade moderna, dotada de sofisticados meios de transporte e comunicação. Muitos artistas europeus se apresentavam em Manaus vindo diretamente da Europa sem passar pelo Rio de Janeiro, como o cantor italiano Enrico Caruso (o Grande Caruso) e a atriz francesa Sarah Bernhardt. Os transatlânticos saindo de um porto europeu os traziam diretamente à cidade. O escritor francês Erik Orsenna, membro da Academia francesa, conta num de seus livros, *L'Exposition coloniale*, que os ricaços de Manaus mandavam suas roupas de cama (lençóis, fronhas, toalhas, etc.) para lavar na Inglaterra. Elas voltavam branquinhas sem terem sido maculadas pelas águas barrentas do Amazonas.

Depois dessa época áurea Manaus entrou em uma grande decadência, com um pequeno desenvolvimento durante a II Guerra Mundial, quando a procura pela borracha da Amazônia voltou a ser grande. As plantações da Indochina francesa e da Malásia e Bornéu, ingleses, estavam ocupadas pelo Império do Japão.

A situação melhorou novamente quando foi criada a Zona Franca de Manaus, em 1957. Seu polo industrial abriga, atualmente, cerca de 600 indústrias, especialmente concentradas nos setores de televisão, informática e motocicletas. Nos últimos anos, a cidade recebeu um novo impulso com os incentivos fiscais na implantação da tecnologia de televisão digital no Brasil.

Em 2008 participei de uma missão do Ministério da Saúde francês em Manaus. Naquela época uma empresa francesa, a Thomson estava participando de uma concorrência pública para a instalação do projeto Calha Norte/Sivam. A outra candidata era a Raytheon Company, um conglomerado estadunidense que atua na área de armamentos e equipamentos eletrônicos para uso militar. Nossa ideia era convencer a Thomson, caso ela ganhasse a disputa, a participar de uma cooperação para a instalação de programas de assistência médica às populações ribeirinhas da Calha Norte. Então elaborei um projeto nesse sentido e o apresentei em Paris, pois esperávamos um financiamento da companhia francesa. O Ministério da Saúde do Brasil estava a par dessa nossa ideia, pois eu pessoalmente apresentei-a ao ministro Temporão, que muito a apreciou.

Estando em Manaus fomos recebidos pelo general comandante militar da Amazônia, quando devíamos lhe apresentar nossa iniciativa com a Thomson. A conversa foi muito amena e o nosso projeto interessou muito ao general. Ele falava francês, tendo feito estudos na Escola de Estado-Maior de Lyon. Num certo momento me perguntou: "Faz muito tempo que o doutor está na França?" Eu lhe respondi: "Desde 1970, general, o senhor deve se lembrar que então muitos brasileiros iam para o exterior..." Os franceses então me cochichavam no ouvido: "Eles têm a tua ficha, Paulo..." O general sorriu e mudamos de assunto.

O Projeto Calha Norte era um programa de desenvolvimento e defesa da Região Norte do Brasil. Estava prevista a instalação de radares de defesa e vigilância na fronteira norte do país, iniciado em 1985 durante o governo Sarney e continuado durante os dois mandatos de Fernando Henrique Cardoso. A Calha Norte deveria ter 160 quilômetros de largura ao longo de 6,5 mil quilômetros de fronteiras com a Guiana Francesa, o Suriname, a Guiana (ex-inglesa), a Venezuela e a Colômbia. O argumento usado para a implementação desse projeto era *fortalecer a presença nacional* ao longo da fronteira norte amazônica, tida como ponto vulnerável do território brasileiro. Estava previsto que o Sistema de Vigilância da Amazônia (Sivam) contaria com uma infraestrutura tecnológica de estações meteorológicas, plataformas de coleta de dados, radares de vigilância, sensores aeroembarcados, estações de recepção de dados satelitais e uma rede integrada de telecomunicações. Como vocês veem, era muito interessante.

Finalmente, a Raytheon Company ganhou a concorrência, negociada diretamente entre os presidentes William Clinton, dos EUA, e Fernando Henrique, do Brasil, para a instalação do sistema de radares na Região Norte brasileira. Com a derrota da Thomson, nosso projeto não tinha mais razão de ser e foi abandonado. Seria impossível negociar com os *yankees*.

Mas a situação se envenenou quando o *Le Monde* publicou na íntegra, em primeira página, uma conversa telefônica entre o comandante da Aeronáutica brasileira e o representante da Raytheon do Brasil. A revista *IstoÉ* também divulgou as gravações, na qual eles *negociavam* propina. O escândalo foi tal que o chefe da Força Aérea foi obrigado a se demitir. Certamente essas gravações foram feitas pelos serviços franceses e a Polícia Federal (PF) brasileira, que passaram para a *IstoÉ* e o *Le Monde*.

Uma CPI foi instalada na Câmara dos Deputados, mas tudo deu em nada. Os EUA tinham também interesse de utilizar o Sivam para espionar a base de lançamento de satélites de Kourou, na Guiana Francesa, que fica bem pertinho. Como está o Sivam hoje? A Raytheon Company sempre foi muito criticada pelos físicos brasileiros, que afirmavam que o Brasil tinha capacidade de realizar esse projeto, e também pela Sociedade Brasileira para o Progresso da Ciência (SBPC).

É sabido que logo após a virada do milênio, a Raytheon instalou radares no Brasil como parte do Sivam[18] e ela é a maior

---

18.   Matéria divulgada na imprensa: *Espionagem deu Sivam a empresa dos EUA – Casa Branca teve acesso a informações sigilosas; militar brasileiro colaborou para que Raytheon vencesse* – 23 de julho de 2002. https://www1.folha.uol.com.br/fsp/brasil/fc2307200221.htm

- *As barbas do imperador*, de Lilia Moritz Schwarcz;
- *Brasil: Viagem do descobrimento* e *Náufragos, traficantes e degredados, capitães do Brasil*, ambos de Eduardo Bueno (o Peninha, amigo de minha sobrinha Monika);
- *Memórias de um médico*, de Alexandre Dumas, que eu li em Passo Fundo quando estava no colégio;
- *Brasil nunca mais*, publicado pelo cardeal Dom Paulo Evaristo Arns, o Rabino Henry Sobel e o pastor presbiteriano Jaime Wright;
- *Viagem à província do Rio Grande do Sul, 1820/1821*, de Auguste de Saint-Hilaire;
- *A Fronteira – Fixação dos limites entre o Brasil, Argentina e o Uruguai*, de Tau Golin, Universidade de Passo Fundo;
- *Casa grande e senzala*, de Gilberto Freire;
- *Maldita guerra – Nova história da Guerra do Paraguai*, de Francisco Doratioto;
- *História da vida privada no Brasil*, coleção dirigida por Fernando Novais;
- *Mauá – Empresário do Império*, de Jorge Caldeira;
- *O Império Brasileiro (1821-1889)*, de Oliveira Lima;
- *Fernando Pessoa – Poeta plural (1888/1935)*, Cadernos do Centro Georges Pompidou, Paris;
- *Os Maias*, de Eça de Queirós;
- *História de Portugal*, de Alexandre Herculano;
- *Memorial do convento*, de José Saramago;
- Obra poética de Guerra Junqueiro com *O melro*, meu preferido;
- *O Barão do Rio Branco, a América do Sul e a modernização do Brasil*, de Carlos Henrique Cardim, com prefácio de Fernando Henrique Cardoso;
- *O Brasil vai à guerra*, de Ricardo Seitenfus;
- E, evidentemente, *Os Lusíadas*, de Luís de Camões.

Registro também nessas memórias: quando estive no Brasil para o Natal e Ano-Novo, de 2019/20, comprei num sebo *Memórias do cárcere*, de Graciliano Ramos, livro que ainda não li.

Em espanhol:
- *Cien años de soledad*; *Cronica de una muerte anunciada*; *El amor en los tiempos de colera*, de Gabriel García Márquez;
- *El hombre que amaba a los perros* e *herejes*, de Leonardo Padura;
- *25 poemas de Pablo Neruda* – seleção das melhores poesias do poeta chileno;
- *Don Quijote de la Mancha*, de Miguel de Cervantes;
- *De revolucionário con El Che a consejero del presidente François Mitterrand y hombre de confianza de Fidel Castro. Régis Debray, intelectual comprometido.*

Em francês:
- *Histoires de Hérodote, la Guerre du Péloponnèse*, de Thucydide;
- *L'Iliade* e *Odyssée*, de Homero;
- *Les métamorphoses*, de Ovide;
- *La mythologie grecque. Les prodigieuses aventures des Dieux et des héros*. Coleção publicada pelo *Le Monde*;
- *Œuvres completes de Platon*;
- *Histoires romaines, la Guerre des Gaules*, de Jules Cesar;
- *Histoire de Polybe*;
- *La vies des hommes illustres vol I et II*, de Plutarque;
- *Historiens romains*, de Tite-Live et Sallustre;
- *La vie des douze Césars*, de Suétone;
- *Germanie agricola*, de Tacite;
- *Hippocrate, le père de la Medecine, œuvres complètes*;
- *La Bible, écrits intertestamentaires*;
- *Écrits apocryphes chrétiens*;
- *Premiers écrits chrétiens*;
- *La cité de Dieu et les confessions*, de Saint Augustin;
- *L'esprit des lois*, de Montesquieu;
- *Mémoires d'Adrien*, de Marguerite Yourcenar;
- *Crime et châtiment, Les Frères Karamazov* e *L'Idiot*, de Fiodor Dostoïevski;
- *Ana Karenine* e *Écrits de Sébastopol*, de Lev Tolstoï;

- *Pères et Fils*, de Ivan Tourgueniev;
- *La dame de pique, Eugène Onéguine (théâtre), La fille du capitaine, Le nègre de Pierre le Grand* e *Le cavalier de bronze*, de Alexandre Pouchkine;
- *Les âmes mortes*, de Nicolas Gogol;
- *Le Don paisible*, de Mikhaïl Cholokhov;
- *La roue rouge, Le pavillon des cancéreux, Le premier cercle* e *L'Archipel du Goulag*, de Alexandre Soljenitsyne;
- *Le docteur Jivago*, de Boris Pasternak;
- *L'Affaire Calas* e *Le Siècle de Louis XIV, de* Voltaire;
- *Histoire de l' Empire Russe*, edição de 1913, de Alfred Rambaud;
- *Notre Dame de Paris, Les misérables, Ce siècle avait deux ans*, de Victor Hugo;
- *Mémoires d'autre tombe*, de François de Chateaubriand;
- *Le rouge et le noir* e *La chartreuse de Parme*, de Stendhal;
- *Le Comte de Montecristo*, de Alexandre Dumas;
- *Histoire de la Révolution Française*, de Jules Michelet;
- *Mémorial de Saint Hélène*, de Comte de Las Cases;
- *Les 900 jours - Le Siège*, de Leningrad;
- A obra de Hélène Carrère d'Encausse, secretária perpétua da Académie Française e especialista da URSS e da Rússia;
- *La Méditerranée et le Monde Méditerranéen à Époque de Philippe II*, de Fernand Braudel;
- *Mémoires de guerre*, de Charles de Gaulle;
- *Mémoires de guerre*, de Winston Churchil;
- Jean d'Ormesson – toda sua obra;
- *La recherche du temps perdu*, de Marcel Proust;
- *De la démocratie en Amérique*, de Alexis de Tocqueville;
- *Comprendre le Nazisme, La loi du sang – Penser et agir en nazi* e *La révolution culturelle nazi*, de Johann Chapoutot;
- *Chrétiens d'Orient – 2000 ans d'Histoire*, Coletivo de autores sob a direção de Raphaelle Ziadé. *Livres d'Art*, Ed.Gallimard;
- *A Guerre des Juifs*, de Flavius Josephe;

- *Les mille et une nuits*, contos traduzidos do árabe por Joseph Charles Mardrus;
- *Discours sur l'Histoire universelle, Al-Muqaddima*, por Ibn Khaldûn;
- *Déclin et de la chute de l'Empire Romain, Rome et Byzance*, de Edward Gibbon;
- *Mythe et épopée*, de Georges Dumézil;
- *Lorsque les dieux faisaient l'homme*, de Jean Bottéro ;
- *Les racines historiques du conte merveilleux*, de Vladimir Propp;
- *Le temps des cathédrales (980-1420)*, de Georges Duby;
- *Dieu, un itinéraire, Un candide en Terre Sainte, La mémoire est révolutionnaire, Bilan de faillite, ou les conseils a mon fils*, de Régis Debray;
- *Rouge Brésil*, de Jean Christophe Rufin;
- *Les mondes de François Mitterrand*, de Hubert Vedrine;
- *Russie X Occident, une guerre de mille ans – la russophobie de Charlemagne à la crise ukrainienne*, de Guy Mettan (Université de Genève);
- *À des moments critiques, la Russie a sauvé l'équilibre du monde*, de Henry Kissinger;
- *Le nazisme en Amérique du Sud, chronique d'une guerre secrète 1930-1950, de* Sergio Corrêa da Costa;
- *Vie et destin*, de Vassili Grossman;
- *Une certaine idée de la République, Histoire culturelle de la France – Le temps des masses. Il faut sortir de l'ultra-libéralisme et revenir à la République, La France est-elle finie?*, de Jean Pierre Chevènement.

Em russo:
- *Guerra e Paz* (Война и Мир), de Lev Tolstoï;
- *Guerra – Alemanha contra a União Soviética, 1941-1945* (Война Германия против Советского Союза, 1941-1945);
- *Crônica de Nestor, Nascimento dos Mundos Russos 852-1116* (Хроника Нестора Рождение русских миров, Читая прошлые времена).

Os DVDs:
- *Os Maias* – minissérie tirada do romance de Eça de Queirós; muito bacana, com um português clássico com sotaque do Brasil;
- *O tempo e o vento,* baseado na obra de Erico Verissimo;
- *Os capitães de areia,* da obra de Jorge Amado;
- *Dona Flor e seus dois maridos,* também da obra de Jorge Amado, 1976;
- *Tenda dos milagres,* baseado na obra de Jorge Amado;
- *Gabriela (Gabriela, cravo e canela),* realizado por Bruno Barreto, 1983. Adaptação do romance de Jorge Amado;
- *A escrava Isaura,* baseado no romance de Bernardo Guimarães;
- *Le dernier empereur,* filme de Bernardo Bertolucci, 1987 (France) Oscar 1988;
- *Le nom de la rose,* filme de Jean-Jacques Annaud, do romance de Umberto Eco;
- *Le guepardo,* filme de Luchino Visconti – Palma de Ouro, 1963;
- *Guerra et paz* (Война и Мир), segundo a obra de Lev Tolstoi, filme de Serguei Bondartchuk (em russo);
- *Leningrad – la plus grande bataille de la II Guerre Mondiale,* de Sir Antony Beevor;
- *Boris Godounov* (Борис Годунов, opéra de Modest Moussorgski (en russo);
- *Crime e castigo* (Преступление и наказание), adaptação da do célebre romance de Fédor Dostoïevski (Федор Достоевский) em russo;
- *Ivan le terrible* (Иван Грозный), filme de Serguei Eisenstein (Сергей Эйзенштейн), *(1943-1945)* em russo;
- *Encouraçado Potenkin* (Воодушевленный Потейкин), filme de Serguei Eisenstein (Сергей Эйзенштейн), em russo, 1926;
- *Alexander Nevsky* (Александр Невский), filme de Serguei Eisenstein (Сергей Эйзенштейн), em russo, 1939;

- *Le docteur Jivago*, filme de David Lean, romance de Boris Pasternak, filme anglo-françês, 1966;
- *L'amour aux temps du coléra*, de Gabriel García Márquez, filme de Mike Newel;
- *La mission*, Palma de Ouro em Cannes, 1986;
- *Antônio das Mortes*, de Gláuber Rocha;
- *O pagador de promessas*, de Dias Gomes e Anselmo Duarte, único filme brasileiro a ter ganhado a Palma de Ouro em Cannes, 1962;
- *Orfeu negro*, filme ítalo-franco-brasileiro de 1959, obra-prima de Marcel Camus, música de Tom Jobim, que ganhou Oscar de Melhor Filme, de 1960;
- *La controverse de Valladolid*, filme de Jean-Daniel Verhaeghe e Jean-Claude Carrière;
- *Les indiens du nouveau monde ont-ils une âme?*;
- *Mort à Venise*, filme de Luchino Visconti, 1971, inspirado no romance de Thomas Mann;
- *François Mitterrand – O roman du pouvoir avec le concours*, de Jean Lacouture;
- *François Mitterrand – Le Promeneur du Champ-de--Mars 2005*, filme adaptado do romance *Le Dernier Mitterrand*, de Georges-Marc Benamou;
- *EuroSocial, programa regional para cohésion social en América Latina*.

Também quero me referir aos meus inúmeros CDs com toda essa música clássica que tanto aprecio: Mozart, com toda a coleção publicada pelo *Le Monde*; as cantatas de Bach, suas sonatas; Chopin, Liszt; as óperas russas e italianas, sem esquecer do *Guarani*, de Carlos Gomes. E também Vivaldi, Rachmaninoff, Tchaikovski, Rimski-Korsakov, Mossorgsky, Borodin, *a Grande Liturgia Ortodoxes*. E também as músicas de Francisco Javier (1506 e 1553) *La Ruta de Orient, par La Capilla de Catalunya* (2015) por Jordi Savall e Erasmus Van Rotterdam, *Elogio de la Locura par La Capilla de Catalunya* por Jordi Savall, *Jesus et l'Islam* (2015) por Gérard Mordillat e Jerome Prieur; e tantas e tantas, como a música popular brasileira com os inesquecíveis Chico Buarque de Holanda, Dorival Caymmi, Caetano Veloso.

Ainda antes de finalizar, quero registrar o que me aconteceu, certa vez, em Paris: um sequestro-relâmpago. Era umas 22h e estava em frente do hospital onde eu tinha um apartamento. Eu abria o carro, um Mini Morris inglês, quando de repente alguém pôs um revólver na minha cabeça dizendo: "Sou um terrorista basco". Me ameaçando o tempo todo, entramos no meu carro. Queria dinheiro. Ele me levou para um subúrbio de Paris, sempre fazendo voltas. De repente, me falou que tudo deveria sair bem: "Se você se comportar, eu não lhe matarei". Respondi: "Se você me matar não terá o dinheiro". Paramos na frente do caixa eletrônico de um banco, o meu sequestrador pretendia tirar dinheiro, mas ele estava fechado. Num segundo local havia um carro de polícia estacionado. O que fazer? Se atacasse a viatura da polícia com meu veículo tudo terminaria em tiroteio. Seguimos, então, para um terceiro banco e meu sequestrador tirou 800 euros.

Durante toda nossa *viagem* pelos subúrbios de Paris, utilizei a tática de conversar com o meu sequestrador. Pensava que era o que deveria fazer. Assim ele me contou que sua mãe era espanhola e seu pai basco-francês. Então eu comecei a lhe falar em espanhol. Contei a minha história, brasileiro vindo para a França como exilado político. Até parecia que havia uma certa conivência entre nós. Os dois éramos militantes políticos... Ele lutava pela independência do País Basco, e eu, contra a ditadura militar no Brasil.

De repente ele disse que eu não deveria me preocupar, pois o meu banco tinha um seguro e que eu seria reembolsado dos 800 €, mas para isso eu deveria registrar uma queixa na polícia. Notei que tinha experiência. O banco me indenizou. No fim do sequestro, vendo que tinha pouca gasolina no carro, ainda me deu 20 € para o combustível e me explicou que mais adiante tinha um posto de gasolina aberto toda noite e que aquele bairro era muito perigoso.

Já *livre*, de repente, a minha esposa chamou pelo celular me dizendo: "Onde você está? Chamo e você não responde". Então lhe contei minha *aventura*. Imediatamente fui à polícia para dar parte e bloqueei meu celular e o cartão de crédito.

Finalmente, tudo poderia ter sido pior. Seria a síndrome de Estocolmo quando o sequestrado e o sequestrador terminam *simpatizando*? Num certo momento, ele me disse que conhecia o norte da Alsácia, pois tinha feito o seu serviço militar em Drachembronn, uma base militar da Linha Maginot que fica perto de Wissembourg.

Já há muito tempo eu moro em Strasbourg, cidade que aprecio particularmente. Seu clima é ótimo. Calor no verão e frio no inverno. Nesses últimos anos temos tido no sul da França terríveis tempestades, inundações com destruição completa de localidades com mortes de habitantes e bombeiros. Aqui, nós não tivemos isso. A planície da Alsácia fica entre as Montanhas dos Vosges, a oeste, e a Floresta Negra, a leste. Isto nos protege. Strasbourg é uma linda cidade e na época das festas de fim do ano a sua iluminação noturna é belíssima.

Strasbourg é a capital da região da Alsácia, no nordeste da França. A cidade também é a sede do Parlamento Europeu. Localizada perto da fronteira alemã, sua cultura e arquitetura misturam influências alemãs e francesas. É de se destacar o monumento mais famoso da cidade: a Catedral de Notre-Dame de Strasbourg, a mais antiga catedral gótica do mundo. Em 2015, comemoramos seu milênio. Sua torre é de 1439.

La Petite France (Pequena França) é um bairro pitoresco do centro histórico de Strasbourg. Construída pelos exilados protestantes (huguenotes) a partir de 1685, ela foi inscrita, em 1988, na lista do patrimônio mundial da Unesco.

A *Neustadt* (cidade nova, em alemão) foi construída de 1880 a 1914. Esse bairro unifica as influências francesas e alemãs e faz de Strasbourg uma cidade com uma identidade única, sem paralelo na Europa. O estilo arquitetônico da *Neustadt* é muito eclético e destaca diferentes influências: neogótico, art nouveau, art déco, neorrenascentista e rococó se misturam harmoniosamente. Essa grande diversidade arquitetônica é o que faz dessa área um lugar notável e lhe dá um tal charme! Locais exepcionais que incluem o Palácio Imperial do Reno, a Biblioteca Nacional e Universitária, a Praça da República, o Teatro Nacional de Strasbourg, a Igreja São Paulo, o Observatório e o Liceu dos Pontoneiros, onde a Annelise fez seus estudos secundários.

XXI

Epílogo

Cheguei quase ao fim. É o final de uma obra, no meu caso, de minhas memórias, que chamei *Do Pinheiro Torto ao vasto mundo*, escritas entre julho e dezembro de 2019 e finalizadas de janeiro a maio de 2020. Este epílogo constitui sua conclusão ou arremate.

Geralmente, o epílogo é usado para dar a conhecer o desfecho dos acontecimentos relatados, o destino final das situações e personagens da história de minha vida, de minhas viagens, de minhas missões – da África subsaariana à América Latina, ao Cáucaso, da África do Norte à Ásia Central e ao sudeste da Ásia. De meu trabalho como médico tanto no Hospital Universitário de Strasbourg quanto no Hospital de Vittel e no Centro Hospitalar Geral de Wissembourg; no Ministério da Saúde da França, onde eu participei do Programa de Medicalização do Sistema de Informação dos Hospitais (PMSI) e como encarregado da cooperação com os países da América Latina e da África francófona. Da implantação do Samu192 no meu país de origem, meu amado Brasil; da minha prisão no Dops de Porto Alegre e no DOI-Codi de São Paulo; da minha militância durante a ditadura militar; da história de minha família tanto brasileira como francesa; das dissertações, um conjunto de ideias apresentadas e defendidas nas quais eu acredito sinceramente.

Entrego a vocês estas memórias com imperfeições, erros e esquecimentos, escritas com o coração e a alma, com determinação de luta e combate e a certeza que minha vida e minha luta continuam.

Em 2020 o Brasil vive um momento muito difícil. O presidente da República defende que a pandemia de coronavírus não existe no país e é contra a política de confinamento, decretada pelos governadores dos diferentes estados da federação.

Na Antiguidade clássica e no Renascimento, o epílogo consistia apenas numa fala breve feita pelo autor, após o encerramento da ação principal. Tinha a função de fazer uma despedida ao leitor, a quem se suplicava benevolência em relação aos eventuais defeitos das memórias, no meu caso. Essa função foi por vezes adaptada à literatura – como Luís de Camões, que usou esse recurso na sua epopeia *Nô mais Musa, nô mais que a lira tenho...* no início do epílogo de *Os Lusíadas*, canto X, estância 145. É no epílogo do poema que ele se refere ao futuro da nação portuguesa e desabafa com um tom crítico.

Terminando *Do Pinheiro Torto ao vasto mundo* olho este belo apartamento onde vivo há anos com minha família em Strasbourg, num edifício tombado como monumento histórico, construído no começo do século XIX e restaurado regularmente. Vejo a minha biblioteca, com meus livros e os álbuns de fotos de família, dos meus pais, dona Maria e seu Pedro, jovens e lindos. Também os retratos de meus sogros, que não conheci. O pai da Annelise tocando trompete na orquestra da aldeia onde viviam.

Vejo a minha coleção de ícones, as máscaras africanas, as obras de arte que adquiri durante visitas à Bahia e em missão a Cuba; o piano de nossa filha Jenny, com as belas pinturas feitas pela minha esposa, que depois de aposentada *descobriu* um novo talento. Piano no qual Jenny aprendeu a tocar com seu professor bielorrusso Dimitri; os móveis do salão em estilo alsaciano; os lustres em *art nouveau*. Na entrada admiro um tapete de veludo na parede, proveniente da Ásia Central, do Uzbequistão, que herdei de minha primeira esposa.

No salão e na biblioteca, belos tapetes que compramos no Grande Bazar de Istambul. Aprecio um samovar que tem uma história interessante. Durante uma visita do presidente Mitterrand à URSS, o presidente Gorbatchev o presenteou com um samovar. Como ele não sabia o que fazer com esse utensílio doméstico usado para ferver a água do chá na Rússia, Mitterrand passou o presente para o secretário-geral do Palácio do Eliseu, Hubert Vedrine; como ele também não sabia o que fazer, sua esposa Michele, uma amiga minha, resolveu me oferecer dizendo: "Você, Paulo, tendo vivido na Rússia, certamente saberá apreciar esse samovar". É por isso que dizemos: "Este é o samovar do Gorbatchev".

Finalmente, afirmo também que eu sempre tive muito orgulho de representar a França em diferentes ocasiões em todas minhas atividades pelo vasto mundo como *chargé de mission*.

Post Scriptum: o começo de um livro que aprecio tanto:

> *Muchos años después, frente al pelotón de fusilamiento, el coronel Aureliano Buendia había de recordar aquella tarde remota en que su padre le llevó a conocer el hielo. Macondo era entonces una aldea de viente casas de barro y cañabrava construidas a la orilla de un río de aguas diáfanas que se precipitaban por un lecho de piedras pulidas, brancas y enormes como huevos prehistóricos. El mundo era tan reciente, que muchas cosas carecían de nombre, y para mencionarlas había que señalarlas con el dedo...*

Gabriel García Márquez
Prêmio Nobel de Literatura
Cien años de soledad

Caderno de imagens

Eu, com dez meses.

Meus avós paternos e seus filhos, em fotografia feita em 1910 ou 1911: vô
Antônio Cesário de Rezende (vô Antoninho) e vó Maria Filipina Ribeiro de
Rezende (vó Filipa). Entre eles, em pé o meu pai Pedro que devia ter uns 3 ou
4 anos. Mais abaixo, o tio Nicolau. À direita, tia Alcinda e, à esquerda, meu
tio João Batista, o Juanito para a família.

Também em 1910, minha bisavó com seus filhos. Da direita para a esquerda: Manuel, Antônio, Vicente e Francisco. Sentadas, da esquerda para a direita: tia-avó Arlinda, bisavó Josephina Ferreira de Rezende, vó Conceição (Sia Concia, segunda esposa do vô Maneco/Manuel). O menino de chapéu branco é meu tio Miguel. O garotinho negro certamente era filho de um ex-escravo do meu bisavô João Gabriel.

fornecedora de equipamentos para o sistema desde o início do processo de contratação de empresas fornecedoras, em 1997.

Em minhas pesquisas sobre essa CPI (Comissão Parlamentar de Inquérito) somente encontrei uma matéria publicada pela *Folha de S.Paulo* em data de 28/05/2002: "Sem conclusão, CPI do Sivam termina hoje". Foi o primeiro grande escândalo do governo Fernando Henrique Cardoso, que derrubou o comandante da Aeronáutica e dois assessores presidenciais. Diz a matéria da *Folha:* "O enterro está marcado para hoje, data da última sessão da CPI do Sivam instalada para apurar acusações de corrupção e tráfico de influência no contrato de US$ 14 bilhões para a criação do Sistema de Vigilância da Amazônia".

Mas dia 29 de março de 2020 foi publicado, pela Raytheon Company uma matéria que lhes comunico aqui: "Pelo menos sete radares estão sendo instalados pela empresa norte-americana Raytheon, versão Condor Mk3". O anúncio foi feito pela empresa da indústria militar dos EUA. O plano visa à instalação de radares de vigilância (MSSR, na sigla em inglês) Condor Mk3, assim como reduzir o uso de energia elétrica, o que dará aos radares controle de potência adaptativo automático, um transmissor de ciclo de serviço pesado, software totalmente configurável e um sistema de vigilância aérea automático dependente por radiodifusão (*ADS-B*, na sigla em inglês).

"Essa instalação tem como principal objetivo manter altos níveis de qualidade no controle de tráfego aéreo, em conformidade com o Padrão Internacional de Aviação por via de tecnologia de vigilância, assegurando condições operacionais de segurança na região amazônica", publicou a empresa, citando o brigadeiro do ar Sérgio Rodrigues Pereira Bastos Junior, chefe do Subdepartamento de Administração (SDAD) da Comissão de Implantação do Sistema de Controle do Espaço Aéreo.

Foi uma bela aventura que me deu a oportunidade de ir a Manaus mais duas vezes, além da nossa viagem de lua de mel.

Em 1999 fomos de novo ao Brasil, dessa vez para adotar uma brasileira, Jennifer-Cristina de Rezende, nossa filha Jennny. Quem nos ajudou muito foi a nossa amiga Mirtha Sendic, assistente do prefeito municipal de Porto Alegre Tarso Genro. Ela nos pôs em contato com o Juizado da Infância e da Adolescência. A Jenny era uma querida gauchinha loira e muito bonita. Tinha então dois anos e meio. Todos os papéis foram feitos e nós fomos muito bem recebidos pelo juizado. Quando tudo terminou, o pessoal disse que queria nos apresentar ao juiz de menores que tinha se ocupado da adoção. Qual não foi a minha surpresa em encontrar o magistrado Marcel Esquivel Hoppe, meu amigo de infância de Passo Fundo, tínhamos sido escoteiros na tropa dos Botucaris. Como este vasto mundo é pequeno...

Para o visto francês de Jenny fomos ajudados por outra amiga, Michele Vedrine, esposa do ministro do Exterior da França, que nos recomendou ao cônsul-geral em São Paulo. Tudo foi realizado rapidamente e o visto definitivo para a nossa filha saiu sem problemas. No fim, pedi à funcionária que tinha feito o documento me apresentar ao cônsul-geral. Eu lhe agradeci a gentileza e ele me respondeu: "Quando uma pessoa me é recomendada pela esposa do ministro eu tenho interesse que tudo saia bem". Anos depois, durante uma missão em Cuba, o encontrei. Era então embaixador da França em Havana.

Para anunciar aos amigos franceses e brasileiros a adoção enviamos um cartão com uma foto de Jenny com os seguintes dizeres: "*Sou eu – me chamo Jennifer-Cristina, eu voei para uma nova vida, eu sou a joia de papai e mamãe*". Hoje ela tem 23 anos e, depois de ter passado em seu exame final do curso secundário francês, trabalha em Strasbourg e tem o seu próprio apartamento.

Em 2001 fiz uma missão à Armênia para inaugurar um Samu em Erevan, implantado em cooperação com a França. Devíamos também entrevistar médicos armênios que viriam à França para um estágio de um ano. Participavam da equipe dois representantes da Departamento de Relações Internacionais da Assistência Pública-Hospitais de Paris (DRI-APHP).

Estávamos em pleno inverno, nos mês de fevereiro, e o aeroporto de Erevan encontrava-se impraticável, tanto pela neve quanto por um nevoeiro, devido ao qual não se via nada a alguns metros. O nosso avião aterrizou, então, numa base militar russa situada nas alturas, livre da neblina e com pouca neve. A capital da Armênia estava situada numa depressão.

Havia no avião um grupo de jovens, logo me dei conta de que eram brasileiros. Eles não compreendiam bem o que estava acontecendo, eram jogadores de futebol, não falavam russo ou a língua armênia. Eu lhes expliquei a situação em português e traduzi para o russo o que foi necessário. Acompanhei-os até a imigração, da qual se ocupavam os militares russos. Mas havia outro problema. Como a base não era num aeroporto normal, não havia a infraestrutura para se ocupar de nossas bagagens. Assim é que fomos para Erevan com a roupa do corpo. Os nossos anfitriões providenciaram agasalhos. A embaixada da França tinha previsto uma viatura para nos levar até Erevan.

Visitamos a Catedral Metropolitana, sede do *Patriarca Supremo e Catholicos de todos os Armênios* da Igreja Apostólica da Armênia. Esse país foi o primeiro a oficializar o Cristianismo, no ano 301, durante o reinado de Tiridate III. Também fomos ao mercado público, onde comprei uma bela peça para completar minha coleção de ícones ortodoxos.

A embaixada da França em Erevan nos recebeu gentilmente e os armênios também. Entrevistamos os futuros estagiários e escolhemos cinco deles. A inauguração do Samu foi realizada no hospital universitário, com a presença do embaixador da França e do ministro da Saúde da Armênia. A embaixada nos ofereceu um almoço, onde fiz um discurso em nome do Ministério da Saúde.

No dia de nossa volta a Paris tivemos muita sorte porque o nevoeiro se dissipou, com um belo sol e sem neve. Nosso avião pôde decolar da base russa e chegar até Erevan com as nossas bagagens. Eu dizia aos meus companheiros de viagem que deveria estar sem falta em Strasbourg às 17h para pegar a minha filha na escola, pois a Annelise estava no seu colégio até as 18h. Tudo ocorreu bem. Depois de uma escala em Paris cheguei a Strasbourg às 16h e às 17h lá estava eu em frente à escola da Jenny.

No verão de 2011, fiz, a convite de um amigo da família, Rami, um judeu marroquino, uma visita a Israel com minha esposa Annelise, minha cunhada Christel e nossa filha Jenny.

Há muitos anos pensava visitar e conhecer a Terra Santa. Afinal, com nossa herança protestante, eu e a minha cultura bíblica tínhamos grande curiosidade em visitar aquele país. O Rami, mesmo vivendo em Paris, tem um apartamento em Tel-Aviv. Visitamos Jerusalém, Belém, o Mar Morto e o Mar da Galileia.

Tel-Aviv é uma cidade moderna sem grande interesse, até parece que estamos em Miami, com a bonita praia. Ela tem três partes. Uma para todos; outra para as mulheres religiosas com burquínis que cobrem tudo, dos cabelos até as pernas passando pelo corpo propriamente dito, a única parte visível é o rosto (para as mais fanáticas até este fica escondido); e a terceira é para os gays, mas todo o mundo pode frequentar.

Estivemos duas vezes em Jerusalém, território que foi berço de diversos povos, civilizações e figuras históricas. Nela podemos encontrar os sítios de três religiões monoteístas: o judaísmo, o cristianismo e o islã. O roteiro começou pelo Monte Sião, uma oportunidade de conhecer lugares históricos como o Cenáculo, espaço da última ceia de Jesus.

Jerusalém está dividida entre cidade velha e cidade nova. Ambos os locais estão recheados de atrações. Visitamos o Muro das Lamentações, o Santo Sepulcro e o Monte das Oliveiras, todos eles na cidade velha. Do Monte das Oliveiras se tem uma vista panorâmica de Jerusalém.

Na cidade nova, o destaque é o Museu do Livro. Ali, é possível encontrar cerca de 930 manuscritos do Mar Morto, descobertos em 1947, que revelam regras de higiene, valores éticos e comunitários da época. Estima-se que esses documentos, escritos em aramaico, hebraico e grego, sejam os registros mais antigos do Velho Testamento já encontrados. Outros pontos a serem visitados são o Museu do Holocausto e a Torre de David. A cidade velha é dividida em quarteirões (cristão, judeu e muçulmano). Nela, há a Porta de Damasco, a Via Dolorosa e o Muro das Lamentações, último vestígio do templo de Salomão, destruído no ano 67 pelo imperador romano Tito.

A mais importante visita que fizemos foi à Basílica do Santo Sepulcro, localizada no quarteirão cristão da cidade velha, onde, segundo a tradição, Jesus foi crucificado e sepultado e, no terceiro dia, ressuscitou. Administrada e repartida entre as igrejas Católica Romana, Católica Ortodoxa Armênia, Ortodoxa Copta do Egito, Ortodoxa Siríaca e Ortodoxa Etíope. Ela constitui-se em um dos locais mais sagrados da cristandade. A entrada para o templo é feita através de uma única e estreita porta. Dentro dela, há uma escada para o Calvário (Gólgota), tradicionalmente considerado como o local da crucificação de Jesus e a parte mais ricamente decorada. O altar-mor pertence à Igreja Ortodoxa Grega. As relações entre as diferentes igrejas cristãs nunca foram das melhores, de modo que como elas não chegavam a um acordo foi decidido que as chaves da Basílica do Santo Sepulcro fossem deixadas sob a responsabilidade de uma família muçulmana. E essas chaves passaram de pai para filho desde os anos 600 até hoje.

Visitamos também o Muro das Lamentações, o único vestígio do Segundo Templo, erguido por Herodes, o Grande. Muitos fiéis judeus vão até ele para orar e depositar seus desejos por escrito, colocando-os entre as frestas do Muro. Ao longo dele visitamos os subterrâneos, que mostram seus contrafortes.

Estivemos uma segunda vez em Jerusalém, com a ideia de visitar Belém e rever a cidade. Para ir a Belém pegamos uma viagem organizada. Passando por Jerusalém visitamos o Souk com seus mercados de suvenires para turistas, a Via Dolorosa, uma rua da cidade velha que começa na Porta do Leão e percorre a parte ocidental da cidade, terminando na Igreja do Santo Sepulcro. Segundo a tradição cristã foi por esse caminho que Jesus carregou a cruz, indo para sua crucificação.

Nessa segunda visita a Jerusalém e Belém fomos de ônibus partindo de Tel-Aviv. Nós tínhamos um guia de Israel. Num certo momento, ao longe, atrás do muro de separação, via-se uma colônia israelense. Perguntei ao nosso guia: "Territórios ocupados?" Ele me respondeu: "Assim não se diz". Então lhe indaguei: "Territórios palestinos?" Ele me respondeu: "Também não se diz". E eu: "Então como se diz?" Ele me disse simplesmente: "Os territórios..." Belo exemplo da situação entre Israel e os Territórios Palestinos Ocupados. Difícil de ser mais claro evocando os *territórios* roubados dos palestinos, anexação das colônias israelenses da Cisjordânia, de Jerusalém-Este do Vale do Jordão. Ao passar a fronteira para visitar Belém nosso guia mudou, e agora tínhamos um cristão palestino. Visitamos a Basílica da Natividade, uma das mais antigas igrejas do mundo, construída sobre uma caverna que a tradição cristã marca como o local de nascimento de Jesus.

Devido aos muçulmanos considerarem Jesus como sendo o segundo maior profeta islâmico, após Maomé, o local é considerado sagrado tanto para o cristianismo como para os muçulmanos. Uma estrela de prata marca o local tido como o ponto exato do nascimento de Jesus. Sua construção data do ano de 326, ordenada por Santa Helena, mãe do imperador romano Constantino. Não se tem muita certeza de que a igreja é o local onde Jesus Cristo nasceu, mas sabe-se que foi disputada ao longo dos anos. Atualmente ela pertence à Igreja Ortodoxa Oriental da Armênia e à Ordem dos Monges Franciscanos, católicos romanos.

Desde sua construção a Basílica nunca foi violada e parece até um milagre que todos os exércitos que até ali chegaram a tivessem respeitado, e sempre por motivos religiosos. Em 614, os soldados do imperador persa Cosroes se aproximaram da igreja, já preparavam o fogo para incendiá-la, quando pararam atônitos, os olhares fixos nos antigos mosaicos, no alto, representando um cortejo em traje persa. Reconheceram os três reis magos, sua própria gente, e pouparam o edifício. Vinte e quatro anos mais tarde os sarracenos, que igualmente andavam queimando todos os símbolos cristãos, pararam à frente do templo, pois souberam que era dedicado à *Beatíssima Virgem Maria*, mãe do *profeta Jesus*, como diz o Alcorão. Em 1187, Sabadim conquistou Jerusalém, mas permitiu que a Basílica da Natividade continuasse aberta ao culto, cobrando apenas um pequeno tributo. Prudentemente os cruzados construíram uma porta de 125 centímetros de altura, que chamaram de "porta da humildade", pois sua pouca altura obrigava as pessoas a se curvarem para poder entrar. Na realidade, a baixa altura garantia que pessoas a cavalo não pudessem nela penetrar.

Como vemos a Terra Santa é história das mais antigas. Durante a visita, comprei um colar com uma pequena cruz de prata, presente para minha esposa Annelise.

Voltando a Jerusalém encontramos, numa rua, duas mulheres. Não sei por que imaginei que eram russas. Perguntei-lhes, em russo, onde era a igreja que queríamos conhecer. Elas nos responderam no idioma e nos acompanharam num subterrâneo, não aberto ao público. Como não havia luz elétrica, acenderam velas para a visita.

Segundo as religiosas, era ali que se encontrava a morada de Jesus, Maria e José. A população de origem russa é muito numerosa em Israel. Muitos deles são judeus, mas a maioria é cristã ortodoxa, pois na época da União Soviética, a única possibilidade de sair do país era se declarar judeu, mesmo sem ser. Segundo se diz em Israel, para os judeus religiosos sábado é o *Sabbat*, para os russos cristãos ortodoxos é o começo do fim de semana.

Visitamos o país durante um mês. Estivemos também em Nazaré e em São João d'Acre. Nazaré é a maior cidade do norte de Israel. Ela funciona como uma *capital* para os cidadãos árabes do país, que constituem a vasta maioria da população local.

No Novo Testamento, a cidade é descrita como local de nascimento de Maria, mãe de Jesus, e onde ele passou sua infância. Em Nazaré estão inúmeras igrejas, que são suas principais atrações. Visitamos a Basílica Cristã da Anunciação, a maior do Oriente Próximo. De tradição católica romana, ela assinala o local onde o arcanjo Gabriel teria anunciado o nascimento vindouro de Jesus. Visitamos também a Igreja Greco-Católica, onde Jesus teria pregado.

Em São João d'Acre começamos nosso passeio por um dos mais interessantes monumentos arqueológicos de Israel, patrimônio da humanidade da Unesco. Fazia um calor enorme, uns 45°C. Visitamos tudo isso durante um dia inteiro. São João d'Acre tem quase 4.000 anos, mas se tornou uma cidade importante no século XII como a capital dos cruzados. Resistiu a Saladim e foi entregue ao poder egípcio em troca da permissão para a peregrinação na Terra Santa dos cristãos, em um acordo firmado por Ricardo Coração de Leão, rei da Inglaterra, e Saladim, o comandante curdo dos muçulmanos.

Recentemente, se descobriu que existem duas cidades em São João d'Acre: em cima, a atual cidade turco-otomana de Acre, quase intacta, e a dos cruzados situada no subsolo, onde os indícios humanos se sobrepõem continuamente desde a era fenícia. A cidade atual é característica das cidades turco-otomanas fortificadas do século XVIII, com a cidadela, as mesquitas, os caravancerais e os banhos públicos.

Os restos da cidade dos cruzados (datados de 1104 a 1291) estão praticamente intactos, tanto no subsolo quanto na superfície, dando uma imagem excepcional da organização do espaço urbano e das estruturas da capital do reino cruzado de Jerusalém. Quando Acre caiu, as Cruzadas perderam a última grande fortaleza no reino cristão. Desse modo, os cruzados já não possuíam mais terras, cidades ou fortalezas na Terra Santa. Depois da queda de São João d'Acre, a ordem transferiu sua sede para a Ilha de Chipre, a terra cristã mais próxima. Em 1303, essa também foi perdida, bem como a Ilha de Rodes, e os cristãos europeus foram expulsos do Oriente. O período das Cruzadas tinha terminado. Os templários voltaram para a Europa, principalmente para a França, e depois para Portugal.

A nossa viagem a Israel e à Palestina foi magnífica. Vimos muita coisa de interesse histórico. Mais rapidamente visitamos o deserto da Judeia, o Mar Morto. Passamos por um *kibutz* na Galileia onde vivia um irmão do nosso amigo Rami. Em Israel conhecemos pessoas interessantes, como uma família de judeus da Etiópia chamados falachas. Como elas e eles falavam correntemente o francês, pudemos conversar. Os dois filhos faziam seus estudos na SciencePo em Paris. Por 3 mil anos, os judeus negros da Etiópia mantiveram sua fé e identidade – falam hebraico e observam o *Sabbat*. Acredita-se que fazem parte de uma das dez tribos perdidas de Israel e que seus ancestrais remontariam aos amores do rei Salomão e da rainha de Sabá. Apenas em 1975 eles foram reconhecidos pelo Estado israelense como descendentes das tribos perdidas. Em duas operações, eles foram transferidos para Israel. A primeira foi chamada de Operação Moisés. Ela permitiu a evacuação de 7.700 judeus etíopes. A segunda, Operação Salomão, permitiu transferir 14.200 etíopes. Cerca de 80.000 falachas vivem hoje em Israel – mais da metade deles tem menos de 20 anos. Eles se integraram com dificuldade, sofrendo racismo por parte dos judeus europeus e norte-africanos (asquenazes e sefarades).

Em 2008 recebi no ministério uma consulta da Agência Regional de Hospitalização da Guiana Francesa (ARH) e do Centro Hospitalar Regional de Caiena. Havia dois pedidos. Primeiro, uma reclamação do Hospital Regional de Caiena. Ele tinha um grande déficit devido aos imigrantes brasileiros (muitos deles clandestinos), que eram hospitalizados e de lá partiam sem pagar suas despesas. Não tinham nenhum seguro médico. Então pensei em contatar a embaixada do Brasil em Paris a fim de ver como o país poderia ajudar para resolver esse problema, certamente bem complicado. Depois de consultar Brasília nos foi respondido que o governo brasileiro estava pronto a assumir e reembolsar o hospital de Caiena pelas despesas de seus cidadãos. Para isso um acordo deveria ser assinado entre o Brasil e a

França. Consultado, o Ministério das Relações Exteriores francês decidiu não aceitar a proposta. Tudo ficou por isso mesmo. Certamente por razões políticas, a França não desejava que o Brasil se metesse em suas questões internas.

A segunda solicitação da ARH da Guiana foi a seguinte: o hospital de Caiena tinha grandes dificuldades de contratar médicos. A ARH nos propunha um acordo para que brasileiros fossem trabalhar lá. Idealmente, esses profissionais poderiam vir da região amazônica. Depois de consultar o Ministério da Saúde do Brasil decidimos não aceitar igualmente a proposta da ARH da Guiana. Considerei que essa proposição não seria bem-vinda, afinal não iríamos tirar médicos (raros) daquela região do Brasil para enviar para a Guiana e ganhar em euros.

XX

Obras, escritores preferidos e um sequestro-relâmpago

Antes de terminar minhas memórias e escrever o *Epílogo*, quero publicar uma lista dos escritores que apreciei durante minha vida, tanto na infância e adolescência quanto na idade adulta, tanto no Brasil quanto na Rússia e na França. Afinal, sempre fui grande leitor, certamente por influência de minha mãe, professora de Português e História Geral. Aqui divulgarei somente os meus títulos preferidos. Não poderia citar toda a minha biblioteca, que é enorme.

Doei muitos livros para a Biblioteca de Línguas da Universidade de Strasbourg. Toda a coleção em russo que tinha ficado comigo quando me separei da Anneta. Doei também vários livros em português, não todos, pois conservei alguns que amo particularmente.

Diariamente, eu leio o *Le Monde*, semanalmente *Marianne*, *Mediapart*, que assino e baixo pela internet, o *Canard Enchaîné*, jornal satírico publicado às quartas-feiras e, mensalmente, o *Le Monde Diplomatique*. No que se refere às notícias do Brasil, acompanho pela internet os principais jornais de Rio e São Paulo, e pelas redes sociais os blogs e crônicas. Como estou aposentado, tenho tempo para tudo isso.

Ainda sobre livros, sempre tive imenso respeito por Régis Debray, um de meus escritores preferidos. Eu o conheci pessoalmente. Durante a ditadura no Brasil, o nosso livro preferido era *Revolução na revolução*. Na sua obra mais recente, *Modernes catacombes*, diz querer questionar o papel e a função literária. Ele precia os antiquados, os desbotados e os tons um pouco amarelados pelo tempo. O escritor – não gosta que alguém o chame de filósofo – sempre apreciou um país desconhecido, Cuba (Havana), Bolívia (Camiri).

A alma feudal acredita que tudo antes estava melhor e que seria aconselhável voltar imediatamente. Nosso tempo é consumido no momento presente.
Régis Debray

Debray deu, há trinta anos, uma versão arrogante em *Louvados sejam nossos senhores*, uma brilhante autobiografia de 600 páginas, na qual ele agradece aos *senhores feudais* – Che Guevara, Fidel Castro, François Mitterrand – por os ter servido.

Aí vai a lista dos livros e dos DVDs que tive o prazer de ler e assistir nesses últimos 70 anos, segundo a língua em que seus autores escreveram e filmaram. Eles fazem parte integrante de minhas memórias. Até hoje continuo a ser assíduo leitor e apreciador dos grandes filmes.

Em português:
- Toda a obra de Monteiro Lobato na minha infância;
- *Róbinson Crusoé*, de Daniel Defoe;
- David Livingstone – *Do Zambeze a Tanganica*, 1865;
- Jorge Amado – toda sua obra;
- *O tempo e o vento*, de Erico Verissimo;
- *História da América Portuguesa*, de Sebastião da Rocha Pita, escrita em 1730 e dedicada ao rei D. João V;
- *Capítulos da história colonial*, de Capistrano de Abreu;
- *A política exterior do Império vol. I, II,III*, de Pandiá Calógeras;

Meu pai, Pedro Ribeiro de Rezende, jovem e bonito, funcionário da Viação Férrea do Rio Grande Sul.

Minha mãe, jovem e bonita, professora de Português no Instituto Educacional de Passo Fundo.

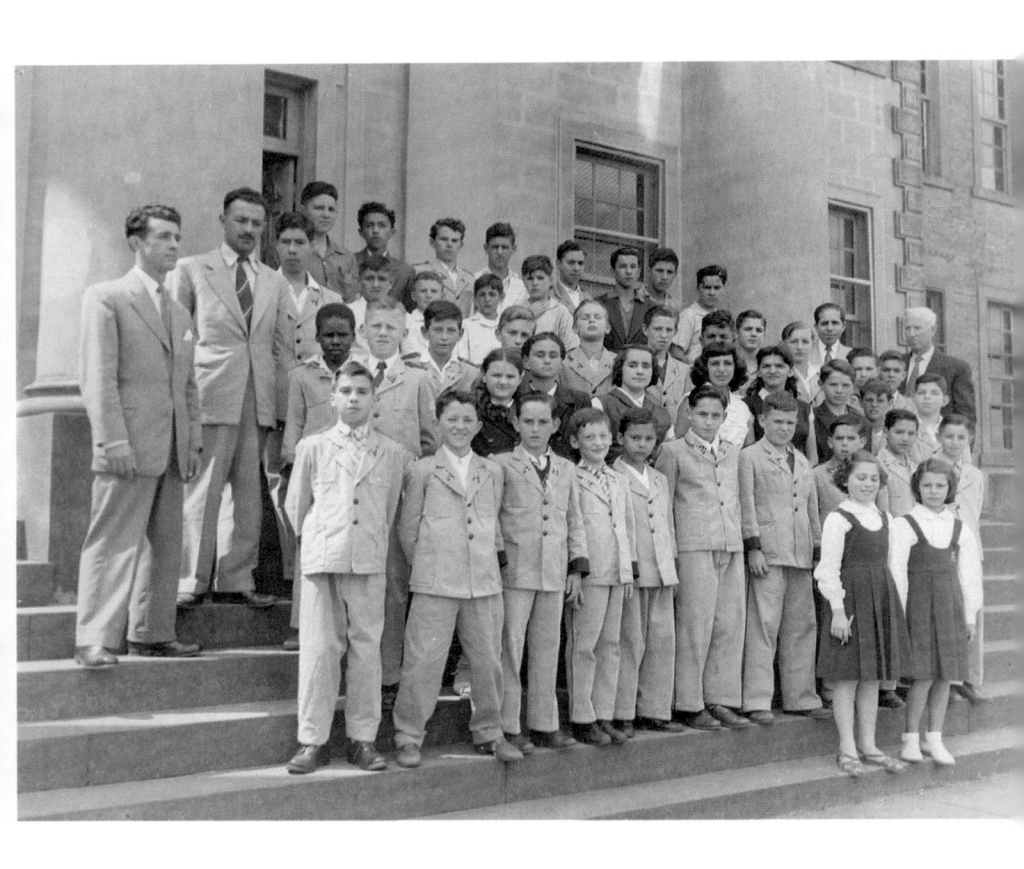

Na primeira fila, o quarto menino sou eu. Foto do grupo que foi aprovado no exame de admissão ao Ginásio no Instituto Educacional de Passo Fundo em 1951. À direita, o professor W. R. Schisler e o reverendo Sadi Machado da Silva. À esquerda, o professor Liberato, de Educação Física, e o professor Sabino Santos, vice-reitor. Meninas na frente são Suzete e Leonor.

Dos anos 1950, em Passo Fundo, lembro com saudades da Calçada Alta. Nossa casa na Av. Brasil, 763, era em frente à prefeitura, a segunda partindo da direita.

Meus pais sempre contavam das grandes nevadas
no inverno de 1942 em Passo Fundo.

Desfile dos escoteiros do Instituto Educacional de Passo Fundo no 7 de setembro de 1951. Na frente está Derli Machado, atrás dele, eu, e depois o Marcel Hoppe.

Todos os filhos e filhas do vô Antônio e vó Maria Filipa, em suas Bodas de Ouro, em 1952. Da esquerda para a direita, em pé, Sueli, Jovino, Carmem, Lili, Edith, José (Juca), Maria Áurea, Argemiro e Zefa. Sentados, Nicolau, Alcinda, vô Antoninho, vó Filipa, Pedro (meu pai, de meias listradas) e tia Nelcinda.

Alunos da Universidade da Amizade dos Povos Patrice Lumumba, num belo dia de sol. Nós pensávamos que não devia fazer muito frio. Saímos e descobrimos que em Moscou no inverno (na foto era 1960/61) mesmo quando tem muito sol é muito frio, pelo menos uns 10°C negativos. Da direita para a esquerda: Eleanor (peruana), Virgínia (mineira), eu e duas colegas (uma mexicana e outra japonesa) que não lembro mais dos nomes.

Foto histórica (talvez 1962 ou 1963) de amigos da UAPPL. De alguns lembro dos nomes: Arthur, Emerson, Silvio, Fernando, Monserrat, Chico, Américo, Virgínia (ou Marieta), Esther, Míriam, Draeta, Sérgio Guedes, Hélio, Gusmão e Clóvis. Eu, na foto, sou o segundo em pé, da direita para a esquerda, de gravata.

7 de setembro de 1963 em Moscou, Casa da Amizade. Eu, no canto inferior, à esquerda, estou conversando com dona Dinah Silveira de Queiros, adida cultural da embaixada do Brasil.

Comemorações do 7 de setembro de 1963, discurso do embaixador do Brasil Vasco Leitão da Cunha em Moscou, Casa da Amizade.

Pelos casacões, penso que deve ser uma passeata do dia 7 de novembro.
Meus amigos Draeta, Reginaldo, Chico, José Câmara, Lutero e Albany.
Sou o primeiro da direita para a esquerda, de boina.

Pedro e eu, pai e filho.

Visita a Duchambé, Tarjiquistão, Ásia Central, em 1964.
Sou o primeiro à esquerda.

Natal de 1972, meus pais e filhas Esir, Lud Josani e Jane, as netas Monika, Cristina e Mário, o único neto. Infelizmente, eu e a Belka não estivemos presentes, pois estava na França e impedido de ir ao Brasil.

Entrevista ao jornal *O Nacional*, de Passo Fundo, em dezembro de 1979, na primeira viagem ao Brasil depois da anistia. Da direita para a esquerda: Miguel Kozma, diretor da CESP, eu e Múcio Castro Filho, diretor do jornal.

Pedro e Maria, em dezembro de 1983.

Maio de 1989. Catherine Trautmann, prefeita municipal de Strasbourg, e eu durante a Festa da Rosa daquele ano, do Partido Socialista, em Wissembourg.

Instituto Educacional de Passo Fundo (maquete digital).

Inauguração do Samu de Porto Alegre em 1995, o 1º Samu brasileiro. Na primeira fila, o 3º da esquerda para a direita é o prefeito municipal Tarso Genro. Na primeira fila, sou o 3º da direita para a esquerda.

A implantação do Samu192 no Brasil foi feita durante a gestão do presidente Luiz Inácio Lula da Silva.

Reunião dos Samus do Nordeste brasileiro em 2007. Viagem em helicóptero entre Porto de Galinhas, o local do encontro, e João Pessoa.

Equipe do Samu de Recife-PE, com o representante do Ministério da Saúde francês e o presidente do Samu da França por ocasião dos encontros dos Samus do Nordeste, da Bahia até o Maranhão, em 2007.

Jenny aprendendo a esquiar.

Eu e Annelise.

Formatura da Belka, a primeira à direita na foto, em maio de 1991, no Smith College, EUA.

Belka e Jenny no bairro Petite France de Strasbourg. No carrinho, o bebê de Frank, amigo de Belka.

Férias com Annelise, no bangalô do hotel em Djerba, Tunísia, em 2016.

Encontro de um grupo de ex-estudantes de Moscou na embaixada da Rússia em Brasília em 2019. Eu sou o terceiro da direita à esquerda.

Equipe em cooperação no Hospital Regional de Kankan,
na Guiné-Conakry em 2011, com uma médica cubana.

Em férias no Rio de Janeiro.

O brasão da família Rezende nos registros históricos é representado pela cor azul nas bordas. No centro, o esmalte é dourado e há uma cruz vermelha. Seguindo o contexto da época, a cor azul alude à origem portuguesa, o dourado, à riqueza e a cruz é referência à Península Ibérica, origem da família Rezende. Ele está registrado nas obras *Armorial Lusitano*, no *Livro da Nobreza de Portugal* e *Perfeição das Armas de Portugal*.

Anexos

I

Árvore familiar

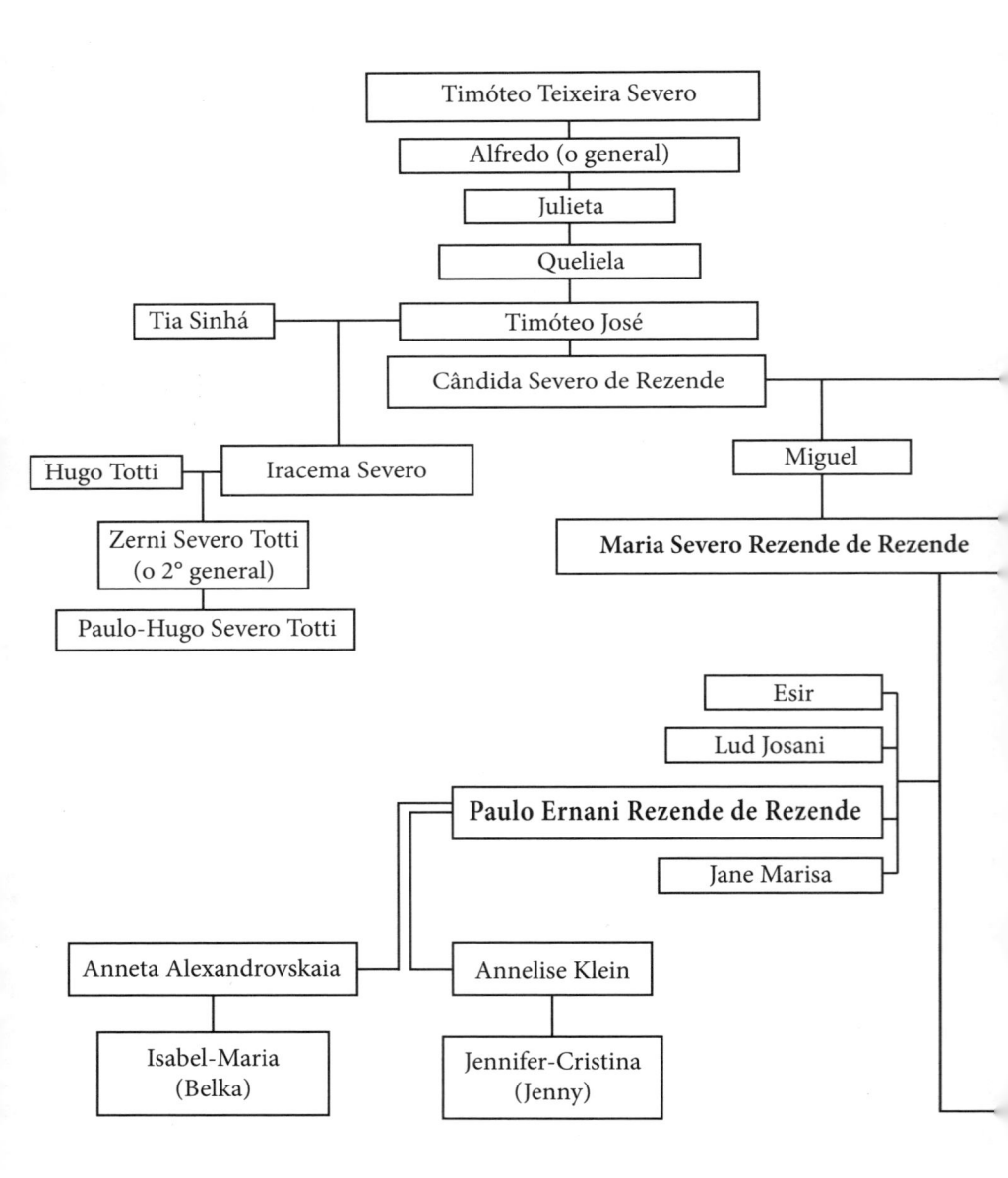

```
                    Timóteo Teixeira Severo
                        Alfredo (o general)
                            Julieta
                            Queliela
    Tia Sinhá              Timóteo José
                        Cândida Severo de Rezende
                                              Miguel
  Hugo Totti    Iracema Severo
                                    Maria Severo Rezende de Rezende
  Zerni Severo Totti
   (o 2° general)
  Paulo-Hugo Severo Totti
                                              Esir
                                           Lud Josani
                            Paulo Ernani Rezende de Rezende
                                          Jane Marisa
  Anneta Alexandrovskaia     Annelise Klein
       Isabel-Maria           Jennifer-Cristina
         (Belka)                   (Jenny)
```

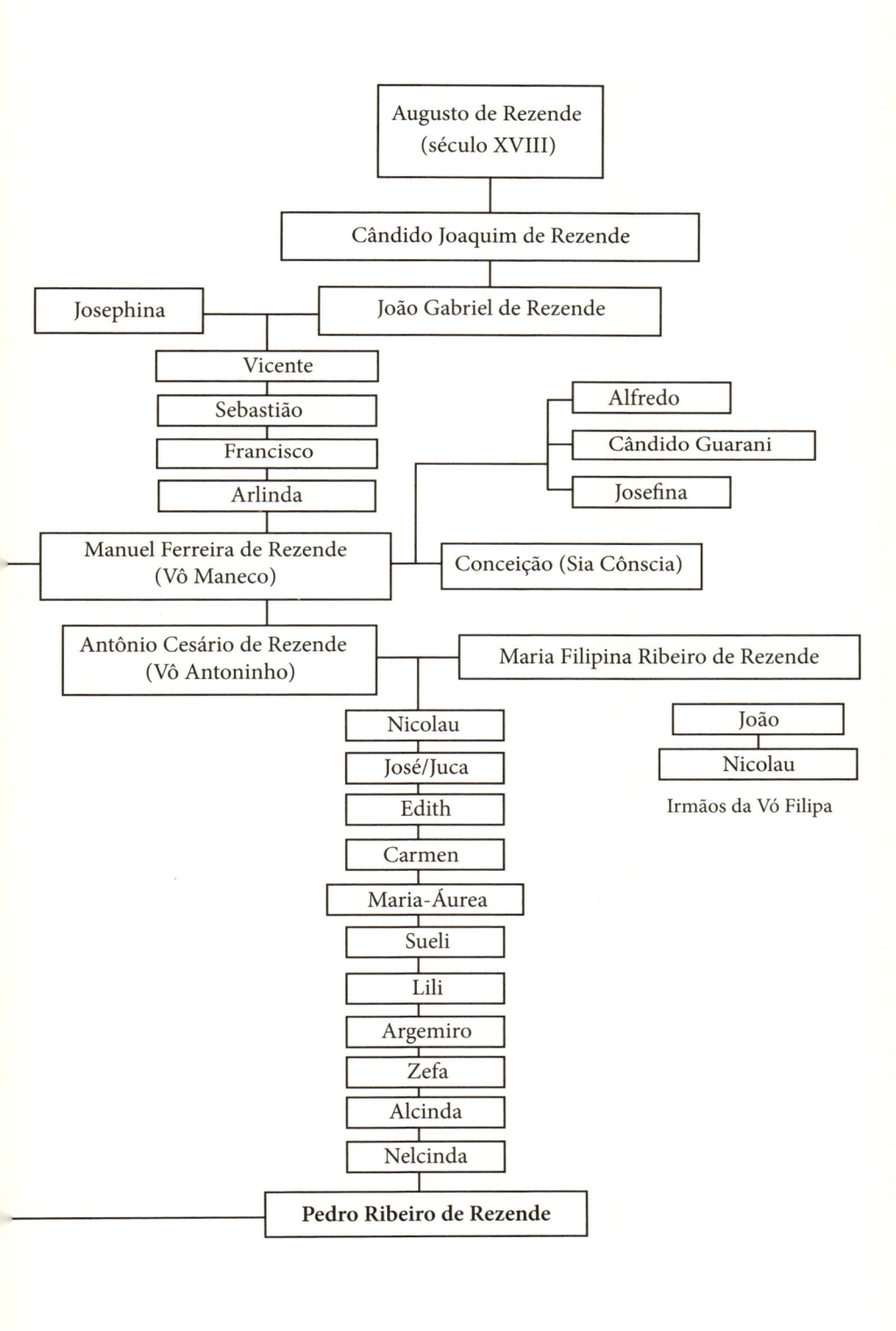

```
Augusto de Rezende
(século XVIII)
        │
Cândido Joaquim de Rezende
        │
Josephina ── João Gabriel de Rezende
        │
   ├── Vicente
   ├── Sebastião
   ├── Francisco
   ├── Arlinda
   ├── Manuel Ferreira de Rezende (Vô Maneco)
   │       ├── Alfredo
   │       ├── Cândido Guarani
   │       └── Josefina
   ├── Conceição (Sia Cônscia)
   └── Antônio Cesário de Rezende (Vô Antoninho) ── Maria Filipina Ribeiro de Rezende
            │
            ├── Nicolau
            ├── José/Juca
            ├── Edith
            ├── Carmen
            ├── Maria-Áurea
            ├── Sueli
            ├── Lili
            ├── Argemiro
            ├── Zefa
            ├── Alcinda
            ├── Nelcinda
            └── **Pedro Ribeiro de Rezende**

Irmãos da Vó Filipa:
   ├── João
   └── Nicolau
```

II

A família Rezende

Eis a história de uma das famílias mais tradicionais e antigas de Portugal, que deixou um legado muito importante no Brasil. O sobrenome Rezende surgiu no país pela simples razão de que esse foi colonizado pelos portugueses. O sobrenome vem da Península Ibérica (Leão, Castela). Resende (cuja grafia arcaica é Rezende), de origem toponímica, refere-se ao conselho português de Resende (Rezende), localizado no Vale do Rio Douro, uma região conquistada por dom Rosendo Hermigiz, bisneto do sexto rei de Leão – dom Ramiro II, falecido no ano de 950, que a tomou dos mouros, agregando-a às terras do então Reino de Leão e Castela.

Assim, em reconhecimento pela bravura, o rei dom Fernando, o Magno, doou parte das referidas terras aos descendentes de seu conquistador, por volta do ano de 1030, o qual tornou-se o primeiro *senhor* cristão a povoar a região. Dom Rosendo formou ali sua quinta e ele juntou à sua família os de sobrenome Baião por serem descendentes de Egas Moniz de Baião, dito o *Aio*, designação do responsável pela educação dos filhos de nobres. Ele serviu como escudeiro do primeiro rei de

Portugal, dom Afonso Henriques, em 1089, em reconhecimento à educação passada ao então conde de Portucale. Os Rezende provêm de dom Arnaldo de Baião, que foi casado com dona Ufo, descendente dos reis godos, com quem teve vários filhos, como dom Rosendo Araldes de Baião, cavaleiro que serviu os reis de Castela, dom Fernando e dom Garcia, nas guerras contra os mouros.

O costume das pessoas adotarem como sobrenome próprio a indicação de sua localidade de origem era comum, e o lugar era conhecido como Rezende, uma corruptela de Rosendo. Dom Martim Afonso de Baião – o de Rezende – foi reconhecidamente o primeiro habitante a utilizar a forma Rezende como sobrenome, tomando-o do lugar do qual ele era o senhor.

Porém, o termo Rezende somente passou a ser usado definitivamente como sobrenome familiar, deixando de ser uma mera indicação geográfica, quando, por volta de 1270 o rei de Navarra, Filipe III, concedeu o brasão (ver imagem na página 250) de armas a Afonso Rodrigues de Rezende, em reconhecimento pela retidão e vassalagem da família.

A família Rezende no Brasil

Os Rezende vieram para o Brasil no final do século XVII (1699?). Eram três irmãos e procediam da localidade de Rezende, situada ao norte de Portugal. Um deles foi para as Minas Gerais, então em grande corrida pelo ouro com a descoberta do metal precioso. Outro irmão se dirigiu para a Província (ou Capitania) de São Pedro do Rio Grande. E o terceiro resolveu ficar no Rio de Janeiro. Hodiernamente são encontrados seus descendentes em Minas Gerais e no Rio Grande do Sul. Os Rezende de Minas tiveram um importante destaque na vida política, religiosa e social da Província e do Estado como governadores, bispos, parlamentares e ministros. Os Rezende do Rio Grande do Sul foram principalmente fazendeiros ou tropeiros. O meu tataravô, ou certamente seu pai Augusto de Rezende, originou-se do braço mineiro da família e chegou ao povoado de Passo Fundo lá pelo fim do século XVIII. Cândido Joaquim de Rezende (1801-1887) deu origem aos Rezende de Passo Fundo.

No Brasil, João de Rezende Costa casou-se com dona Helena Maria de Jesus e deu origem a vários descendentes, pois eles tiveram 15 filhos. Nessa época, as Minas Gerais estavam no auge por causa do descobrimento do ouro. Desse modo, João conseguiu juntar dinheiro e comprou uma fazenda cujo nome era Engenho Velho dos Cataguás. A trajetória de João de Rezende Costa foi registrada no livro *Engenho Velho dos Cataguás*, de Climéia de Rezende Jafet. Segundo o romance, João colocou o nome de Engenho Velho dos Cataguás porque encontrou duas pedras encaixadas sobre uma pedra maior, a qual tinha o formato de uma cuia. Assim, ele imaginou um engenho ou moinho que serviria para fazer farinha. Um dos filhos dele, o capitão José de Rezende Costa, fez parte da Inconfidência Mineira. Foi condenado junto com Tiradentes e mandado para o exílio na África, em Moçambique.

Durante o vice-reinado do 2° conde de Rezende, José Luís de Castro, Tiradentes foi julgado e condenado junto a seus companheiros da Inconfidência Mineira. Apesar do poeta Cláudio Manuel da Costa ter sido encontrado morto na prisão, tendo sua morte declarada como tendo sido suicídio, apenas Tiradentes foi executado, os demais tiveram a pena comutada para degredo perpétuo, pela rainha dona Maria I, em Angola e Moçambique.

Variantes do sobrenome Rezende

Em Portugal, a grafia atual é Resende. Provavelmente quando foi registrado nos cartórios brasileiros ocorreu uma alteração para Z. O Rezende com Z é considerado *arcaico*.

Podem ser encontrados em outros países o sobrenome escrito como Resende, Rezende, Resendez, Resendiz, Rezendes, entre outros.

III

O Programa de Medicalização do Sistema de Informação (PMSI)

A implantação do PMSI nos hospitais franceses foi uma reforma importante, pois mudou completamente a maneira de financiamento dos estabelecimentos de saúde. O objetivo desse programa era obter dados sobre os dois eixos do produto hospitalar: serviços e atividades, de um lado, e pacientes, de outro. Embora o segundo seja relativamente diferente, estudos mostram que existem classes idênticas de pacientes de acordo com sua função de produção de cuidados. Portanto, levando em conta esses dois eixos seria possível comparar dois estabelecimentos com atividades de categorias bastante semelhantes: diante de pacientes quase idênticos, de mesma formação de diferentes comportamentos de prescrição e intervenção.

Em 1974 o Estado de Connecticut, nos EUA, contratou Robert Fetter (Universidade de Yale) para estudar uma ferramenta de planejamento hospitalar a fim de analisar a formação dos custos. Seu trabalho foi baseado em uma análise estatística que levava em conta as características da patologia do paciente e do tratamento realizado. A ideia era definir dados característicos da estadia (diagnóstico principal de hospitalização, idade, sexo, diagnóstico secundário, atos cirúrgicos realizados) e tentar vinculá-los a uma variável que representaria o custo total por uma análise sequencial do método da variância.

A reforma hospitalar estava na agenda política do momento e coincidia com a chegada da esquerda ao poder, em 1981, com a eleição de François Mitterrand. O contexto econômico era propício para a criação de novas ferramentas de gestão nas unidades de saúde. O governo pretendia reduzir o peso das despesas hospitalares, que representavam mais da metade do consumo de produtos médicos e cuidados. O objetivo desse trabalho era mostrar como o PMSI teria um efeito estruturante na gestão dos estabelecimentos de saúde. Essa ferramenta influenciaria fortemente o financiamento hospitalar de acordo com as restrições fixadas pela tutela, ou seja, o Ministério da Saúde e a direção dos Hospitais.

Os iniciadores do projeto tinham vários objetivos: construir uma base de 1,5 milhão de Resumos Estandardizados de Saída (RSS) e usar esse banco de dados para formar Grupos Diagnósticos Homogêneos (GDH), e em seguida Grupos Homogêneos de Pacientes (GHM), para desenvolver sistemas de informática especializados e implementar a contabilidade a fim de definir os custos pelo GHM. No CHW (Centro Hospitalar de Wissembourg) nós desenvolvemos a aplicação Atalante--PMSI, bem recebida e aceita pelo ministério.

A questão da escolha do método era central na medida em que os GHM deveriam permitir levar em conta as diferenças de atividade entre os estabelecimentos de saúde no cálculo dos orçamentos. Se as variações geradas pela escolha do método seriam equivalentes àquelas que seriam ligadas à atividade, então a opção por uma técnica comparada a outra introduz uma arbitrariedade. Essas opiniões eram compartilhadas dentro do Conselho Científico (CGS) da Escola de Minas. No final de 1983, o método de Robert Fetter foi escolhido e a Universidade de Yale foi solicitada a demonstrar a possibilidade de adaptá-lo ao caso francês usando dois hospitais como exemplo (HUS e CHW).

Em 1986, após a mudança política e o início da coabitação (a esquerda com Mitterrand, que continua presidente da República, e o primeiro-ministro Chirac, que é de direita), o PMSI saiu de cena pela primeira vez. As autoridades, sob a influência e pressão de alguns médicos hospitalares, preferiram adiar sua implementação. No entanto, os ministros responsáveis, Philippe Séguin em Questões Sociais, Michele Barzach em Saúde, eram a favor da continuação do projeto. O diretor dos Hospitais estava convencido que o PMSI devia ser levado adiante e de seus méritos.

O PMSI teve, então, um papel importante, primeiro na distribuição do orçamento global, regional, e depois na implementação da tarifação segundo à atividade dos hospitais (T2A). A França, como outros países da Europa, tem um sistema de saúde universal em grande parte financiado pelo Estado através do Seguro Nacional de Saúde.

De fato, o PMSI, apresentado e configurado como ferramenta de gerenciamento interno, gradualmente se tornou uma ferramenta também de controle externo. A missão PMSI foi criada em 1982. No período que vai de 1982 a 1989 (época que integrei o Ministério da Saúde), o programa foi pouco a pouco sendo implantado nos estabelecimentos sem a escolha de seu uso interno e externo. As alternações do poder político nunca mudaram seu curso tranquilo. Em 1991, os poderes públicos decidiram definitivamente pelo uso de controle externo.

A trajetória do PMSI

A partir da mudança política de 1981, o diretor dos Hospitais, Jean de Kervasdoué, propôs a criação de um sistema de informação medicalizada. Contatos foram feitos com Robert Fetter (Universidade de Yale, nos EUA), associado ao projeto. Criou-se uma missão PMSI, cuja gestão foi confiada a Jean Marie Rodrigues e a um conselho científico onde eram associados pesquisadores em gestão da Escola Politécnica e da Escola de Minas de Paris.

O período da virada dos anos 1981 a 1986 foi bastante importante na medida em que a administração generalizou ferramentas computacionais, e com elas todos os métodos de quantificação dos estabelecimentos de saúde. Para os poderes públicos, a única solução para regular a atividade médica hospitalar era construir um sistema de informação que permitisse conhecer as práticas terapêuticas dos profissionais do hospital e seus custos.

Entre 1982 e 1986 foi realizada a implantação gradual do PMSI em alguns estabelecimentos hospitalares. De 1986 a 1989, o programa entrou em uma fase de consolidação, marcada por uma clara expansão de sua difusão. Finalmente, de 1989 a 1992, a ferramenta foi definitivamente adotada pelo mundo hospitalar.

A Federação Hospitalar da França (FHF) temia que o novo dispositivo fosse usado para montar um sistema de reembolso por Grupos Homogêneos de Pacientes (GHM), que reforçaria o controle de gastos por parte da tutela (Seguro Saúde e ministério). Existiam duas tendências opostas: a primeira era a favor de um uso interno do PMSI; a segunda o entendia como um instrumento regulador financeiro externo. De fato, o governo tinha, desde julho de 1985, enfatizado o objetivo duplo do programa. Esse debate nascente foi importante na medida em que estruturava o desenvolvimento do PMSI.

O segundo debate foi igualmente importante. Centrava-se num método de cálculo do custo por GHM e baseava-se em campos técnicos e políticos. O diretor dos Hospitais pediu então ao Centro de Gestão Científica (CGS) da Escola de Minas de Paris para estudar uma adaptação à França do modelo de computação por GHM desenvolvido por Robert Fetter em Yale. Isso é, baseado em um método complexo de imputação dos GHMs a diferentes centros de custos nos estabelecimentos de saúde. Os pesquisadores do CGS acreditavam que aquele sistema dificilmente poderia ser aplicado ao caso francês e preferiram um modelo de custos onde apenas as despesas diretamente relacionadas ao atendimento médico do paciente seriam levadas em consideração, sendo as outras despesas atribuídas à estadia.

Na Alsácia, dois estabelecimentos pilotos foram escolhidos: os Hospitais Universitários de Strasbourg (HUS) e o Centro Hospitalar de Wissembourg (CHW), um grande e outro médio. Para o desenvolvimento do programa, realizou-se a informatização desses hospitais, com o programa Atalante em Wissembourg e um sistema de informação com a informática dos HUS. O objetivo era dar às instituições verdadeiras ferramentas de gestão, mas vários obstáculos limitavam a generalização de um mecanismo de informação medicalizada.

Em primeiro lugar, não havia na França uma tradição clínica para criar resumos estandardizados ou padronizados de alta (os RSS). Em segundo lugar, não existia um sistema uniforme para classificar atos e procedimentos. Então criamos, sob minha direção, o Catálogo dos Atos Médicos (CdAM).

A implementação do projeto pode ter sido vista como um reforço do papel centralizador do Ministério da Saúde contra iniciativas regionais e locais. Os profissionais hospitalares podiam interpretar a implementação do PMSI como um ataque a suas liberdades. Em junho de 1982, o ministério enviou aos hospitais uma circular de convite para a apresentação de propostas. Cerca de cinquenta instituições se declararam candidatas.

O período foi essencialmente marcado por uma preparação institucional. A circular de 14 de fevereiro de 1985 propôs o uso de um guia metodológico para a contabilidade de custos hospitalares. O objetivo era alcançar rapidamente uma classificação de pacientes em grupos hospitalares, experimentando com os resumos estandardizados, codificando atos com um catálogo de procedimentos médicos e desenvolvendo um primeiro software experimental através do trabalho do Centro Nacional de Especialização Hospitalar (CNEH).

A circular de 4 de outubro de 1989 dava uma forma final ao PMSI. Mas foi necessário aguardar o comunicado de 5 de agosto de 1991 para a instalação de 471 Grupo Homogêneos de Pacientes (GHM), distribuídos em 23 grandes Categorias Maiores de

Diagnósticos (CMD). Os grupos assim constituídos foram identificados por uma dupla homogeneidade econômica e médica, reunindo pacientes julgados comparáveis em termos de patologia e procedimentos (atos) terapêuticos com os CdAM. Eles tinham também consumo de recursos equivalente.

Vários fatores explicam demoras e atrasos: o programa era bastante complexo de implementar – o ministério e a direção dos Hospitais estavam cientes disso. A equipe que estava por trás do projeto era muito pequena diante da tarefa, a profissão médica relutava bastante sobre ele e, finalmente, a circular de 5 de agosto de 1991 não obrigava as estabelecimentos de saúde a criar um sistema de informação (informatização dos hospitais). Para convencer os hospitais a se informatizarem eu oferecia sempre como exemplo: "Se mesmo os supermercados são informatizados, por que não os hospitais?". O projeto foi assim desenvolvido em uma quase clandestinidade e o Ministério da Saúde queria então acelerar seu desenvolvimento.

Com esse instrumento, as autoridades públicas perseguiam um objetivo principal, isso é, sair de uma opacidade das práticas terapêuticas, forçando-as a um sistema generalizado de quantidade. As hospitalizações eram analisadas segundo critérios técnicos e demográficos (idade, sexo, diagnóstico...) e associadas a um grupo (GHM). Tornava-se teoricamente possível calcular um custo por um conjunto homogêneo de atividades e cuidados. As equipes de gestão, no entanto, não o acharam suficientemente eficiente. Médicos e gestores eram cautelosos com o PMSI, pois permitia que a tutela (Agência Regional de Hospitalização e Ministério da Saúde) tivesse informações sobre a atividade médica e o uso interno dos recursos.

O Catálogo de Atos Médicos (CdAM) foi utilizado pelos profissionais para declaração de suas atividades e o devido pagamento por parte do Seguro Saúde ao hospital tanto para eles como para o reembolso aos pacientes. É preciso notar que os médicos e profissionais de saúde eram assalariados e os estabelecimentos eram reembolsados pelo Seguro Saúde, portanto, os hospitais pagavam os salários desses.

Para discutir sobre o CdAM nós nos reuníamos seguidamente e muitas vezes passávamos o fim de semana (de sexta a domingo) num hotel onde o ministério alugava cômodos e salas para trabalharmos.

A primeira edição do CdAM foi publicada no Boletim Oficial em 1991 e depois disso ela foi atualizada e republicada. Desde o seu número inicial estava prevista sua atualização uma vez por ano. Uma ficha destinada a recolher as observações dos usuários foi publicada no final de cada capítulo. Os médicos hospitalares faziam todo esse trabalho gratuitamente, pois era considerado parte de seu tempo completo hospitalar. Para os profissionais que exerciam a profissão no interior do país, o ministério bancava o transporte e a hospedagem em Paris. Para brincar com os médicos que atuavam na capital eu lhes dizia que o ministério podia pagar o ticket de metrô.

Esse catálogo é regularmente modernizado até hoje. O CdAM estava estruturado em cinco campos, correspondendo cada um a um domínio da atividade médico-técnica e definido por uma letra do alfabeto grego: Campo alfa: atos diagnósticos e terapêuticos; Campo beta: atos de anestesiologia; Campo gama; imagens médicas; Campo mu: radioterapia; Campo ômega: atos de reanimação (UTI, como se diz no Brasil).

A primeira fase do experimento PMSI foi, em certos aspectos, bastante positiva. A equipe desenvolveu uma classificação de procedimentos médicos (o "meu" CdAM) e já tínhamos uma versão inicial, uma classificação desenvolvida e um software de agrupamento pronto.

A administração hospitalar lembrou da necessidade de criar um sistema de informação, mas, apesar da clareza do discurso político, a implementação do PMSI não progredia. A lei de Séguin, de 31 de dezembro de 1986, é um bom exemplo. Ela introduziu medidas estruturais, a fim de fazer evoluir o comportamento dos atores. Baseava-se na exoneração do copagamento, ou seja, na limitação dos reembolsos de benefícios hospitalares. Ela significou uma ruptura na evolução dos custos reconhecidos em cuidados de saúde. Decidiu-se então colocar em prática uma racionalização dos gastos e a reforma implementou uma política de controle da oferta de cuidados. O objetivo era reduzir o déficit do Seguro Saúde (SS), que, na época, atingia 17,2 bilhões de francos. A ameaça de um agravamento do desequilíbrio financeiro do SS levou o ministro a apresentar um plano de despesas.

O período era crucial. O PMSI recebeu o apoio político do primeiro-ministro Jacques Chirac, que, em uma palestra nos Hospitais Civis de Lyon, em 7 de março de 1987, afirmou: "Eu desejo que o PMSI seja seguido de perto. Pode ser um avanço importante se ele não for usado apressadamente e sistematicamente". O PMSI entrou gradualmente numa fase de consolidação. Os anos de 1989-1992 foram decisivos. Um médico, Marc Brémond, juntou-se à equipe da missão PMSI. Sua presença foi importante na medida em que devia ser possível convencer os profissionais da validade da informação. Marc Brémond também foi nomeado professor da Escola Nacional de Saúde Pública (ENSP), onde ele formaria os diretores de hospitais em informações médicas.

O diretor dos Hospitais, em colaboração com a ENSP (Escola Nacional de Saúde Pública) criou o grupo IMAGEM (Informação Médica para o Auxílio à Gestão dos Estabelecimentos Médicos). O financiamento foi fornecido pela Direção de Hospitais e pela ENSP. O trabalho começou em março de 1988 e um primeiro relatório foi publicado em dezembro de 1989. Cinco principais temas estavam no centro de seu trabalho: a codificação de informações, o uso de GHM na análise de práticas médicas, a análise de custos por GHM, definição de um guia metodológico e avaliação da capacidade do PMSI para auxiliar no planejamento estratégico dos hospitais.

A chegada de Claude Évin ao Ministério da Saúde, com a volta da esquerda ao poder, em 1988, com a reeleição de F. Mitterrand, colocou o PMSI no centro dos debates. O novo ministro pretendia generalizá-lo. Em 1989, a Direção dos Hospitais decidiu encerrar o período de experimentação e iniciar uma fase de generalização, caracterizada por um financiamento adequado, sua avaliação e uma mudança no discurso das autoridades sobre o programa.

O novo diretor de Hospitais, Gérard Vincent, foi bastante favorável ao uso do PMSI como ferramenta de gestão. A institucionalização começou com a construção de uma equipe mais forte. A missão PMSI é confiada a André Loth e Édouard Couty foi nomeado assessor do ministro. Quanto a mim, era encarregado pelo Catálogo de Atos Médicos (CdAM). Ele deveria ser utilizado pelos profissionais para a declaração de suas atividades. Foi um trabalho enorme, dele participaram mais de 1000 experts (especialistas) membros de sociedades científicas médicas e indicados por elas.

A administração dos Hospitais planejava então uma fase experimental, e a circular de 24 de julho de 1989 previa a generalização durante um período de dois anos (1989-1991) da produção de RSS nos estabelecimentos públicos e privados sem fins lucrativos e obrigava-os a criar um Departamento de Informação Médica (DIM), por meio de um verba de 0,1% dos orçamentos (200 milhões de francos). Essa norma foi importante na medida em que pretendia generalizar o PMSI por meio de um incentivo financeiro. Mas se as elites administrativas foram convertidas ao PMSI, restava convencer os médicos. O diretor dos Hospitais, Gérard Vincent, justificou o desenvolvimento dessa ferramenta que visava criar condições para um melhor intercâmbio entre parceiros hospitalares: médicos, enfermeiros e administradores.

No decorrer do ano de 1990, a Direção dos Hospitais relançou a reflexão sobre o desenvolvimento da contabilidade analítica dos custos hospitalares. O objetivo era desenvolver ferramentas de informação contábil que enfocassem as preocupações dos estabelecimentos e não o controle externo da tutela. A Direção dos Hospitais encomendou um estudo sobre a metodologia de custeio. Esse trabalho levaria, alguns anos depois, à definição dos pontos do Índice Sintético de Atividade (ISA), dotação total teórica dos estabelecimentos segundo seu *case mix*.

No final do período, o PMSI foi institucionalizado, mas a oposição dos médicos hospitalares à quantificação de sua atividade retardou consideravelmente a substituição do orçamento global, que consistia em repasses periódicos de um montante anual de recursos definido através de programação orçamentária, elaborada pela unidade hospitalar de saúde para o período correspondente e negociada com o órgão financiador, na França, o Seguro Saúde.

Em 1991, a Direção dos Hospitais anunciou a generalização do RSS e ameaçou os estabelecimentos refratários com penalidades financeiras. Um financiamento específico foi previsto. A circular de 12 de fevereiro de 1991 estabeleceu uma verba global regional, distribuída pelas Direções Regionais de Questões Sanitárias e Sociais (DRASS). Ela levou em conta os recursos necessários para a implantação do PMSI. Um orçamento foi distribuído segundo as regiões – de 8 a 18 milhões de francos para a Alsácia. Um total de 180 milhões de francos foi repartido entre os estabelecimentos hospitalares em toda a França.

Em abril de 1991, o gabinete do ministro da Saúde negociou com o Sindicato Hospitalar Privado (UHP) um acordo que previa o pagamento por patologia (à atividade). Esse acerto acelerou a utilização orçamentária com o PMSI.

A circular de 16 de setembro de 1991 penalizou instituições que ainda não tinham desenvolvido a informação medicalizada e não produziam os RSS (Resumos Estandardizados de Saída ou de Alta). O lançamento do PMSI como uma ferramenta de financiamento foi acelerado com a necessidade de regular as despesas crescentes das clínicas privadas.

No final de 1991, cerca de vinte instituições conseguiram produzir os RSS. O aplicativo (*logiciel*) de agrupamento (GHM) ainda não era comercializado e as instituições de atendimento público ou privado não se beneficiavam da ajuda para o desenvolvimento de ferramentas de tecnologia de informação. Debates aconteciam sobre os usos potenciais do PMSI.

Para os estabelecimentos hospitalares públicos e privados certos problemas ainda permaneciam no que dizia respeito à confidencialidade das informações, sua *anonimização* (no sentido de manter seu anonimato), a sua qualidade. Finalmente, a classificação do GHM era considerada simples demais dada a complexidade das informações processadas.

O pesadelo gerado pela reforma de 1991 do National Health Service, na Grã-Bretanha (NHS), pelo governo conservador de ideologia neoliberal de Margareth Thatcher despertou os médicos franceses, que recusaram, com toda a razão, o modelo da direita britânica. A aplicação de antigas receitas taylorianas acelerou, na Inglaterra, o declínio do número de pessoal qualificado e aumentou os riscos para os pacientes. Tudo isso foi inspirado por um "neoliberalismo" seguido na França tanto por governos de direita quanto de esquerda.

Anteriormente, o exercício do poder se refletia em um controle permanente da equipe, através da organização do trabalho e do peso da hierarquia. Com o PMSI, o poder é exercido por um controlador de informações. Essa evolução reorganizou a governança hospitalar em torno de um sistema de informação e introduziu na arquitetura do poder uma nova figura, o *manager,* tendo uma visão estritamente gestionária. Além disso, o surgimento de desempenho é o resultado de uma mudança significativa nas novas elites. Elas consideraram que a aplicação dos métodos do mercado seria agora possível nas administrações públicas. Isso é dito claramente e o presidente Macron estava nessa lógica.

Mas o debate sobre o uso do PMSI ainda não tinha terminado. Por um lado, os defensores da utilização do programa como meio de financiamento dos hospitais; por outro lado, os proponentes de sua aplicação como uma ferramenta de gerenciamento interno, agora críticos, pois temiam que o financiamento do GHM fosse principalmente um instrumento de controle. O PMSI podia ser útil na negociação de acordos plurianuais entre a os estabelecimentos de saúde e a tutela.

O debate foi valioso durante a reflexão sobre uma nova lei hospitalar. Era importante para a Direção dos Hospitais testar o orçamento global com o PMSI. André Loth preparou uma circular cujo objetivo era generalizar o PMSI para todos os estabelecimentos de curta duração com mais de 100 leitos.

Desde 1991, a escolha foi feita: o PMSI deveria se tornar um instrumento de financiamento para os hospitalais, mas foi necessário aguardar a reforma Juppé (com a eleição de Jacques Chirac para presidente em 1995) para que o programa interviesse como um complemento do orçamento global.

A introdução do PMSI na gestão de hospitais franceses promoveu uma grande mudança no sentido de que perturbou o exercício do poder e contribuiu para o crescimento da quantofrenia. Esse termo é definido como "uma patologia que consiste em querer traduzir sistematicamente fenômenos sociais e humanos em linguagem matemática".

Para que a informação circulasse mais rapidamente dentro dos hospitais, tornava-se necessário criar um único lugar por onde ela passasse. A lei sobre várias medidas sociais (DMOS), de 27 de janeiro de 1993, permitiu isso. Ela isentou o DIM do Código Penal para que pudesse coletar informações, processá-las e torná-las anônimas. A lei especificava que

> *os médicos que exercem suas atividades em instituições públicas e privadas transmitem os dados pessoais dos pacientes necessários para a análise da atividade ao médico responsável pela informação médica (DIM) para o estabelecimento nestas condições regulamentares, após consulta com Conselho Nacional da Ordem dos Médicos.*

O decreto de 27 de julho de 1994 completou a generalização das informações medicalizadas. A partir de então, um médico encarregado do DIM seria nomeado pelo conselho de administração do hospital e deveria ter a confiança de seus pares. Sua função era sintetizar os dados contidos nos arquivos médicos. Também aconselhava os profissionais na produção de informações e garantia a qualidade dos dados coletados. Por fim, o decreto reafirmou a necessidade de preservar a confidencialidade das informações apuradas. A circular de 22 de dezembro de 1993 previa uma experiência na região de Languedoc-Roussillon (sul da França). Sua finalidade era mostrar ser possível comparar custos por GHM entre o setor público e privado. O experimento se mostrou conclusivo e encorajou as autoridades públicas a generalizá-lo.

A circular de 10 de maio de 1995 e a carta circular de 22 de agosto de 1995 generalizaram essa operação para todo o território nacional. Não havia mais nenhum obstáculo para o desenvolvimento do PMSI. Esse instrumento foi gradualmente modernizado para cumprir seu papel como medida de atividade hospitalar.

A partir de então, o PMSI entrou nos costumes, tornou-se uma ferramenta médico-econômica a serviço do diálogo interno, mas devia também permitir a comunicação entre os estabelecimentos e a tutela. O uso externo foi gradualmente se desenvolvendo. O decreto ministerial de 24 de abril de 1996 alterou radicalmente o financiamento dos hospitais públicos e privados. Previa a definição de um Objetivo Nacional de Despesas Médicas com seguros de saúde (ONDAM) pelo Parlamento. A determinação, pelo Ministério da Economia e pelo Ministério dos Assuntos Sociais, do montante anual das despesas particulares permitia o uso de dados do PMSI para realocar o geral em particular, legitimando práticas de comparações entre instituições.

A circular de 18 de julho de 1996 forneceu uma base legal para essas práticas. O setor privado foi associado a esse desenvolvimento: o decreto de 26 de julho de 1996 generalizou o PMSI para todas as unidades de saúde privadas.

Essa operação que imitou o mercado foi contra os princípios fundadores dos hospitais franceses. Na verdade, o fechamento de instalações e serviços não lucrativos resultou em maiores distâncias de acesso para muitos pacientes. A mercantilização do hospital público também pode resultar em uma seleção crescente de pacientes. Os hospitais terão interesse em manter os mais lucrativos (aqueles cujo custo será menor do que o custo do GHM ao qual pertencem) e em se separarem dos "caros". É, portanto, um questionamento de uma das especificidades seculares dos hospitais franceses, públicos ou privados, o atendimento de todos os doentes, necessitados ou não.

Depois de 2001, o PMSI tornou-se a base de um novo modo de financiamento dos hospitais: a tarifação segundo a atividade (T2A), que se tornou um elemento central da "nova governança hospitalar" implementada pelas portarias de maio e setembro de 2005. Assim, são as receitas das atividades hospitalares que determinam os gastos e não vice-versa.

A título de conclusão

Na avaliação mundial realizada no ano de 2005, de sistemas de cuidados à saúde, a Organização Mundial de Saúde (OMS) concluiu que a França forneceu os "melhores cuidados de saúde em geral" no mundo. Segundo esse estudo da OMS, a França gastou 11,2% do PIB na área. Cerca de 79% dos gastos foram cobertos pelo Estado. O resto das despesas foi garantido pela "Mutuais", seguros cooperativos sem fins lucrativos.

Eu fui membro das missões PMSI e T2A entre 1989 e 2000. Minha conclusão é clara: reformas sucessivas, incluindo o PMSI e o pagamento baseado na atividade (T2A) trouxeram uma diminuição do tempo gasto com os pacientes e, isso, na prática, não funcionou como esperávamos.

Os hospitais universitários começaram a ter déficits enormes e para fazer face a esse problema os nossos *managers* de direita (e mesmo de esquerda) acharam que a solução era fazer economia, diminuir o número de leitos, fechar serviços deficitários, cortar custos, na bela tradição neoliberal, e diminuir o número de funcionários. No meu hospital de Wissembourg fecharam a pediatria ("havia poucos clientes") e a obstetrícia ("poucos partos").

Tanto os governos de direita quanto de esquerda, nos últimos 20 anos, utilizaram esses métodos. Mas é preciso reconhecer que o enorme déficit do Seguro Saúde levou os diferentes governos a tentar métodos neoliberais que hoje são considerados contraproducentes [19].

Hoje os hospitais franceses estão em grande crise. Há greves, principalmente nos serviços de urgência, desde há um ano, a verba de 5 bilhões de euros (em três anos) os médicos hospitalares consideram insuficiente. Muitos chefes de serviço apresentaram suas demissões das responsabilidades administrativas.

O que podemos esperar do novo plano de saúde implementado pelo governo Macron que propõe salvar os hospitais, ainda mais uma vez? Primeira inflexão mágica: diante da Assembleia Nacional, a ministra da Saúde declarou que era necessário terminar com a noção do "hospital-empresa". Eu pensei comigo mesmo: "Ah! Algo está acontecendo no topo do Estado". Ainda bem que a ministra reconheceu perante a Assembleia Nacional que existe uma "lógica de hospital-empresa". Antes disso, alguns "reformadores" nem sequer reconheciam a existência disso.

Lembro-me de uma entrevista com políticos atores-chave do gabinete do ministro Mattei (de direita) – que fez o plano hospitalar de 2007, ou seja, que focalizou nascendo "na pia batismal" o preço segundo a atividade, a passagem do PMSI para o sistema T2A. A menos que eu esteja enganado, foi uma decisão política, pois assumiram totalmente a lógica do "hospital-empresa".

19.   Esta é a lista dos presidentes e primeiros-ministros da época a qual se referem as minhas memórias, quando eu estava no ministério. Penso que será útil para a cronologia dos acontecimentos. Presidentes: François Mitterrand (1981-1995); Jacques Chirac (1995 -2007). Primeiros-ministros: Pierre Mauroy (PS): 22 de maio de 1981 a 17 de julho de 1984; Laurent Fábius (PS): 17 de julho de 1984 a 20 de março de 1986; Michel Rocard (PS): 10 de maio de 1988 a 15 de maio de 1991; Édith Cresson (PS): 15 de maio de 1991 a 2 de abril de 1992; Pierre Bérégovoy (PS): 2 de abril a 29 de março de 1993; Edouard Balladur (direita): 29 de março de 1993 a 17 de maio de 1995 – *primeira coabitação, esquerda x direita*; Alain Juppé (direita): 17 de maio, 1995 a 02 de junho de 1997; Leonel Jospin (PS): 2 de junho de 1997 a 6 de maio de 2002 – *segunda coabitação, direita x esquerda*.

A T2A é baseada num modo de financiamento que visa estabelecer uma estrutura única de pagamento das atividades hospitalares independentemente de seu status (público ou privado) e sua especialidade, na qual a alocação de recursos se baseia na natureza e no volume das ocorrências.

Bom, entre "temos que sair do T2A" e "saímos do T2A concretamente", há muito trabalho pela frente. As ferramentas para sair não existem, porque a administração investiu todos os seus recursos humanos, intelectuais e financeiros no refinamento dessa ferramenta.

Atualmente não há ferramenta para isso. Então, como não temos uma alternativa, continuamos com o T2A. Poderíamos dizer que estamos num "beco sem saída". Não será num governo Macron, com suas "reformas neoliberais" que seguem as "recomendações ou as "exigências" da União Europeia, que sairemos dessa lógica do "hospital-empresa", mesmo que a ministra da Saúde não reconheça e declare o contrário nos debates parlamentares, aos funcionários hospitalares ou à mídia.

Atualmente, com a epidemia de coronavírus, a situação ficou terrível, pois os hospitais não estavam preparados para fazer face a tamanha catástrofe. O governo foi obrigado a prever verbas enormes para fazer frente a isso. Macron anunciou bilhões e bilhões de euros para os hospitais. E ninguém fala mais da T2A, que ao meu ver é coisa do passado.

Em abril de 2020, numa transmissão pela TV, Macron prometeu mais uma vez "salvar" o hospital público depois do fim da epidemia. Tradicionalmente, esses estabelecimentos sempre foram financiados pelo Estado. A Assistência Pública/ Hospitais de Paris existe desde a Idade Média e o mesmo acontece com o CHU de Strasbourg.

Durante 10 anos eu contribui, nas missões PMSI e T2A, para pôr em prática esses métodos neoliberais. Seria necessário fazer um balancete de minha participação no Ministério da Saúde, do PMSI, daT2A e a transformação dos hospitais franceses em "hospital-empresa" e não em um serviço público (a saúde é um direito do cidadão) como ele é há séculos.

Na verdade, é preciso considerar que cheguei à França em 1970 como exilado político e terminei conselheiro dos diferentes ministros da Saúde até a minha aposentadoria, em 2012. As decisões neoliberais (hospital-empresa) foram tomadas pelas altas autoridades do Estado; deliberações políticas não faziam parte de minhas atribuições.

O legado a partir do CdAM

Em 2001, a CCAM (Classificação Comum de Atos Médicos) sucedeu o Catálogo de Atos e Procedimentos Médicos (CdAM), do qual me ocupei durante 10 anos. Ela foi utilizada, durante esse período, nos hospitais públicos e privados para atos técnicos. Hoje a CCAM é publicada e mantida pela Agencia Técnica de Informação sobre a Hospitalização (ATIH), instituída pelo decreto de 26 de dezembro de 2000, que define suas missões. A CCAM é uma nomenclatura francesa destinada a codificar as ações praticadas por médicos, atos técnicos (procedimentos), em atos intelectuais clínicos.

Inicialmente limitada ao trabalho técnico do Programa de Medicalização do Sistema de Informação (PMSI), sua atividade expandiu-se com a implementação da Tarifação segundo a atividade (T2A) em 2004. O PMSI se tornou então uma ferramenta de gerenciamento que contribui para medir o desempenho das unidades de saúde e não apenas uma ferramenta descritiva da atividade médica. A CCAM é obrigatória em todos os hospitais públicos e privados na França e sua utilização é a condição de todos os pagamentos do Seguro Saúde. Os hospitais, públicos e privados, enviam mensalmente por meios digitais às autoridades de tutela a descrição de sua atividade.

A primeira edição da CCAM foi publicada pelo Boletim Oficial em 1º de maio em 2001 e depois disso ela é atualizada e republicada anualmente. Participaram dessas publicações e renovações especialistas e sociedades científicas médicas cujos nomes constam no Boletim Oficial. Desde a sua primeira edição estava prevista sua atualização uma vez por ano. Hoje a

CCAM é completamente informatizada e publicada na internet. A atividade de cada hospital pode ser conhecida pelo público em geral dessa maneira.

Quanto a mim, diante da situação descrita, decidi, em 2000, me demitir do PMSI. Foi-me proposto, então, integrar a Missão de Relações Europeias e Internacionais (MREI), como *chargé de mission*, diretamente ligada ao gabinete do ministro da Saúde, para me ocupar da cooperação com a América Latina e a África francófona.

IV

Atentados em Paris
(artigo da *The Lancet*) [2]

Duas semanas depois dos trágicos acontecimentos de sexta-feira e sábado, 13 e 14 de novembro de 2015, uma publicação de renome internacional saudou a performance e a reatividade do corpo médico, que teve uma resposta à altura da magnitude daquela catástrofe. Em artigo a revista *The Lancet* comentou a implementação do plano de crise durante aqueles dias. Os autores do texto foram 15 profissionais representativos das equipes mobilizadas nos diferentes estabelecimentos públicos da capital francesa (urgentistas, médicos, cirurgiões, anestesistas-reanimadores, psiquiatras, gestores de saúde), que descreveram como geriram essa situação inédita.

2.   A fim de apresentar a opinião de um organismo exterior à Assistência Pública/Hospitais de Paris (AP/HP) e ao Samu15, decidi traduzir para o português o artigo *Atentados em Paris*: serviços médicos públicos eficazes e reativos. *The Lancet* – 1º de dezembro 2015 . *The Lancet* é uma revista médica de referência. Eu o apresentei durante uma conferência na Escola Paulista de Medicina (Unifesp – Universidade Federal de São Paulo) em novembro de 2017 a convite do dr. Arthur Chioro.

Introdução

Sexta-feira, dia 13 de novembro, 2015. São 21h30min quando a Assistência Pública-Hospitais de Paris (AP-HP) é alertada que explosões estavam sendo produzidas no Estádio de França, em Saint-Denis. Nos 20 minutos seguintes, tiros se ouviram em quatro lugares e três explosões sangrentas aconteceram na capital francesa.

Às 21h40min, um tiroteio acontece na sala de concertos do Bataclan e centenas de pessoas são sequestradas durante o espetáculo. Os serviços médicos de urgência (Samu de Paris) são imediatamente mobilizados e a célula de urgência de crise da AP-HP é ativada. Esta última é capaz de coordenar 40 hospitais públicos, a maior entidade de saúde da Europa, com um total de 100 mil profissionais de saúde, uma capacidade de 22 mil leitos e 200 salas de operação. Rapidamente é confirmado que os ataques são múltiplos e que a situação é evolutiva e progride perigosamente.

É momento então de uma primeira decisão importante: a ativação do Plano Branco, pelo diretor-geral da AP-HP, às 22h34min. O que significa mobilização de todos os hospitais, requisição de todo o pessoal hospitalar e liberação de leitos para atender a um grande afluxo de feridos. O Plano Branco foi desenvolvido na França há 20 anos (ele é obrigatório para todos os hospitais públicos e privados franceses), mas é a primeira vez que é ativado neste nível. Tratava-se de uma decisão importantíssima a ser tomada naquele exato minuto, pois ele perderia toda a sua eficiência se fosse ativado tardiamente. Seu efeito foi decisivo, na medida que não houve carência de pessoal, a despeito de um aumento constante do número de vítimas.

Mesmo depois da chegada de numerosas vítimas do Bataclan, fomos capazes de tranquilizar o público e o governo sobre a nossa capacidade de satisfazer às necessidades de feridos. Quando nós pensamos que poderíamos ter necessidade de mais meios para gerir o grande afluxo de feridos, outros hospitais da região parisiense foram postos em alerta, bem como os hospitais universitários sediados mais longe de Paris, com a possibilidade de mobilizar helicópteros para organizar o transporte dos feridos.

Essas precauções não foram finalmente necessárias, e achamos que ainda que houvesse esse número de feridos sem precedentes, os serviços disponíveis estavam longe de serem saturados. Enquanto os hospitais recebiam os pacientes internados em serviços específicos, em função de sua capacidade e especialidade, um centro de apoio psicológico, com 35 psiquiatras e psicólogos e a participação de profissionais de enfermagem voluntários, foi reunido num hospital do centro de Paris, o Hotel-Dieu (Santa Casa, em português).

Na sua grande maioria eles haviam desempenhado um papel semelhante durante os ataques contra *Charlie Hebdo* em janeiro de 2015. A maioria dos urgentistas e profissionais de saúde que trabalharam na noite do 13 de novembro tinham já sido convocados na gestão de graves crises. Eles estavam habituados a trabalhar juntos e haviam participado, nos últimos meses particularmente, de exercícios e atualização dos planos de urgência.

Neste artigo, nós apresentamos os atendimentos pré-hospitalares e a gestão hospitalar deste ataque multilocal sem precedentes em Paris segundo o ponto de vista de um médico urgentista, de um cirurgião traumatologista, de um anestesista-reanimador. Esses testemunhos foram realizados em nome dos profissionais de saúde envolvidos naquela noite de 13 de novembro.

Os autores do artigo (quinze profissionais representativos das equipes mobilizadas nos diferentes estabelecimentos públicos da capital francesa – urgentistas, médicos, cirurgiões, anestesistas-reanimadores, psiquiatras, gestores de saúde) descrevem como geriram essa situação:

O testemunho de um médico urgentista do Samu

A triagem e os cuidados pré-hospitalares são da competência do Samu. Nos minutos após o atentado no Estádio de França, a equipe de regulação do Samu de Paris começou a enviar profissionais às diferentes áreas afetadas a partir de oito unidades do Samu da Região Parisiense e da brigada dos bombeiros de Paris, ao lado dos socorristas da Cruz Vermelha e da polícia. A equipe de regulação era composta de cinco pessoas para responder aos chamados e cinco médicos. A sua missão era organizar as unidades móveis (compostas de um médico urgentista, de uma enfermeira e de um motorista-ambulancialista) a fim de dirigir os feridos para os hospitais mais apropriados.

No âmbito do Plano Branco e do dispositivo ORSAN (Organização e Resposta do Sistema de Saúde em Situações Sanitárias Excepcionais), 45 equipes médicas do Samu e os bombeiros foram repartidos nas zonas de conflito. Quinze equipes foram deixadas em reserva, pois não sabíamos quando este horror chegaria ao fim. Esta abordagem evita a saturação rápida dos serviços. Com efeito, acontece seguidamente nas situações de urgência que todos os recursos sejam concentrados na primeira área de crise, criando, assim, uma carência nas outras áreas. 356 feridos foram transferidos com toda a segurança e tratados nos hospitais. Outros pacientes chegaram aos hospitais pelos seus meios próprios. Três infartos do miocárdio foram tratados. No meio da noite, mais de 35 equipes cirúrgicas operaram os feridos mais graves. Como se tratava principalmente de ferimentos por bala, a estratégia aplicada foi a de "controle de danos pré-hospitalares", a fim de permitir uma cirurgia hemostática o mais rápido possível. É a aplicação civil da medicina de guerra. Com efeito, quatro pacientes que receberam uma bala no crânio e no tórax morreram.

Entre os pacientes sem ferimentos mortais o desafio é manter a pressão arterial (PA) a um nível mínimo para que permaneçam conscientes (PA de 60mm) utilizando garrotes, vasoconstritores e antifibrinolíticos (ácido tranexâmico) e prevenir queda de temperatura importante. (A necessidade de garrotes foi tal que as equipes móveis voltaram sem seus cintos.) Após os primeiros socorros, os feridos foram transferidos pelas equipes de unidade móvel dos Samu (SMUR) aos centros de traumatologia ou hospitais mais próximos.

O hospital universitário Saint-Louis fica a alguns metros das duas áreas de tiroteio (os restaurantes Le Petit Cambodge e Le Carillon). Seus médicos puderam assumir os cuidados aos pacientes imediatamente. Certos feridos foram capazes de caminhar até o hospital universitário Saint-Antoine. Para evitar a superlotação do serviço de urgência desses estabelecimentos, à chegada das ambulâncias uma triagem foi organizada na entrada, segundo o sistema de Manchester. A despeito da sua brutalidade e do custo humano terrível (132 mortos e mais de 350 feridos – 199 de extrema gravidade), esses ataques não constituem uma verdadeira surpresa. Desde janeiro de 2015, todos os serviços do Estado sabiam que uma agressão multilocal poderia ser produzida e mesmo que os serviços de inteligência da polícia tivessem conseguido impedir vários atentados, a ameaça finalmente se concretizou.

Nos últimos dois anos, as equipes de cuidados médicos pré-hospitares do Samu e os bombeiros tinham desenvolvido e implantado nos seus serviços protocolos de tratamento para vítimas de ferimentos por balas e três exercícios tinham sido realizados a fim de treinar os médicos a praticar um "controle de danos pré-hospitalares".

As equipes do Samu15 são constituídas de médicos competentes não somente em avaliar o risco segundo as informações recolhidas e de enviar o paciente ao lugar apropriado, mas também de agir durante o período pré-hospitalar.

Cruel ironia do acaso, na manhã mesmo do dia do ataque o Samu de Paris e os bombeiros tinham participado de um exercício de simulação da organização de equipes de urgência na eventualidade de um ataque multilocal em Paris.

Na noite do 13/11, quando os mesmos médicos se confrontaram com esta situação na realidade, alguns pensaram que se tratava de um novo exercício de simulação. Nos locais dos ataques e nos hospitais, a formação recebida pelos urgentistas e profissionais de saúde foi um fator-chave do sucesso da gestão dos eventos.

A análise da experiência de atentados em outros países (Israel, Espanha, Inglaterra e Boston, nos Estados Unidos), bem como as lições dos ataques ao *Charlie Hebdo*, em janeiro daquele mesmo ano, foram preciosas para melhorar a gestão da crise e limitar suas consequências. É importante sublinhar que as publicações científicas após esses eventos trágicos tiveram um efeito decisivo na melhora das estratégicas médicas.

Mas nenhuma simulação tinha jamais previsto uma tal escala de violência. Durante um longo momento, durante os ataques, as ruas nas áreas com tiroteio ofereciam difícil acesso e eram perigosas para as equipes de socorro.

Apesar de sua formação em medicina de catástrofe e de sua experiência, jamais antes disso os médicos urgentistas tiveram a ocasião de enfrentar tais eventos. Um novo limite tinha sido ultrapassado.

Os profissionais médicos e enfermeiros se ocuparam tanto dos feridos inocentes como dos terroristas, sem nenhuma diferença.

O testemunho de um anestesista-reanimador (UTI)

O hospital da Pitié-Salpêtrière é um dos cinco centros civis de nível 1 em traumatologia do grupo hospitalar AP-HP implicado no tratamento dos pacientes após os atos terroristas. Ele é situado no centro de Paris. A sala de "deschocagem" (termo utilizado para a avaliação e atendimento de um paciente em choque, termo não utilizado em português) está situada numa unidade de cuidados pré-anestesia de 19 leitos. A capacidade habitual do bloco operatório de urgência é de duas salas de operação, que podem ser aumentadas para três para uma retirada múltipla de órgãos para transplante.

Após a ativação do Plano Branco, que compreende um procedimento de requisição de todo o pessoal, mas também porque muitos médicos e enfermeiras se apresentaram espontaneamente aos hospitais, nós pudemos abrir dez salas de operação para tratar os pacientes feridos principalmente com traumatismo penetrante, que se tratam de urgências absolutas admitidas na zona de deschocagem, ou relativas, admitidas no serviço de urgência.

Os recursos disponíveis nunca foram inferiores às necessidades, apesar dos números, sem precedentes, admitidos em pouco tempo. Muitos fatores contribuíram para os resultados favoráveis. Os pacientes feridos chegaram rapidamente em pequenos grupos de quatro ou cinco. Nós tínhamos trabalhado durante vários meses com o serviço médico do departamento da polícia nacional antiterrorista, com as urgências pré-hospitalares do Samu15 e as equipes hospitalares de trauma para fornecer um serviço rápido aos traumatismos penetrantes, em particular durante um ataque terrorista possível. Este tipo de traumatismo não representa geralmente mais do que 16% dos casos de traumatismos graves, ferimentos causados por armas de fogo, inclusive as armas de guerra.

Atentados não são mais acontecimentos raros, e nós, anestesistas e cirurgiões, fomos formados para tratar esses casos de maneira apropriada. Antes da chegada dos primeiros pacientes, a unidade de tratamentos pós-operatórios foi rapidamente liberada e vários leitos da unidade de cuidados cirúrgicos e médicos foram disponibilizados.

Isso é importante, pois após uma intervenção cirúrgica de urgência, os pacientes podiam ser diretamente internados nos serviços, permitindo, assim, liberar a sala de deschocagem para a admissão de novos pacientes, conforme o conceito de *one way progression* (progressão unidirecional), isso é, não retorno ao serviço de urgência ou à sala de deschocagem. Uma triagem rápida foi organizada à entrada do serviço, a fim de dirigir as urgências absolutas para a unidade de deschocagem e as urgências relativas ao serviço de urgências. Essa segunda triagem rápida permitiu confirmar a triagem inicial feita alguns minutos antes pela equipe pré-hospitalar do Samu15.

Cada paciente em urgência absoluta foi assumido por uma equipe de traumatologia (anestesista, cirurgião, médico residente, enfermeira), a fim de verificar se haveria necessidade um escaner (tomografia computadorizada) ou um IRM, e de dirigir o paciente a uma sala de operação, onde uma equipe estava mobilizada. Outras unidades de cuidados pós-anestesia foram abertas para receber novos pacientes, uma vez a cirurgia efetuada.

Um elemento-chave foi a cooperação de todos, sob a supervisão de dois profissionais de traumatologia, na zona de deschocagem, e de um responsável pela atribuição das salas de operação. Eles não estavam diretamente implicados no atendimento dos pacientes.

Eles se comunicaram de maneira contínua e reuniram regularmente informações a respeito do conjunto dos pacientes feridos. Um outro elemento-chave esteve ligado ao fato de que o evento era tão dramático que cada ator procurou fazer o melhor para as vítimas. E eles fizeram! Nove horas somente após o ataque, nós reduzimos o número de salas de cirurgia a seis e mandamos para casa alguns funcionários entre os mais exaustos.

Em 24 horas após os atentados, todas as cirurgias de urgência (absolutas ou relativas) tinham sido realizadas e nenhuma vítima se encontrava no serviço de urgência ou na zona de deschocagem.

O hospital estava quase pronto para enfrentar um novo ataque terrorista, que poderíamos ter.

Testemunho de um cirurgião traumatologista

Se eu pudesse resumir a "fórmula vitoriosa" das últimas horas trágicas que vivemos, diria que a reatividade e o profissionalismo foram os principais ingredientes. Quando eu cheguei ao hospital universitário Lariboisière, duas horas depois do começo dos eventos, fiquei surpreso em descobrir que ao menos seis ou sete colegas de diferentes especialidades estavam já presentes, além dos médicos de plantão daquela noite. Os anestesistas-reanimadores de plantão, os médicos das UTI eram ajudados por três colegas que tinham vindo espontaneamente lhes dar apoio. O pessoal enfermeiro suplementar veio também espontaneamente lhes ajudar. A presença desse contingente suplementar nos permitiu abrir duas salas de operação para a cirurgia ortopédica, uma para neurocirurgia, para uma cirurgia do ouvido, do nariz, do setor ORL e duas para a cirurgia abdominal.

Os primeiros pacientes gravemente feridos foram operados meia hora depois de sua admissão. A triagem foi realizada em dois lugares: na unidade de cuidados pós-operatórios, ao lado das salas de operação para os pacientes mais gravemente feridos, que tinham sido transferidos diretamente pelas unidades médicas móveis do Samu e dos bombeiros. Nos serviços de urgência foram recebidos os feridos menos críticos. A triagem foi feita por médicos mais experimentados em cada especialidade.

Durante a primeira noite nós operamos de maneira continuada. Sábado, 14 de novembro, a equipe de cirurgia ortopédica foi espontaneamente ajudada por duas outras equipes. A sequência de operações foi determinada após os últimos pacientes terem sido admitidos. Cinco deles vieram de outros hospitais, nos quais a cirurgia ortopédica não estava disponível.

Com o pessoal anestesista-reanimador e o pessoal enfermeiro nós operamos durante todo o dia de sábado. Domingo, 15 de novembro, os serviços habituais recomeçaram a funcionar. Segunda-feira, 16 de novembro, quando o pessoal médico examinou o que tinha sido feito durante o fim de semana, nós percebemos que todos os pacientes, salvo um, tinham a idade de menos de 40 anos. Todos apresentavam ferimentos por bala de alta velocidade. Todas as fraturas dos membros superiores foram tratadas por fixação externa, devido à natureza aberta dessas e pela importante perda óssea. Os traumatismos dos membros inferiores foram tratados por placas. As lesões nervosas eram frequentes e mesmo múltiplas, por exemplo, um paciente apresentava uma secção do nervo mediano, do nervo radial do nervo cubital; um outro apresentava uma secção do nervo peronial. Somente um nervo foi reparado; para os outros, as lesões de vários centímetros foram observadas e uma reconstrução secundária seria necessária.

Não observamos lesões vasculares nos nossos pacientes, pois as vítimas que a apresentaram foram dirigidas, por uma unidade móvel do Samu, a um hospital especialista em cirurgia vascular.

Os psiquiatras e psicólogos foram demandados logo nos primeiros instantes. Eles estiveram em contato com todas as vítimas a fim de detectar precocemente um estado de estresse agudo pós-traumático. O profissionalismo esteve presente em cada nível. A sala de operação é seguidamente descrita como um setor difícil, onde o fator humano é decisivo, e durante este "teste de estresse" as dificuldades desapareceram. Nós pudemos trabalhar juntos com fluidez e uma certa harmonia. A confiança e a comunicação entre diferentes especialidades e empregos foi inegável.

O objetivo comum era tão evidente que nenhum profissional tentou impor uma visão individual. Essa solidariedade aconteceu no interior do nosso hospital como nos diferentes hospitais da Assistência Pública-Hospitais de Paris (AP-HP): quando um especialista não estava disponível em um hospital, o paciente era transferido rapidamente a um outro onde essa especialidade se encontrasse à disposição. A rede da Assistência (AP-HP) demonstrou a sua eficiência. Os serviços médicos públicos de Paris se mostraram eficazes e reativos.

Todas as operações foram efetuadas sem qualquer demora. A fim de fluidificar a circulação de abastecimentos, o pessoal administrativo apoiou o trabalho médico pela busca de soluções logísticas quando fosse necessário (registro e admissão dos pacientes, busca de leitos livres, etc.). O fluxo logístico funcionou perfeitamente e em nenhum momento houve falta de material para o atendimento das vítimas dos atentados. O Plano Branco também teve total êxito.

A cronometragem igualmente teve um papel importante na gestão eficaz dos eventos. Essa catástrofe aconteceu num fim de semana, durante a noite e numa sexta-feira. Tudo poderia ter sido mais difícil se ela tivesse acontecido durante uma jornada de trabalho, quando o material se encontraria em parte indisponível e quando os médicos e o pessoal estariam já ocupados. Infelizmente, o contexto atual nos obriga e nós estamos prontos para enfrentar situações ainda mais difíceis no futuro, que esperamos não aconteçam.

Conclusão do artigo da *The Lancet*

A história levou à criação de um complexo hospitalar público, a Assistência Pública-Hospitais de Paris (AP-HP), como uma só entidade. Ela existe desde a Idade Média na capital francesa e região e seu diretor-geral é nomeado pelo presidente da República.

A AP-HP tem um tamanho considerável. Ela pode ser vista como um freio à adaptação num contexto tecnológico médico e social em mutação rápida. É regularmente discutida seja interna ou externamente. Os circuitos de decisão são complexos, as rivalidades internas podem se desenvolver, as mudanças são lentas. Portanto, nós vimos as vantagens que podem apresentar o tamanho da organização em caso de catástrofe. Essa vantagem foi demonstrada. Nenhum problema de coordenação foi identificado. Nenhum problema da atraso foi observado. Nenhum limite atingido.

Além disso, nós pensamos que uma tal estrutura não é somente uma vantagem em tempo de crise, mas também em tempo normal. Um grande complexo hospitalar é igualmente capaz de produzir uma pesquisa científica importante em se tratando de uma quantidade considerável de dados e pode desempenhar um papel significativo na saúde pública. O que aconteceu reforça nossa convicção que o tamanho de nossa estrutura pode ser associado à velocidade e à excelência.

    Nos poucos dias que se seguiram a essa terrível experiência é certamente muito cedo fazer um balanço completo.

V

Perseguição política provocou a maior diáspora da história do Brasil

A edição do Ato Institucional nº 5, em dezembro de 1968, e o endurecimento do regime militar provocaram uma retirada em massa de brasileiros para o exílio a partir de 1969. Era ela a segunda leva de exilados desde o golpe de 1º de abril de 1964. A primeira era formada basicamente por líderes políticos e sindicalistas ligados ao governo do presidente deposto, João Goulart.

Dela faziam parte, além do próprio Jango, os governadores Leonel Brizola e Miguel Arraes; o líder das Ligas Camponesas, Francisco Julião; o chefe da Casa Civil, Darcy Ribeiro; o ex-presidente Juscelino Kubitschek, os ex-dirigentes do Comando Geral dos Trabalhadores (CGT) Hércules Corrêa e Sinval Bambirra, além de oficiais e sargentos expulsos do Exército. O principal destino desse primeiro grupo foi o Uruguai, onde tinham apoio de Jango e Brizola. A França também recebeu um número importante de perseguidos políticos nessa época.

A segunda leva foi constituída por estudantes, sindicalistas, intelectuais, artistas, cientistas e militantes de organizações clandestinas de oposição banidos do país, armadas ou não. Deste último grupo fizeram parte 130 presos políticos, trocados por reféns diplomatas. A partir de 1971, grande parte dos exilados seguiria para o Chile, então presidido por Salvador Allende, do Partido Socialista. Muitos passaram também pela Argentina e pelo México. Intelectuais e artistas foram na maioria para a França, onde havia grupos organizados de exilados políticos. Argélia, Estados Unidos, Suécia, Bélgica, Canadá, Itália, Cuba e a União Soviética, entre outros países, também receberam cidadãos perseguidos. As estimativas sobre o número de pessoas forçadas a partir durante a ditadura militar variam entre cinco mil e dez mil, mas não há dúvida de que foi a maior diáspora da história do Brasil. Alguns dos desterrados jamais retornaram. É o caso de Josué de Castro, médico, professor, cientista político e escritor pernambucano que dedicou a vida a estudar a questão da fome. Castro era embaixador do Brasil na ONU em 1964 quando teve seus direitos políticos cassados. Morreu no exílio sem poder voltar ao país.

Do golpe de 1964 até a anistia de 1979, viveram longe de casa, por algum período de tempo, notáveis brasileiros. Alguns deles:

- **Intelectuais e professores universitários:** Celso Furtado, Josué de Castro, Florestan Fernandes, Paulo Freire, Milton Santos, Maria da Conceição Tavares, Teotônio dos Santos, Flavio Koutzii, Vânia Bambirra, Rui Mauro Marini, Fernando Henrique Cardoso.
- **Arquitetos:** Oscar Niemeyer, Vilanova Artigas, Sérgio Ferro.
- **Cientistas:** Luís Hildebrando Pereira da Silva, Roberto Salmeron, Haity Moussatché, Mario Alves Guimarães.
- **Diretores de teatro:** Augusto Boal, José Celso Martinez Corrêa.
- **Artistas plásticos:** Lígia Clark, Hélio Oiticica, Rubens Gerchman, Antônio Dias.
- **Poetas:** Ferreira Gullar, Thiago de Mello, Vinícius de Moraes.

- **Cineastas:** Gláuber Rocha, Rogério Sganzerla, Cacá Diegues.
- **Jornalistas:** Flávio Tavares, José Maria Rabelo, Samuel Wainer.
- **Músicos e compositores:** Chico Buarque de Holanda,, Geraldo Vandré, Taiguara, Gilberto Gil, Caetano Veloso, Jards Macalé, Jorge Mautner, Nara Leão, Raul Seixas.
- **Líderes estudantis:** Vladimir Palmeira, Luís Travassos, José Dirceu, Jean Marc von der Weid.
- **Dirigentes políticos:** Miguel Arraes, Luís Carlos Prestes, Gregório Bezerra, Herbert de Souza, José Serra, Apolônio de Carvalho.

VI

Reflexos na saúde após o golpe de 2016 podem levar o Brasil à barbárie social

Ministro da Saúde durante o segundo mandato da presidente Dilma Rousseff, atualmente professor na Escola Paulista de Medicina (Unifesp), o dr. Arthur Chioro fala sobre a saúde no Brasil. Arthur é um amigo, pessoa pela qual tenho grande consideração e uma autoridade na sua especialidade.

O dr. Arthur Chioro alerta: corte nos investimentos públicos somado à recessão econômica e precarização do trabalho deixarão milhões sem assistência médica. Milhões de brasileiros sofrem com a desassistência diante do fim de programas como o Saúde da Família, o Farmácia Popular e o Mais Médicos.

O Brasil teve a oportunidade de experimentar por três décadas a construção de um sistema universal de saúde baseado na ideia de que esse é um direito de todos e um dever do Estado. Mas, após alguns anos do golpe que em 31 de agosto de 2016 destituiu definitivamente Dilma Rousseff da Presidência da República, essa construção corre grave risco e pode levar o país a uma situação de barbárie social. Chioro lembra que o Brasil foi a única nação com mais de 100 milhões de habitantes que ousou colocar na Constituição, em 1988, esse direito, com a criação do Sistema Único de Saúde (SUS).

"Entre 2003 e 2015 tivemos a oportunidade de viver esse processo de expansão, com cobertura de mais de 70% da atenção básica em saúde", diz, lembrando programas como o Saúde da Família, o Mais Médicos. "Setenta e três milhões de brasileiros que viviam em condições mais adversas, nas periferias das grandes cidades, região semiárida do Nordeste, na região amazônica, aldeias indígenas, assentamentos, nunca tinham tido contato com uma equipe completa." Obra dos governos petistas, a expansão da atenção básica coincidiu com a ampliação da assistência farmacêutica e a criação de programas como o Brasil Sorridente (odontológico), a implantação dos serviços do Samu192, o Serviço de Atendimento Móvel de Urgência, em todo o Brasil.

"O resultado concreto é que, graças ao SUS, o brasileiro vive mais, houve diminuição da mortalidade infantil, materna e por causas evitáveis. Se o brasileiro vive mais e melhor, ele deve fundamentalmente à criação de um sistema universal, para todos", avalia Arthur Chioro.

Porém, uma das primeiras áreas atingidas pelo golpe, a saúde acabou vendo sua evolução orçamentária paralisada pela Emenda Constitucional 95. Promulgada pelo Congresso Nacional quatro meses após a destituição da presidenta Dilma, a emenda, conhecida como "PEC da Morte", estabeleceu um teto de gastos por 20 anos.

Com isso, o montante, que vinha tendo aumentos mais ou menos expressivos desde 2004 – cresceu 18,54% em 2012 –, chegou a 2019 com um ínfimo acréscimo de 0,23%.

A situação deve piorar muito e continuamente até o ano de 2036, segundo estudo do Instituto de Pesquisas Econômicas Aplicadas (Ipea). A projeção do orçamento para o setor, sob a barreira do teto de gastos, indica perda que deve chegar a R$ 1 trilhão até 2036 em relação ao que seria investido na saúde de acordo com o previsto pela Constituição Federal.

E o que é mais perverso é que tanto o governo Temer quanto o governo Bolsonaro tem utilizado a "sobra" de recursos obtida pela fragilização de programas como a Farmácia

Popular, pelo não cumprimento dos gastos previstos no programa Mais Médicos, pela diminuição da oferta de vacinas e medicamentos de alto custo, exatamente para fazer pagamento de emendas parlamentares com as quais têm sido literalmente compradas as reformas trabalhista e da Previdência, denuncia Arthur Chioro.

"E a gente ainda é obrigado a ouvir o discurso de que a relação com o Congresso mudou e o governo Bolsonaro não faz a política do 'toma lá e dá cá'. É literalmente uma política do 'tira da população brasileira' para honrar o processo de desmontagem da estrutura de proteção social que este país construiu ao longo de décadas, desde 1988", critica o médico sanitarista.

A Emenda Constitucional 95 é tão absurda que quanto maior o crescimento do Produto Interno Bruto (PIB) nacional, maior a perda de recursos para cuidar da saúde da população. Pela regra anterior ao teto de gastos, o setor seguiria correspondendo sempre a 15% do orçamento geral. Mas com o teto, se o PIB tiver crescimento, os investimentos na área não acompanham, porque a lei prevê a correção do orçamento no máximo pela inflação.

A mesma situação ocorre com o investimento per capita em saúde. Nos governos petistas, o Brasil avançou de um investimento por pessoa de aproximadamente R$ 420, em 2008, para R$ 519, em 2016. A projeção do Ipea indica que chegaríamos a 2025 com R$ 632 per capita, e em 2036 com R$ 822. Mas o teto de gastos impede essa evolução e vai fazer o país reduzir o gasto per capita em saúde para R$ 411 em 2036. Menos do que era investido em 2008.

Os programas de atendimento à população mais pobre estão entre os mais atingidos. Após 16 anos de expansão contínua, a Estratégia Saúde da Família (ESF), modelo de atendimento em que uma equipe vai à casa das pessoas e atua de forma territorializada, teve sua primeira redução de atendimento. Em 2019, a ESF perdeu 836 equipes, deixando de atender 2,2 milhões de cidadãos.

A equipe completa, mencionada pelo ex-ministro Chioro, é multiprofissional, composta por médico e enfermeiro especialista em saúde da família, auxiliar ou técnico de enfermagem e agentes comunitários de saúde (ACS).

"Estudo publicado em 2018 já antecipava o impacto que a EC 95 teria sobre municípios e estados. Mantida a ordem das coisas, chegaremos a 2022 com estados e municípios tendo de honrar, para manter a atual rede existente, 70% dos gastos com saúde, e isso é impossível", relata o ex-ministro. "O que nós já estamos observando é progressivamente a incapacidade de manutenção da operação cotidiana do sistema de saúde."

A destruição do programa Mais Médicos, cujos profissionais cubanos deixaram os locais de trabalho no final de 2018, após uma série de ataques e mentiras difundidas por Bolsonaro, é um exemplo desse descaso. Cerca de 28 milhões de pessoas ficaram sem atendimento após a saída dos 8.476 médicos cubanos de 1.575 cidades. Locais esses que passaram a não ter nenhum médico, já que brasileiros não aceitaram ir para esses municípios nos editais abertos posteriormente.

"Os-governos Temer e Bolsonaro entregam aquela receita do Banco Mundial, do Consenso de Washington, que tinha sido desenhada em 1993. No caso da saúde era uma medicina pobre para os pobres. Ao invés de uma atenção primária de qualidade, uma atenção primitiva."

Para Arthur Chioro, a volta do surto de sarampo tem a ver com a incapacidade do Estado brasileiro. "Não tem nada a ver com a Venezuela, como diz o governo. Mas com a vergonhosa postura do Ministério da Saúde de não coordenar as ações necessárias de enfrentamento da circulação do vírus do sarampo."

Quando era ministro, lembra o médico, o Brasil viveu situação parecida, mas com desfecho completamente diferente. A visita de estrangeiros não vacinados ao país reintroduziu o sarampo no Recife e em Fortaleza. "Num esforço muito grande, envolvendo o governo federal, estados e municípios, nós tivemos capacidade de enfrentar e resolver o problema", afirma. "Temos hoje mais de 2 mil casos de sarampo, óbitos acontecendo de uma doença da qual tínhamos obtido da OMS (Organização de Saúde) o certificado de erradicação. É um exemplo da recrudescência, da recorrência de problemas que estão diretamente relacionados à falta de investimento, à desmontagem do SUS, à desorganização, ainda que o discurso seja de ficar colocando a culpa no passado. Uma postura irresponsável porque fragiliza e coloca em situação de altíssima vulnerabilidade toda a população brasileira", ressalta Chioro.

VII

Um torturador francês
na ditadura brasileira[20]

Ninguém sabe por que o velho general resolveu abrir o jogo com a jornalista Florence Beaugé. Mas a entrevista, estampada na edição do *Le Monde* de 23 de novembro de 2000, caiu como uma bomba na França e na Argélia. Há tempos os historiadores e jornalistas buscavam o testemunho de um militar sobre os métodos atrozes utilizados pelos franceses contra os militantes da Frente de Libertação Nacional (FLN) durante a guerra de independência da Argélia (1955-1962).

Paul Aussaresses, à época com 82 anos, reconheceu a prática de torturas, os desaparecimentos para encobrir assassinatos, execuções, os esquadrões da morte. Dizia não se arrepender de nada. "A tortura pode ser necessária contra o terrorismo", declarou ao *Le Monde*. No entanto, até o seu falecimento, em de-

20. *Um torturador francês na ditadura brasileira – Documentação obtida por pesquisador na França traz detalhes sobre atividades de Paul Aussaresses, o carrasco de Argel, adido militar francês no Brasil dos anos 70.* Texto reproduzido de reportagem da Agência Publica, assinado por Anne Vigna, no dia 1º de abril de 2014. Ver na íntegra o artigo: https://apublica.org/2014/04/um-torturador-frances-na-ditadura-brasileira/

zembro do ano de 2018, não revelou a identidade dos homens de seus esquadrões da morte.

Não era o depoimento de qualquer militar. Aussaresses era considerado um dos oficiais franceses mais capacitados em contrainsurgência. "Um homem extremamente culto, fluente em seis idiomas", nas palavras da jornalista Beaugé. Formado em Londres durante a II Guerra Mundial na área de inteligência, tornou-se comandante da brigada de paraquedistas Le 11e Choc, o braço armado dos serviços secretos franceses no exterior. Anos depois, em seu primeiro livro de memórias (*Serviços especiais – Argélia 1955-1957, meu testemunho sobre a tortura*), publicado em 2001, explicou claramente sua missão: "Fazer o que chamávamos guerra psicológica, em todos os lugares que fosse necessário, como na Indochina francesa. Preparava meus homens para realizar operações clandestinas, colocação de bombas, ações de sabotagem ou a eliminação de inimigos".

A teoria da guerra "psicológica", "contrarrevolucionária", conhecida na linguagem militar como "doutrina francesa", foi criada a partir de 1954 depois da derrota dos franceses na Indochina, atual Vietnã. Aussaresses fazia parte do grupo dos oficiais ferozes, que leu o *Livro vermelho* de Mao Tsé-Tung, analisou as técnicas das guerrilhas vitoriosas e criou métodos não convencionais para combatê-las. "Perder na Indochina foi um choque. Tínhamos que aprender a lição para não perder na Argélia", disse o general em 2004, em uma entrevista para o documentário da jornalista francesa Marie Monique Robin, *Esquadrões da morte, a escola francesa*.

A Argélia acabaria conquistando a independência em 1962, mas a experiência antiguerrilha dos exércitos franceses os converteu em "especialistas" em "guerra revolucionária" no momento em que os Estados Unidos entravam no Vietnã. Sua doutrina militar foi difundida pelos aliados da guerra fria através de revistas, livros, cursos.

A partir de 1963, Aussaresses foi instrutor de cursos antiguerrilha nas academias militares de forças especiais nos Estados Unidos em Fort Benning – dos paraquedistas – e em Fort

Bragg, o centro de treinamento dos boinas verdes. Sua influência perdurou. A jornalista francesa Marie-Monique Robin, em seu documentário, já referido, entrevistou militares norte-americanos que tiveram aulas com Aussaresses durante as filmagens, que coincidiram com o início da guerra do Iraque. Os generais entrevistados contaram que a teoria da doutrina francesa iria de novo ser posta em prática. O filme *A batalha de Argel*, de 1966, em que Gillo Pontecorvo denunciou a matança, a tortura e as mentiras das tropas francesas – e que Aussaresses considerava "magnífico, muito próximo da realidade" –, foi exibido no Pentágono, diz Robin.

O general francês escreveu em suas memórias e repetiu em entrevistas que nos Estados Unidos ensinava os métodos da batalha de Argel. "Quer dizer as prisões, os interrogatórios, a tortura?", pergunta Robin a Aussaresses no mesmo documentário. "Isso", ele responde laconicamente. Seu ex-aluno norte-americano, o general John Johns, que depois se tornou um militante contra a tortura, diz mais: "Os ensinamentos de Aussaresses tiveram um papel fundamental para todas as forças especiais que foram depois para o Vietnã". E completa: "Para Aussaresses era necessário executar os torturados". Com esse perfil, o general parecia o homem certo para compor a missão diplomática no Brasil dos anos de chumbo. Em seus primeiros informes, Aussaresses contou ter reencontrado vários antigos alunos de seus cursos nos Estados Unidos, o que "resultou em contatos amigáveis do ponto de vista pessoal e úteis para os serviços", escreveu.

Sentia-se em casa na companhia do amigo general e futuro presidente João Baptista Figueiredo, prestes a assumir a chefia do SNI no governo Geisel (1974). Também era próximo do delegado Sérgio Fleury, torturador-símbolo da ditadura brasileira – chegou a mencioná-lo no seu segundo livro de memórias, *Não falei de tudo*, como chefe do esquadrão da morte. De acordo com Aussaresses, o general e o delegado trabalharam em parceria: "À essa época [Figueiredo] dirigia, com o comissário Sérgio Fleury, os esquadrões da morte brasileiros", revelou também em entrevista ao documentário de Robin, ao comentar sua amizade com o então chefe do SNI.

A repórter passou mais de 15 horas entrevistando um ex-delegado da ditadura. Enfrentou resistência, informações desencontradas e até um suposto pacto de silêncio – um embate que antecipa os desafios da Comissão da Verdade. Acusações de vadiagem, consumo de álcool e pederastia jogaram índios em prisões durante o regime militar; para pesquisadores, sociedade deve reconhecê-los como presos políticos.

À jornalista Leneide Duarte-Plon, que o entrevistou em 2008, logo depois da publicação do livro em que narra a experiência brasileira (*Je n'ai pas tout dit – ultime révelations au service de la France*), Aussaresses, com seu laconismo habitual, contou um episódio revelador sobre como o chefe da missão diplomática francesa, Michel Legendre, encarava as atividades de seu adido militar no Brasil: "Um dia o embaixador me disse: 'Você tem amigos estranhos'. Eu respondi: 'São eles que me permitem manter o senhor bem informado'. Ele não disse mais nada".

Da estada de Aussaresses no Brasil pouco se sabia até pouco tempo, além do que o próprio general revelou em seu último livro e nas entrevistas. Do lado brasileiro, os arquivos continuam fechados, como constatou o jornalista Lúcio Castro durante uma investigação para um especial da ESPN sobre a Operação Condor – o esquema de repressão conjunto das ditaduras do Cone Sul. Castro não conseguiu obter nenhuma documentação oficial em resposta ao pedido de informações sobre Aussaresses que fez ao Itamaraty. Os únicos documentos enviados pelo órgão foram cartas da embaixada francesa pedindo visto para as filhas dele e outras coisas de menor interesse. Nem mesmo a data de chegada de Aussaresses consta desses papéis, que podem ser encontrados no site *Documentos Revelados*, do pesquisador brasileiro Aluízio Palmar.

Do lado francês, porém, as revelações começaram a surgir. O historiador Rodrigo Nabuco, radicado na França há muitos anos, obteve acesso a uma documentação fundamental para compreender o papel dos adidos franceses na ditadura brasileira e o comércio de armas, foco de sua tese de doutorado *Conquista das mentes e comércio de armas, a diplomacia militar francesa no Brasil:* os informes dos adidos militares mantidos há 30 anos em sigilo na embaixada francesa no Brasil. Baseado nessa documentação, parcialmente reproduzida em sua tese, Nabuco conseguiu determinar, por exemplo, a data exata da chegada de Aussaresses ao Brasil depois de deixar o cargo que ocupava na OTAN: 11 de setembro de 1973, dia do golpe militar no Chile.

Coincidência? "Difícil acreditar em coincidência. Com a liberação dos documentos [sobre o golpe no Chile], nos últimos anos, não resta dúvida sobre o respaldo do Brasil ao golpe do Chile e é impossível imaginar que um general altamente especializado como ele não haja dado ao menos sua opinião", diz Nabuco.

O próprio Aussaresses, que escreveu em um de seus livros que o Brasil enviou armas, homens e aviões para ajudar os golpistas chilenos, não disfarçou a ironia quando questionado por Leneide Plon-Duarte se nosso país havia participado ativamente do golpe na nação vizinha: "Que pergunta! Você pensaria que sou um idiota se não estivesse a par. Claro que o Brasil participou!", disse na entrevista na *Folha de S.Paulo.*

Rodrigo Nabuco também constatou que a participação francesa na ditadura militar brasileira, antes mesmo do golpe de 1964, foi maior do que se sabia. "A cooperação militar francesa com o Brasil é antiga e significativa desde os anos 1920, com as missões militares, o intercâmbio de oficiais em escolas militares, etc. Mas essa cooperação vai assumir um papel fundamental nos anos 1960, 1970, um papel nunca visto nem antes nem depois", diz o historiador.

Em um desses informes, em janeiro de 1964, Pierre Lallart, adido militar entre 1962 e 1964, comenta que o general Franco Pontes, comandante da Força Pública de São Paulo, pretendia "criar um estado-maior operacional de prevenção de distúrbios sociais e políticos e um serviço de defesa contra a subversão". O mesmo general havia lhe pedido para organizar cursos especializados na França sobre luta contra a subversão para os seus homens. Em outro informe citado por Nabuco, o mesmo adido vai relatar com entusiasmo o golpe de 1º de abril de 1964: "Uma operação sumamente bem montada, executada em dois dias em um país 16 vezes maior do que a França, quase sem dificuldade nem derramamento de sangue, tecnicamente, como operação, um modelo do gênero".

Elogios voltados para a edificante conclusão: "Muitos dos envolvidos no golpe são especialistas em doutrina francesa, ou antigos alunos das Escola Superior de Guerra francesa", como o já citado general João Figueiredo, que seria o último presidente da ditadura, e o então coronel Walter de Menezes Paes – comandante do IV Exército e depois chefe da ESG – Escola Superior de Guerra –, formado na Escola Superior de Guerra de Paris e fluente em francês, como destaca outro documento, o relatório mensal de maio de 1973. O general Sílvio Frota também foi citado por Lallart, bem antes de assumir o Ministério do Exército no governo Geisel e se destacar como expoente da "linha dura" do Exército.

A ditadura brasileira foi vista pelos franceses como uma oportunidade de recuperar a influência das missões militares no país, perdida para os estadunidenses. À medida que ela recrudesceu, consolidou-se o perfil dos adidos militares nomeados pela França. São veteranos das guerra da Indochina e da Argélia, todos especialistas em guerra "contrarrevolucionária", que difundiram essa doutrina a militares brasileiros, muitas vezes já formados pelas escolas francesas, explica Nabuco.

No livro *A ditadura escancarada*, o jornalista Elio Gaspari explica o outro lado da adesão dos militares do Brasil à doutrina de Argel. Quando "a hierarquia militar brasileira associou as Forças Armadas à tortura, dispunha de dois casos clássicos de ação anti-insurrecional", diz Gaspari. O primeiro era o Vietnã, mas não convinha, observa, citando o julgamento do tenente William Calley, condenado pela Justiça dos EUA pelo massacre de 175 civis no vilarejo My Lai. "O segundo exemplo, a ação francesa na Argélia, encontrava-se nas estantes da bibliotecas militares", escreve o jornalista.

O princípio central dessa doutrina, explica a jornalista francesa – além do documentário citado, Marie-Monique Robin publicou um livro homônimo com o resultado da enorme pesquisas que realizou – é o do "inimigo interno": "Se na 'guerra revolucionária' qualquer pessoa é suspeita, o inimigo está em toda parte e se apoia na população civil, esta é o suspeito número um. Daí o primado da informação militar. Quem diz interrogatório, diz tortura, a arma principal da 'guerra antissubversiva'. O que fazer dos torturados? Depois de torturados não podem ser jogados nas ruas, estão em frangalhos. É preciso fazê-los desaparecer. Era o papel principal do general Aussaresses".

O homem que o governo francês nomeou adido militar e foi recebido de braços abertos no Brasil de Médici havia comandado um massacre na Argélia que resultou na morte de 7.500 pessoas em dois dias – 2 mil delas executadas depois de presas e interrogadas em um estádio transformado em campo de concentração. Qualquer semelhança com o Estádio Nacional chileno que teve o mesmo destino em 1973 não é mera coincidência, apontam os fatos.

Lallart deixou o Brasil tendo cumprindo sua principal missão oficial: havia obtido sucesso nas negociações preliminares da venda de aviões Mirage ao governo militar. A partir daí, a cooperação entre os serviços secretos franceses e brasileiros só vai se intensificar. De acordo com documentos dos Arquivos do Quai d'Orsay, Ministério do Exterior francês, analisados por Nabuco, oficiais ligados ao ex-primeiro-ministro Georges Pompidou, que substituiu De Gaulle na presidência em 1969, já se comunicavam com o SNI brasileiro desde 1968. O objetivo da colaboração entre o SNI e a DST (divisão de serviços secretos franceses do interior) era monitorar os exilados em Paris e na Argélia, destino do governador de Pernambuco cassado em 1965, Miguel Arraes, ao ter seu pedido de asilo negado pela França. Em novembro de 1969, com o surgimento da

Frente Brasileira de Informações (FBI) em Paris, formada por exilados que denunciavam os crimes da ditadura brasileira, o intercâmbio dos serviços se torna imprescindível. No livro *O exílio brasileiro na França*, a historiadora francesa Maud Chirio estima em 10 mil o número de exilados do Brasil na França durante a ditadura e observa: "O DST (Departamento de Segurança do Território) ocupou um papel central no monitoramento dos brasileiros no exílio".

Foi nesse momento que o general Lyra Tavares assumiu a embaixada na França, como parte do arranjo feito entre os militares para encerrar o governo da Junta Militar, da qual o general, ministro do Exército Costa e Silva, era um dos três regentes. A Junta governou o Brasil entre agosto de 1969 – quando Costa e Silva teve um AVC (acidente vascular cerebral) – e a escolha do novo presidente, o general Garrastazu Médici, em outubro de 1969. Lyra Tavares chegou animado a Paris. Em uma carta ao governo francês, reproduzida, o general embaixador pede que o DST impeça qualquer atividade de Arraes na França e informa os agentes franceses de que o político brasileiro está sempre viajando com seu passaporte argelino.

Parte da influência dos adidos militares franceses nos anos 1970, porém, também deve ser atribuída aos conselhos do coronel Wartel, o sucessor de Lallart, que permaneceu como adido militar até 1979. De acordo com a documentação analisada pelo professor Rodrigo Nabuco, Wartel sugeriu nomear para o cargo oficiais que tivessem sido instrutores em escolas superiores militares, principalmente nos Estados Unidos, Brasil ou Argentina.

Seus sucessores, Yves Boulnois, Jean-Louis Guillot e o próprio Aussaresses, adidos militares franceses no Brasil, eram especialistas renomados em "guerra antissubversiva" e já haviam ministrado cursos para militares sul-americanos na Argentina (Boulnois), na França (Guillot) e nos Estados Unidos (Aussaresses). No Brasil, participaram de reuniões do Estado-Maior brasileiro, acompanharam e informaram os aspectos militares da luta antiguerrilha e, no mínimo, opinaram sobre a estrutura e operações da repressão junto a autoridades, como concluiu Rodrigo Nabuco depois de analisar mais de 2 mil documentos nos arquivos franceses do Ministério de Defesa e de Relações Exteriores.

"A documentação acessível nos arquivos franceses não permite levantar hipóteses sobre o papel de conselheiro exercido pelos adidos militares durante os anos de chumbo. Por enquanto, não podemos deixar de sublinhar a semelhança chocante entre a contraguerrilha em São Paulo e Argel. Por outro lado, os documentos comprovam o aumento significativo da cooperação militar entre os anos 1969-1975. Além disso, à medida que o modelo da batalha de Argel se estende pelo país, o Estado-Maior do Exército Brasileiro apela aos conselheiros franceses para formar os novos quadros do dispositivo de defesa interior, o Destacamento de Operações e Informações (DOI)", escreveu Nabuco em sua tese.

Em junho de 1970, já com a Operação Bandeirantes (Oban) em andamento em São Paulo, inaugurando a criação dos DOI-Codi em todo o país, Yves Boulnois diz em seu informe: "A preparação de todas as unidades do Exército na luta contra a subversão está bem avançada e dando bons resultados". Boulnois se aproxima ainda mais dos militares do Centro de Operações de Defesa Interna (Codi) do Rio de Janeiro depois de uma suposta ameaça de sequestro, por parte da ALN, ao embaixador francês, como escreve o adido no relatório mensal de agosto de 1970, conforme documento citado na tese de doutorado de Nabuco (*Rapport mensuel, Yves Boulnois, août 1970, SHD, Service Historique de Défense*). A essa altura, a guerrilha urbana já havia sequestrado os embaixadores dos Estados Unidos, Japão e da Alemanha, trocados por prisioneiros; em dezembro seria a vez do embaixador da Suíça.

1972 foi a vez do novo adido, Jean-Louis Guillot, também em informe citado na tese, observar que depois da criação dos DOI-Codi, "a luta contra o terrorismo urbano foi muito dura e muito eficaz". Guillot, que visitou o Brasil duas vezes antes de assumir o posto, entre 1968 e 1971, como instrutor do Estado-Maior de IHEDN (Instituto de Altos Estudos sobre Defesa Nacional), conhecia oficiais brasileiros diplomados na instituição francesa e circulava com desenvoltura entre os militares no poder. Depois definiria seu papel de adido, em seu informe final, como de "um conselheiro de defesa no sentido pleno da palavra".

Como em Argel, a coleta de informações e as ações da Oban, que se repetem nos DOI-Codi, "se dão de maneira clandestina", observa Nabuco, referindo-se às incursões noturnas, desaparecimentos, operações de vigilância, torturas em centros clandestinos. Além disso, destaca o historiador, "a Operação Bandeirantes é a primeira experiência da estrutura de coleta de informações e de ações de comando, concebida segundo a doutrina francesa. O comando se reúne em uma estrutura única, o II Exército, composta de policiais e oficiais superiores, capacitados em Paris e Fort Bragg".

Há outras semelhanças aterradoras. Em seu primeiro livro (*Serviços especiais Argélia 1955-1957*), Aussaresses confessa que dois heróis nacionais da Argélia, Mohamed Larbi Ben M'hidi e Ali Boumendjel, foram torturados e executados, embora o comando francês tenha informado suas mortes como suicídios: o primeiro por enforcamento, de maneira similar à utilizada pelo DOI-Codi de São Paulo, em 1975, para encobrir o assassinato do jornalista Vladimir Herzog; e o segundo atirado pela janela. Segundo a Comissão Nacional da Verdade, no Brasil houve pelo menos 44 casos de "suicídios" para encobrir execuções e mortes sob torturas durante a ditadura militar.

No documentário de Robin, vários militares argentinos e chilenos contaram que os franceses lhes ensinaram os mesmos métodos. Entre os entrevistados está Manuel Contreras, chefe da abominável DINA, a famigerada polícia militar de Pinochet. Ressalvando não ter conhecido Aussaresses pessoalmente, Contreras diz que "ele treinou muitos chilenos no Brasil". "Eu mandava gente a cada dois meses para a escola de Manaus", afirma no: *www.youtube.com/embed/yvOhkcfZMSQ*.

"Essa escola vai se converter no epicentro do ensino da luta contra a subversão para as forças especiais na América Latina", diz Rodrigo Nabuco. Aussaresses disse publicamente que deu seus cursos ali, mas é muito provável que Boulnois e Guillot tenham feito o mesmo. Boulnois escreveu vários manuais sobre a guerra revolucionária e antes de chegar ao Brasil, quando era adido em Buenos Aires, foi professor na Escola de Guerra da Argentina. Guillot ensinava na IHEDN (Instituto de Altos Estudos de Defesa Nacional), uma das maiores escolas de guerra francesa, detalha Nabuco.

Operação Condor: Aussaresses superou os antecessores em influência e domínio da informação. Em Brasília, redigiu mais de 200 páginas de informes durante seus dois anos de serviço – ele deixou o país em novembro de 1975 –, onde, segundo Nabuco, se revelou um fino analista da situação, até por ser muito bem informado. Em nível internacional, Aussaresses, que foi eleito presidente da Associação dos Adidos Militares no Brasil, confirma que ele e seus pares desempenhavam papel central no intercâmbio de informações do Condor – a operação entre as ditaduras do Cone Sul para vigiar, prender e assassinar exilados –, embora esse nome nunca fosse mencionado. "O SNI mantém um relacionamento estreito e cordial com a Argentina, o Uruguai e o Chile. Do mesmo modo, não descuida de seus intercâmbios com a França, onde os exilados são os mais numerosos. E da Suíça, onde os bancos guardam dinheiro da subversão", diz em um informe de 1974.

No Brasil do final do governo Médici, quando a maioria dos guerrilheiros já estava presa, assassinada ou exilada, Aussaresses nota que há menos operações convencionais do Exército, mas "algumas ações são verdadeiras operações conduzidas por polícias ou forças armadas". Mesmo se considerando um homem bem informado, acrescenta: "O volume de operações é difícil determinar porque estão rodeadas de sigilo, severamente guardado".

Em outro informe, com uma pitada de ironia, escreve: "No balanço dos excessos e dos desaparecimentos, o II Exército (o comando do DOI-Codi) não tem a consciência tranquila". Mas no relatório mensal de dezembro de 1973, elogia Orlando Geisel, ministro do Exército e coordenador do aparelho repressivo no governo Médici, "homem de tradição militar francesa que inspira a Escola de Guerra brasileira".

[Comentário meu, Paulo de Rezende: é por isso que a Escola de Guerra brasileira é chamada ironicamente de "A Sorbonne" – vocês devem se lembrar].

Depois, Aussaresses anota a sugestão do general para recuperar a influência perdida: "Ele acha desejável a cooperação entre as Forças Armadas francesas e brasileiras. E diz que a melhor forma de colaboração é através da troca de estagiários de escolas militares", pedindo, inclusive, que um oficial francês seja enviado à Escola de Estado-Maior brasileira em 1974. A respeito dessa cooperação fala em outro informe sobre o intercâmbio com a PM brasileira em que 5 a 6 oficiais por ano vão seguir cursos na França, acrescentando o seguinte comentário: "Esses cursos são muito procurados pelos brasileiros, que descobrem surpresos, que se pode obter informações sem usar sempre a tortura. Pode ser que um dia a polícia francesa ajude a PM brasileira a ser menos bruta".

A leitura do conjunto dos documentos dos adidos franceses traz ainda mais uma impressão: a disputa diplomática com os Estados Unidos era ainda mais acirrada no aspecto comercial, o que era sempre destacado nos informes, assim como estratégias para ganhar terreno. Nomes de militares encarregados das compras das Forças Armadas, ou com influência para decidir, são seguidamente citados e não raro Aussaresses menciona que os militares brasileiros não dão mostras de se desinteressar nem do poder nem do combate feroz aos opositores internos, uma importante condição do "mercado".

Nesse sentido, os cursos e conselhos dos criadores da doutrina francesa às vezes soam como moeda de troca para as transações comerciais, como deixa transparecer o informe final de Aussaresses: "Graças em parte aos serviços militares e comerciais da embaixada, a França se tornou o segundo provedor de armas terrestres ao Brasil, depois nos Estados Unidos". Depois observa, em relação às vantagens competitivas do rival: "Todos os comandantes das grandes unidades militares fizeram algum curso nos Estados Unidos, pelo menos na escola do Canal de Panamá, onde estão de maneira permanente os instrutores brasileiros".

De sua parte, Aussaresses tenta compensar a desvantagem indicando generais influentes nas decisões comerciais para receber condecorações como a Legião de Honra francesa, caso, por exemplo, do general Moacyr Barcellos Potiguara, comandante do IV Exército – em 1976 ele seria chefe do Estado-Maior das Forças Armadas. Entre as qualidades do general Barcellos, Aussaresses destaca sua atuação à frente da divisão Material Bélico, quando trabalhou pela escolha do míssil francês Roland, que concorria com similares (britânico e estadunidense). "Se a França conseguir participar da reestruturação das indústrias brasileiras de armas e munições será grandemente pela ajuda dele", detalha em um dos documentos obtidos por Rodrigo Nabuco.

Seja como for, assim como aconteceu com as relações feitas em seus cursos da batalha de Argel nos Estados Unidos, Aussaresses aproveitará a rede construída na América do Sul para se tornar comerciante de armas. Depois de deixar o cargo de adido militar no Brasil, passa a trabalhar como representante da companhia francesa Thomson na América Latina, reencontrando antigos oficiais amigos no Brasil, no Chile, na Argentina, cada vez em postos mais elevados na hierarquia militar.

Referências

AYLWIN, CJ; KÖNIG, TC; BRENNAN, NW et al. Reduction in critical mortality in urban mass casualty incidents: analysis of triage, surge, and resource use after the London bombings on July 7, 2005. *The Lancet*, 2006.

BAQUÉ, Lire Philippe. Vieillesse en détresse dans les Ehpad. *Le Monde Diplomatique*, mars 2019.

BRAS, Pierre-Louis. L'Ondam et la situation des hôpitaux depuis 2009, *Les Tribunes de la Santé*, n° 59, 2019.

BRAS, Pierre-Louis. *Les Français moins soignés par leurs généralistes:* un virage ambulatoire incantatoire? *Les Tribunes de la Santé*, n° 50, Saint-Cloud, 2016.

Carta Testamento de Getúlio Vargas.

CAMÕES, Luís de. *Os Lusíadas*. Porto: Edições Lello & Irmão. 1920

CORTESÃO, Jaime. *História do Brasil nos velhos mapas*, 2 vols. Rio de Janeiro: Instituto Rio Branco/Ministério das Relações Exteriores, 1965-1971.

DUCHESNE, JC; MCSWAIN, NE Jr; COTTON, BA et al. *Damage control resuscitation:* the new face of damage control. J Trauma. 2010.

GATES, JD; ARABIAN, S; BIDDINGER, P et al. *The initial response to the Boston marathon bombing:* lessons learned to prepare for the next disaster. Ann Surg. 2014.

GERVAIS, Lire Anne; GRIMALDI, André. La casse de l'hôpital public – *Le Monde Diplomatique*, novembre, 2010.

GODINHO, Vitorino Magalhães. *Os descobrimentos e a economia Mundial*, vol. I II III. Edições Presença, Lisboa, 1971.

GRIMALDI, André. *Les Maladies chroniques*. Vers la troisième médecine, Odile Jacob, Paris, 2017. France Inter, 14 février 2019.

JAFET, Climéia de Rezende. *Engenho Velho dos Cataguás*.

JENKINS, DH; RAPPOLD, JF; BADLOE, JF et al. *Trauma hemostasis and oxygenation research position paper on remote damage control resuscitation:* definitions, current practice, and knowledge gaps. Shock. 2014.

JUNQUEIRO, Guerra. O melro – Porto: Lello & Irmão Editores, 1879.

ORSENNA, Erik. *L'Exposition Coloniale*.

QUINTANA, Mario. O mapa – Editora Livraria do Globo de Porto Alegre, Fundação Mario Quintana.

TOURTIER, JP; PALMIER, B; TAZAROURTE, K et al. *The concept of damage control:* extending the paradigm in the prehospital setting. Ann Fr Anesth Reanim. 2013.

TANQUEREL, Jean-Jacques. *Le Serment d'Hypocrite. Secret médical:* le grand naufrage, Max Milo, Paris, 2014.

Jornais

Un collectif de professionnels de santé, "Nous apportons notre soutien à la grève des urgentistes, *Libération*, Paris, 13 juin 2019.

Entrevista de Arthur Chioro, ex-ministro da Saúde https://youtu.be/OtYJpGQNaQ.

The Lancet – edições em inglês e francês, dezembro de 2015.

Entrevista com Edwy Plenel e Jean-Jacques Bourdin, *Mediapart* – BFM TV, 15 abril, 2018.

Sites

https://www./lenda-da-vitoria-regia

https://apublica.org/2014/04/um-torturador-frances-na-ditadura-brasileira/

http://www.saude.gov.br/29932-joao-xxiii-em-minas-gerais-ganhara-mais-120-leitos.html

https://youtu.be/7xUEZt0_osc – "Caravelas e Naus um Choque Tecnológico no século XVI"

www.youtube.com/embed/yvOhkcfZMSQ

http://cnv.memoriasreveladas.gov.br/

https://br.sputniknews.com/2020032915390018-fab-moderniza-radares-de-controle-aereo-na-amazonia/

Google – Consultas diversas em francês e português

https://pt.wikipedia.org/wiki/ Projeção_de_Gall-Peters

Outros

A família Rezende – pesquisa histórica, diversas fontes familiares ou outras.

Lista de siglas

AGIRabcd: Association Général des Intervenants Retraités – actions de bénévoles pour la coopération et le développement – Associação Geral de Interventores

ALN: Aliança de Libertação Nacional

AMUF: Associação de Médicos Urgentistas da França

ANAES: Agência Nacional de Acreditação e Avaliação em Saúde

ARH: Agência Regional de Hospitalização

ARS: Agência Regional de Saúde

ASIE: Atividade Subsidiaria da Informática Exterior

ATIH: Agência Técnica de Informação e Hospitalização

CCAM: Classificação Comum de Atos Médicos

CdAM: Catálogo dos Atos Médicos

CEEE: Companhia Estadual de Energia Elétrica

CEERGS: Companhia de Energia Elétrica do RGS

CESP: Companhia Energética de São Paulo

CGS: Centro de Gestão Científica da Escola de Minas

CHW: Centro Hospitalar de Wissembourg

CIA: Central Inteligency Agency, dos EUA

CIMADE: Associação Protestante de Solidariedade e Apoio aos Refugiados

CMD: Grandes Categorias de Diagnósticos

CNEH: Centro Nacional de Especialização Hospitalar

CPI: Comissão Parlamentar de Inquérito

CUS: Comunidade Urbana de Strasbourg

DAE: Departamento de Atenção Especializada

DIM: Departamento de Informação Médica

DOI-Codi: Destacamento de Operações de Informação – Centro de Operações de Defesa Interna, Brasil

DOPS: Departamento de Ordem Política e Social, Brasil

DRI/APHP: Direção de Relações Internacionais da Assistência Pública-Hospitais de Paris

DST: Departamento de Segurança do Território, França

EDF: Eletricidade de França

Esther: Ensemble pour une Solidarité Thérapeutique Hospitalière en Réseau) – Juntos por uma solidariedade hospitalar em rede

EUA: Estados Unidos da América

EuroSociAL: Programa cooperação UE et América latina.

FHF: Federação Hospitalar da França

FIIAPP: Fundação Internacional e IberoAmerica de Administração e Políticas Públicas;

Fiocruz: Fundação Oswaldo Cruz

FLN: Frente de Libertação Nacional, Argélia

FLN: Frente de Libertação Nacional, do Vietnã do Sul

FRELIMO: Frente de Libertação do Moçambique

GHM: Grupos Homogêneos de Pacientes

GIP: Grupo de Interesse Público

GPRA: Governo Provisório da República Argelina

HAS: Alta Autoridade de Saúde

HUS: Hospitais Universitários de Strasbourg

IE: Instituto Educacional de Passo Fundo

IVA: Imposto sobre Valor Agregado

KGB: Comitê de Segurança do Estado, URSS

MeaH: Missão Nacional de Avaliação e de Auditoria Hospitalar

MPLA: Movimento Popular da Libertação da Angola

MR8: Movimento Revolucionário 8 de Outubro

MREI: Missão de Relações Europeias e Internacionais

OIT: Organização Internacional do Trabalho

OLAS: Organização Latino-Americana de Solidariedade

OMS: Organização Mundial de Saúde

OSS: Organizações Sociais em Saúde

PAIGC: Partido da Independência de Guiné e Cabo Verde

PMSI: Programa de Medicalização dos Sistemas de Informação dos hospitais franceses

PSF: Partido Socialista Francês

PT: Partido dos Trabalhadores

PUC: Pontifícia Universidade Católica

RSS: Resumos Estandardizados de Saída ou Alta (Résumés Standardises de Sortie

Samu: Serviço de Atendimento Móvel de Urgência

SAS: Secretaria de Atenção à Saúde

SBPC: Sociedade Brasileira para o Progresso da Ciência;

SEME: Samu paraguaio

SFMU: Sociedade Francesa de Medicina de Urgência

SIDA: Síndrome de Imunodeficiência Adquirida

Sivam: Sistema de Vigilância da Amazônia

SMS: Secretaria Municipal de Saúde, de São Paulo

SS: Seguro Saúde

T2A: Tarifação segundo a atividade

UAPPL: Universidade da Amizade dos Povos Patrice Lumumba

UBES: União Brasileira de Estudantes Secundários

UE: União Europeia

UPE: União Passo-fundense de Estudantes

URSS: União das Repúblicas Socialistas Soviéticas

UTI: Unidade de Terapia Intensiva

UTIM: Unidades de Tratamento Intensivo Médico

VAL-Palmares: Vanguarda Armada Revolucionária – Palmares

VIH: Vírus da Imunodeficiência Humana

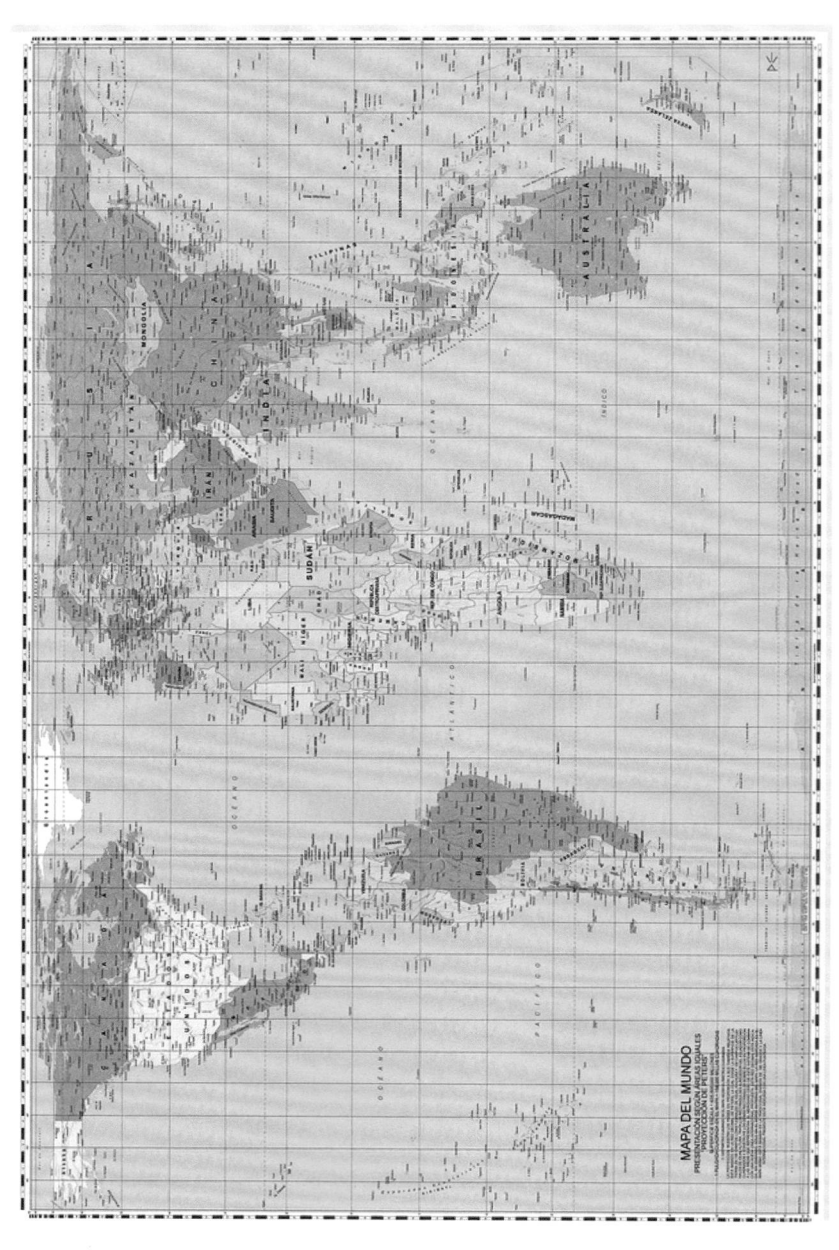

Projeção de Peters – mapa-múndi

Minhas memórias se referiram, desde o seu título, ao vasto mundo por onde andei. Então, para terminar, achei ilustrativo colocar (ao lado) o mapa-múndi na projeção conforme a área real dos continentes. Ela foi proposta em 1885 por James Gall e retomada em 1973 pelo historiador alemão Arno Peters.

Fonte: https://pt.wikipedia.org/wiki/Projeção_de_Gall-Peters

Do Pinheiro Torto ao vasto mundo

Paulo Ernani
Rezende de Rezende

Libretos

Composto em fontes Bodoni e Minion Pro, sobre papel off-white 80 gr., com 316 páginas, impresso pela gráfica Pallotti de Santa Maria-RS, em junho de 2020, ano em que Paulo Ernani Rezende de Rezende completava 80 anos de idade.